史料纂集

守光公記 第一

八木書店

守光公記　永正五年四月十六日～二十六日条（國立歴史民俗博物館所藏）

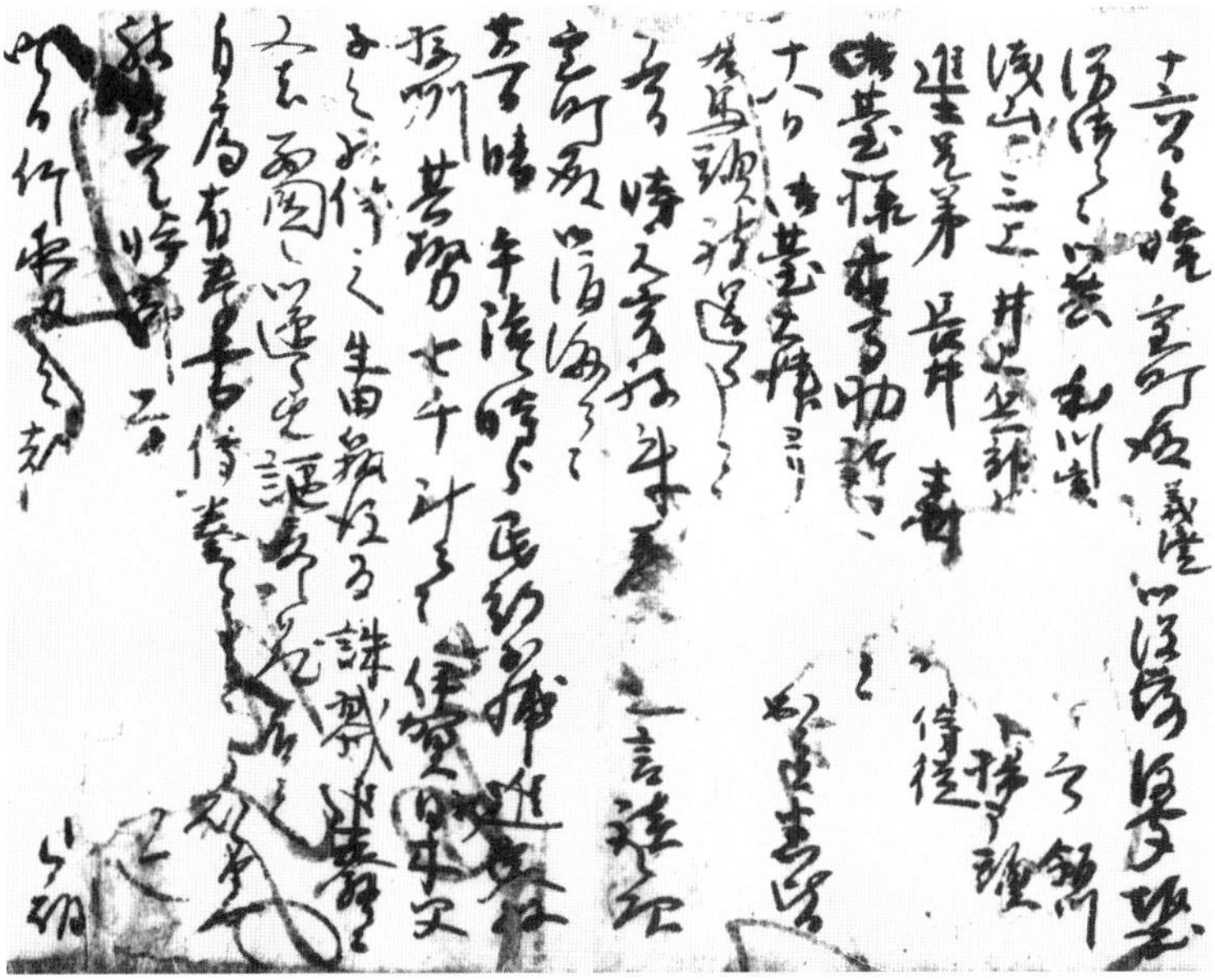

凡例

一、史料纂集は、史學・文學をはじめ日本文化研究上必須のものでありながら、今日まで未刊に屬するところの古記録・古文書の類を中核とし、更に既刊の重要史料中、現段階において全面的改訂が學術的見地より要請されるものをこれに加へ、集成公刊するものである。

一、本書は、從一位贈内大臣廣橋守光（文明三年〈一四七一〉三月五日生、大永六年〈一五二六〉四月一日薨）の日記であり、原本は、國立歴史民俗博物館及び宮内廳書陵部に所藏されている。

一、本書の原本表紙の中には、「日闕記」「公武」などと題されているものもあるが、本叢書では通行の「守光公記」の名稱を用ゐた。

一、本書には、缺失があるものの、確認できる範圍で、永正四年（一五〇七）十二月から永正十八年（一五二一）三月までの記事が現存する。本冊は『守光公記』第一として、永正四年十二月から永正十年（一五一三）十二月までの記事を收める。

一、本冊の底本には、國立歴史民俗博物館所藏の永正四年十二月から永正十年二月（二十七日條前半まで）

の自筆本と、宮内廳書陵部所藏の永正十年二月（二十七日條後半より）から十二月までの自筆本、合はせて六巻を用ゐた。

一、本書校訂上の體例は、凡そ次の通りである。

1、翻刻に當っては、つとめて原本の體裁・用字を尊重したが、適宜改めた部分がある。

2、解讀の便宜上、文中に讀點（、）と並列點（・）を加へた。

3、底本に缺損文字のある場合は、その字數に應じて□・□・□などで示した。

4、底本に抹消文字のある場合は、その左傍に抹消符（ミ）を附して示し、塗抹により判讀不能の場合は▨で示した。

5、挿入符の附された文字・文章は、挿入符（ｏ）を示して同様の箇所に翻字した。

6、文字が重ね書きされている場合は、改めた文字を本文に採用し、その左傍に（・）を附し、下の文字が判讀できる場合は、右傍に（×）を附して、校訂註として示した。

7、校訂註は、原本の文字に置き換へるべきものには〔 〕を、參考又は説明のために附したものには（ ）を附して示した。その他、校訂者が、書式等の説明のために加へた按文については、（○）を冠して、これを本文と區別した。

8、上欄に、文書名及び本文中の主要な事項と思はれるもの等を標出した。

9、原本の紙繼ぎ目及び表裏の替はり目には」を附し、表裏の始めに當たる行頭に、その丁數と表裏を（1オ）（1ウ）等と示した。

10、底本で用ゐられている古體・異體・略體などの文字は原則として正字に改めたが、頻出するもの等については、底本の字體を用ゐた場合がある。その主なものは左の通りである（括弧内は正字）。

欤（歟）・条（條）・弁（辨）・処（處）・才（等）・尓（爾）・旧（舊）・宝（寶）・与（與）・
尅（刻）・帋（紙）・役（役）・珎（珍）・弥（彌）・万（萬）・懃（勤）・酌（酌）・礼（禮）・
躰（體）・円（圓）・写（寫）・祢（禰）・选（遷）・迁（遷）・哥（歌）・軄（職）・余（餘）・
鴈（雁）・号（號）・乱（亂）・台（臺）・早（畢）・双（雙）・秡（祓）・忩（悤）・着（著）

一、本書の公刊に當つて、國立歴史民俗博物館及び宮内廳書陵部より種々格別の便宜を與へられた。特に記して深甚の謝意を表する。

一、本書の校訂は、「中世公家日記研究會」での検討結果を踏まへ、主として鶴﨑裕雄・湯川敏治・森田恭二・柴田眞一が擔當した。また校訂に當つては、小川一義氏・末柄豐氏の協力を得た。

平成三十年六月

目次

守光公記　第一

「〔題簽〕
守光公記
『〔朱書〕四年十二月十三日』
永正五年正月一日
守光公自筆本
〔朱書〕『綴合このまゝ』
」

「〔原表紙〕
黎明□〔早〕朝義　遲明同上　篠目同上世話　日本之

日闕記

阻《□□〔ヒルカ〕》　坳《ウシヲ》　唁《トフ》
□〔備カ〕㣕〔後カ〕牛窓
」

守光本年三十七歳、参議、左大辨、従三位

（1オ）

永正四
十二月　小

禁裏御煤拂

十三日、禁裏御煤拂也、如例青侍二人局（廣橋守子）召進、珎重々々、

藏人頭中山康親拜賀

今夜傍頭中山中將（康親）拜賀、爲見物佇□〔立〕殿上口、別注之、無□〔殊事カ〕欤、

内侍所臨時御神樂

廿一日、今夜内侍所臨時御神樂、傍頭□〔申〕（中山康親）沙汰云々、及曉□〔天〕□□、□依□□也、其子細由内々懃申、

□事□□□仍按察（綾小路俊量）□〔使カ〕□如例、珎重々々、御□□草鞋頭中將康□〔親〕（中山）、□

□琴役也、乍存役□〔御カ〕所□□上古者御劔不入神□〔殿カ〕□□中者内々相語内侍□

□□、

春日社假殿遷宮

廿三日、今日春日社假殿遷□□参向云々、所用下行　室町殿（足利義澄）□□、

内侍所臨時御神樂

廿九日、今夜御神樂無爲無事云々、□〔按〕察・衆秋（豐原）不□〔許カ〕、

（1ウ）（コノ間空白アリ）

（2オ）（コノ間空白アリ）

守光本年三十八歳、參議、左大辨、從三位、七月二十四日敍正三位

（2ウ）

正月 永正五　當今(後柏原天皇)四十五　御衰日　丑未

四方拜

一日、四拜(方脫)如例云〻、

足利義澄參內

十日、室町殿(足利義澄)御參　內如例、參會、甘露黃(甘露寺元長)・飛鳥(飛鳥井雅俊)・藏人弁伊長(甘露寺)・白川中將(少)雅業・藏人右少弁秀房(萬里小路)、・藤宰相入道(高倉永康、常玄)、內〻參御直盧、三獻令召出飛鳥黃(飛鳥井雅俊)□□云〻、於長橋局如每年、三獻之後御退出、□、

十一日、覺城(押小路師富)來、談世事、□尚顯(勸修寺)昇進、轉右大任參木(議)、頭中□(將)□□(正)親町中將(實胤)被補貫首、同令下知□□事、頭中將令存知由相語、□(羞)□□、

河內嶽山城落城

十七日、嶽山城(河內國石川郡)落云〻、□三□(千カ)被落云〻、

廿日、晴、於上馬場有□□(檢)見大(小)笠原刑部少輔(元宗)、

廿六日、晴、內〻男女申沙汰□□(卿カ)□□綺不具故□之由書遣廻文𠦝、□不少、

年中行事一巻
土一揆蜂起
五條材木屋燒く
石清水八幡宮炎上
春日祭
内侍所御神樂
石清水八幡宮炎上のため二月二十六日より五日間廢朝

二月大

二日、庚午、晴、自内府〔轉法輪三條實香〕轉年中行事一巻被返送、

三日、土一揆蜂起、五条之焼材木屋、則敗北、彼官務所行云々、頸・生虜有之、

五日、癸酉、雪降、

廿三日、庚〔辛〕卯、八幡社頭悉炎上、

（3オ）廿八日、丙申、春日社〔祭〕、奉行頭康親朝臣〔中山〕、上卿甘露寺中納言〔元長〕、弁近年不參歟、」

廿九日、内侍所御神樂可爲今日由風聞候、兼日傍頭實胤〔正親町〕申沙汰云々、未拜賀、八幡炎上之事、

・來〔〆今〕月之由沙汰有之、当年始而祗候　室町殿〔足利義澄〕、方々〔以次〕罷向者也、珎重々々、

三月小

一日、晴、戊〔己〕亥、当年始而以御□〔祝カ〕□□拜龍顔候　天酌、令滿足□〔者カ〕□□〔内カ〕々蜜〔密〕談、中黄〔中御門〕□〔宣〕秀門語云、今度□□炎上廢朝事、去月廿六日ヨリ可爲□□之事、頭康親朝臣〔中山〕以御教書

兼顯卿記

北野社炎上による廢朝の先例

被下知、□□先年北〔野脱〕社炎上之時廢朝□□□案到來、其上可爲御教書者、直可□□歟之由加問答処、前内府（三條西實隆）三西・覺城（押小路師富）ホ令□□可然之由有沙汰、調口宣下知到來云〻、□聊尓歟、彼符案可尋記、文明七年度仍爲武家一社奉幣□〔可カ〕有申沙汰之由有沙汰、旧記ホ當時不合期、先年文明七年度故黃門（廣橋兼顯）貫首、御申沙汰云〻、御記不見、次第ホ有之、猶可尋試、

北野社一社奉幣

（3ウ）五日、晴、頭康親朝臣口宣所望之事申遣次、」今度廢朝下知案所望、則到來如此、又北野一社奉幣次第、同写遣早、東院僧官（兼繼）二通申請、松煙二挺遣之、口　宣案到來、祝着、軄下者也、上卿中御門中納言（宣秀）云〻、

後柏原天皇口宣

永正五年二月廿六日　　――

石清水社炎□〔上〕□廢朝、自今日五ケ日、□〔宜　令〕停止音奏・警蹕、

藏人頭□〔左　近〕衞權中將藤原康親奉

足利義澄妹寶鏡寺殿頓死

十三日、今朝宝鏡寺□□□〔室〕町殿（足利義澄）御妹御頓死云〻、諸人仰天、□□□□□〔歎　可〕云〻、

内侍所臨時御神樂

綾小路俊量勅免

十七日、今夜御神樂無爲□〔無〕□□按察卿（綾小路俊量）勅免、伏見殿（邦高親王）被執申之云〻、

寶鏡寺殿葬禮

禁中丙穢

廿四日、寶鏡寺殿於白雲寺（聖壽寺）御葬礼云〻、禁中來廿四日迄丙穢云〻、

細川澄元三好之長近江へ敗走

細川高國戰勝上洛

花山院政長家僕禁裏御門役の輩と喧嘩

足利義澄近江坂本へ沒落

足利義澄室細川政賢許に移る

足利義澄琵琶湖渡海

細川高國攝津出陣

四月

〇九日、今曉細川□□(澄元)(六郎カ)・□(三)好(之長)一類・高畠与三・市原以下沒落、六郎(細川澄元)・三好在所放火、落所近州之由風聞有之、

(4オ)
十日、細川民部少輔(高國)上洛、細川混(根)本拔(被)官之」輩寄騎之云々、

五日、花山院前左府(政長)　內裏被寄由、兒女子說有之、馳參之処、就御門役之輩有意趣、惡□(黨)□(寄カ)□事於左右、自他蒙疵者數十人出來、言語道斷、沙汰外之事也、莫言々々、

十六日、今曉室町殿義澄(足利)御沒落、後聞、坂本(近江國滋賀郡)渡御云々、御共、本川宮(鄉)(信通)□(內少輔・同三カ)郎・飯川(國資)・淺(朝)山・三上・井上兵部□□□(攝津カ)掃部頭(政親)・進士兄弟・長井・森□侍從、

御臺樣(日野豐子)、右馬助(細川政賢)許□云々、

十八日、御臺大津(近江國滋賀郡)ヨリ□□出□□、悉皆右馬頭(細川尹賢)被還申云々、

十九日、時元(大宮)宿祢來、□□言談之次、室町殿御渡海云々、

廿一日、晴、午陰之時分、民部少輔(細川高國)進發攝州、其勢七千計云々、伊賀新日(仁)木(高長)父子令相伴之、生(池)

足利義澄近江九里許に御座
足利義尹九州より兵庫に著岸
九州將軍足利義尹
小番結改
上冷泉爲廣去十六日落髪法名宗清軒號樂水

田筑後(貞正)爲誅戮進發云々、又者西國(足利義尹)之御迎之由謳哥之沙汰有之、

（4ウ）

自局(廣橋守子)有奉書、傳奏之事□□知之由也、被相定時節公□□也、」昨日竹夜叉令□(都カ)□今朝令返報下者也、

當將軍(足利義澄)九野里館(近江國蒲生郡)長命寺御座云々、

廿三日、庚寅、當番之間八時分參內、九州將軍(足利義尹)兵庫(攝津國兎原郡)御着岸云々、

廿六日、雨下、自傳奏(勸修寺尚顯)九州將軍有被仰出子細、可召進雜掌由有之、不審之間則罷向□□、阿野方(季綱)今度〇(自然公家之輩)可御迎參□□可爲不具候之間、□(於カ)京都御礼□□被仰下云々、尤御宥(恕)助之儀弥重之由□□也、暫言談、起座歸華、各□□□(者カ)不顧一僕可參之処、令悦耳者也、

又小番結改、爲四番卯酉可參之由、如例甘黄(甘露寺元長)折紙□□之者也、相番勸中(勸修寺政顯)・鷲少(鷲尾隆康)・諸仲(五辻)・拙者㫖也、

（5オ〜6ウノ間、錯簡アリ）

民部卿入道爲廣卿(上冷泉)、去十六日落髪以後來臨、羞一盞、法名宗清、軒号樂」水卜云々、西坊城入道(顕長)軒号也、如何、字も不相替、不審□□之申候事也、

（6オ）

進藤筑後守(長泰)來□(談カ)、勸一盞者也、

端午節句

廿八日、□（尊）勝院（光什）・法輪院（猷静）來談、一宿、

廿九日、今日午陰之時令歸給、

五月

二日、大上御方（近衛政家室、飛鳥井雅親女）俄顚□（倒）、御歡樂、宗鑑（半井明重）藥所望、

五日、端午祝事、無□□（殊事）、松殿（忠顯）上洛、於東隣（高辻章長）合顏、

六日、烏丸（冬光）書狀到來、□□（尊）勝院安藝、

九日、修南院（光慶）殿御上洛、御□□、

十四日、烏丸ヨリ書狀到來、使渡邊又太郎、禁裏御礼、御太刀金・御馬代三百疋、

十五日、烏丸書狀則令披露処、喜思食由□（之）勅答也、於長橋有一盞、冬光（烏丸）朝臣長橋直（東坊城松子）之御返事申請之、同馬代被請取折紙𠂉、晩景自局（廣橋守子）送候者也、

十六日、早朝　禁裏御返事持□（遣）長橋渡邊許者也、

（6ウ）
十七日、近衛殿（尚通）ヨリ被□□（修南）院令同道可參由也、同大上御方御蒙氣無心元由被遊載者也、

足利義尹上洛必定

廿一日、修南院令同道近衛殿參、三獻有之、及數盃、無術者也、御榼一か二色修南院隨身、

廿六日、若宮（知仁親王、後ノ後奈良天皇）御方御方〻〻事也、如例年祢重〻〻、

廿九日、烏丸使渡邊又□□〔大郎カ〕來、去廿四日出仕候之間、條〻申入候事披露□□〔之處カ〕、無相違之由返答也、又資蔭（烏丸）拾遺朩事也、□□〔來月〕八日御上洛必定也、

六月大

一日、丙〔丁〕卯、當番之間、申刻□祇候、（×牛）初夜之時分御盃參、各參仕、□〔按〕察（三條西公條）・伯二位（白川忠富王）・宰相中將（勸修寺尚顯）・右大弁宰相（隆康）・鷲尾中將（雅業）・白川少將・阿古丸（高倉範久）・內藏頭（山科言綱）・綾小路（綾小路俊量）侍從（資數）・源諸仲（五辻）・予朩也、□□酌、每事滿足無他者也、

足利義尹上洛

（5オ）

八日、□〔晴〕、□〔先〕將軍（足利義尹）御上洛、八時分卽烏丸（冬光）旅宿罷向、遙久不遂面拜間、祝着此事也、」烏丸來、羞一盞、柳原（量光）・法輪院（猷靜）・時（大宮）□□□〔元宿禰〕官等也、

大內義興畠山尚慶入洛布陣

大內（義興）□〔者〕□□□取陣、尾州（畠山尚慶）者東福寺取陣之由風聞云〻、

十五日、修(光慶)南院下向、

十六日、頭中將中山(康親)來、來月一日武家(足利義尹)御昇進幷將軍宣下可被行之、可參陣由謁之、□(云カ)未拜賀、云不具、旁加思案□□參否之子細可申由令返答者□(也)、

七月一日足利義尹に將軍宣下

廿一日、阿古丸代參懃、柳原出仕旁爲可見訪、旁兼而相博者□(也)、

廿三日、自長橋(東坊城松子)有折紙、早〻可祗候由也、是傳奏之事兼有浮說、覺城(押小路師富)來謁子細有之、爲其向三西(三條西實隆)程也、仍於下冷(政爲)□□(著直カ)垂、參長橋、如案右大□(辨カ)［　　］(勸修寺尚顯)間、可存知之由被仰［　　］［　　］(被)仰下無承引、其趣今以同前之由申入早、然処此旨以奉書　勅答可畏入由、重可(申)入之、仍如此、

後柏原天皇女房奉書

(5ウ)

てんそうの事、左大弁宰相(廣橋守光)めし(×て)ておほせられ候へハ、この春おほせられ、［　　］こしやう申候とをり、をなし事に申候、ことなるしさゐ□(にカ)も候はぬ、ふ(無カ)りよくの事［　　］しゆつしもこと行候ましくき□(事)にて候程に、なにともめいわくのよし申候、いかゝせられ候へき、なをふけ(足利義尹)□しおほせいたされ候やうに心え候て申され候よし申とて候、

仰　永正五　六　廿三

□(右)大弁宰相(勸修寺尚顯)とのへ

廿五日、晴、□□北野御法樂之由風聞有之、

北野社法樂連歌

(7オ)

足利義尹參內始

傳奏事、右大丞(勧修寺尚顕)又存知云々、可然」事歟、今度之儀御沙汰之樣、於事相違如何之子細有之
哉、自他不審□□〔千萬〕也、
昨日□(×委)〔以〕季綱(阿野)御參 內始之事、御乘車可爲嚴儀、其內可爲折中(×中)樣被計申由爲武命云々、及遲々
間可爲御乘輿由□□〔風聞カ〕有之、

後柏原天皇綸旨
廣橋守光奏慶

廿七日、晴、來卅日就 奏慶申次事、頭中將中山(康親)尓令申処、如此在名(唐橋)方へ御教書也、
來卅日左大弁宰相可 奏慶云々、申次事可被存知之狀如件、
六月廿七日　左中將(中山康親)判
藏人式部丞殿(唐橋在名)

(7ウ)

後柏原天皇綸旨
七月一日足利義尹征夷大將軍宣下

廿九日、自頭中將(中山康親)催有之、
來月一日可有 宣下事、可令參陣給者、依
天氣執達(啓)如件、
六月廿九日　左中將康親(中山)□〔奉カ〕
謹上　左大弁宰相
追啓

可被行小除目、可令存知給、尅限可爲辰一點候也、

卅日、今日可　奏慶処、依雨儀延引、

小除目小叙位
足利義尹征夷大將軍宣下
陣宣下上卿松木宗綱

七月

一日、晴、（早朝遂奏慶、弥重〻〻、先小除目以前着陣等如例、別帋注之、）〇今日被行小除目并御小叙（位脱）・征夷將軍等之儀、上卿中御門新大納言（松木宗綱）、予□、□（奉）行職事頭中將康親朝臣（中山）、弁左少弁伊長（甘露寺）、□（大）外記師象（押小路）、四位史時元（大宮）宿祢等、陣儀事早直參」（8オ）室町殿（足利義尹）、進上御太刀一振、今日御昇進之儀也、來六日御上洛御礼可申由傳奏（勸修寺尚顯）被申、陣之儀等別紙注之、東院（兼繼）上洛、一荷一種持之、則遂面會、今日當番相博白川少將（雅業）早、東坊（東坊城和長）・柳原（量光）・法輪院（猷靜）・冷泉宰相（永宣）・宮內少輔（半井明孝）等一盞羞之、及晩分散、

七夕詩歌會
七夕詩歌會回文
題烏鵲成橋

五日、晴、自甘露寺（元長）七夕之觸有之、

烏鵲成橋

右題七夕可令詠進給之由被仰下候也、

七月五日　　元長（甘露寺）

（8ウ）

中御門(宣胤)大納言殿
冷泉(下冷泉政爲)大納言殿
民部卿入道(上冷泉爲廣、宗清)殿
按察(綾小路俊量)殿
飛鳥井(雅俊)中納言殿
新中納言(東坊城和長)殿
冷泉宰相殿
三条西(公條)宰相中將殿
冷泉三位(下冷泉爲孝)殿
大內記(五條爲學)殿
四辻(公音)中將殿
阿野少(中)將(季綱)殿　奉
白川少將殿
飛鳥井(雅綱)少將殿

中御門新大納言殿
四辻(季經)新大納言殿
小倉(季種)大納言殿
兵部卿(田向重治)殿
中御門(宣秀)中納言殿
左衞門督(持明院基春)□(殿)
左大弁宰相(廣橋守光)殿　奉
姉小路(濟繼)三位殿
右大弁宰相(勸修寺尙顯)殿
頭中將(中山康親)殿
鷲尾(隆康)中將殿
前右中辨(烏丸冬光)殿
內藏頭(山科言綱)殿

（コノ間空白アリ）」

大宮時元申状
御沙汰始

（9オ）
十六日、時元(大宮)宿祢來、知行之事、

腰文
已前申入候、時宜先以忝存候、しかる間、去十三日御沙汰はしめにて候、かさねて奉書なとを申うけ候ては如何候条、早々被仰出候やうに、御申沙汰可畏入候よし、預御披露候ハヽ可爲祝着候、恐々謹言、

七月十六日　時元

藤堂(景元)左京亮殿

廣橋守光副狀

時元宿祢かやうになけき申候、氏寺りやうとして、代々ふきやうし、ことにへちさうてんのことにて候、かれか事ハ、御しよく位以下にめしつかハれ候やく人にて候、けんめいの地めしは(×な)なされ候ハヽ、一りうほうこうなりかたきよし申候、ふひんのきにて候、さためて」（9ウ）かすめて申給候事にてそとおほしめし候、すみやかに返しつけられ候ハヽ、てうかの御ためめてたく候へきよし候、

十七日、晴、

右大丞(勧修寺尚顕)如此催到來、

來廿一日　室町殿可有御參內候、爲御參會內々令申候也、

七月十七日　　尚顕(勧修寺)

東殿(松木宗綱)中御門殿　　甘露寺殿奉

(忠富王)白川殿奉　　(雅俊)飛鳥井殿

東殿(東坊城和長)坊城殿　　(守光)廣橋殿

西殿御方(三條西公條)三條殿奉　　(季綱)阿野殿

(康親)中山殿奉　　(冬光)烏丸殿

御方(實胤)正親町殿未拜賀候、可爲如可候、　　(言綱)山科殿

御方(秀房)万里小路殿　　御方(永家)高倉殿

(10オ)

一刻限可爲午點候、」

足利義尹參內

廿一日、甚深雨、及午點晴、大樹(足利義尹)御參　內、御輿、參會如常輿人々、中御門新大納言殿・甘露寺(元長)中納言殿・飛鳥井(雅俊)中納言殿・東(東坊城和長)新中納言殿・〇予・〇右大弁宰相・勧(勧修寺尚顕)(予ノ上ノ〇ニ續ク)伯卿・(右大弁宰相ノ上ノ〇ニ續ク)三条(三條西公條)宰相中將・阿野(季綱)宰相中將・烏丸(冬光)新宰相・頭中將・白川(白川忠富王)少將・內藏頭(山科言綱)・庭田侍從(重親)・藏人右少弁万(萬里小路秀房)・高

倉侍從（範久）・滋野井侍從（季國）・烏丸侍從（資藤）・葉室右兵衛權佐（頼繼）、

已上十九人、

於御直廬着御、〻位冠（衣）奉粧藤中入道（高倉永繼、常祐）云〻、其後御參常御所、御共阿新黄相公（阿野季綱）〻・烏新相公（×拾遺）（烏丸冬光）・・同侍」（10ウ）從（烏丸資藤）・勸（勸修寺尚顯）、御劔白川少將、弥重〻、三獻室町殿御酌、參仕飛鳥黄門（飛鳥井雅俊）・予・右大丞・阿野羽林相公（季綱）・烏丸相公（冬光）・烏丸拾遺（資藤）、已上六人也、

室町殿御通

其後五獻　天酌、同六人計如前參候、各至面目也、總別於五獻、各參會輩令參懃由有其沙汰、此後御退出、於長橋三獻有之、二獻勾當令取酌（東坊城松子）、此時參會之輩經簀子參長橋、又退出本所、藤中納言入道（高倉永繼）參召加出者也、三獻室町殿御酌、男衆如御前六人參候、其後御退出」（11オ）參會之衆降候唐門南之內、予・阿野・烏丸〻、自長橋降地上、漸四時分也、今夜參御融（通）輩御劔役〻可申御礼欤由飛鳥有命、各祗候殿中、御對面之程也、仍進上御太刀、祝着有餘者也、其後令歸宅、今日之儀無爲無事、如形候其席、誠家門之餘慶、尤可尊〻〻、弥重〻〻、

（コノ間空白アリ）」

守光正三位昇敘申請

（11ウ）廿四日、庚申、今日吉曜之間、正三位之事付頭中將令披露、小折・書狀〻以靑侍遣之、他行之由返答有之、

守光正三位勅許

柳原資定従五位上勅許

大内義興歸國の風聞　勅使を以て義興歸國を止む

柳原量光書狀

廿五日、晴、早朝自頭中將有使、所申入候加級　勅許之由也、彼使祝着之由令相謁者也、今日當番之間、早々令參　內、一級御免畏存之旨、以長橋局(東坊城松子)申(×可)入者也、聞食旨有勅答者(×也)也、資定(柳原)一級之事、前黄門(柳原量光)申間、內々以長橋令披露処、已　勅許無相違、於私畏存由申入者也、當番右大丞・鷲尾少(中)將(隆康)・予・諸仲(五辻)朴勲厚、外樣菅大納言(高辻長直)代章長卿(高辻)・行季朝臣(世尊寺)・賴繼(葉室)朴也、葉室一荷三色持參、」於番衆所數盃有之、其後歸內々番所早、

(12オ)

廿六日、資定加級之事、頭中將方可宣下之由申請長橋書狀、頭中將許旁一級申沙汰ゟ(為)彼是罷向(×罷向)者也、卽對面祝着之由令謁歸早、口　宣案重可送由返答有之也、

今日細川右京大夫(高國)・大內左京大夫(義興)・伊勢守(伊勢貞陸)於相國寺談合子細有之云々、

大內(義興)可歸國由有風聞、去廿三日夜　勅使前大(内)府(三條西實隆)・右大丞　勅書朴持向彼宿所云々、

今日談合無為無事、彼下向事、令猶豫沙汰有之、尤珎重々々、」次(資)定一級五位従上也、父卿(柳原量光)祝着之

(12ウ)

□□(如カ)此有書狀、先是先刻　勅許珎重之由、罷向令申者也、

資定一級事申入候處　勅許、尤畏存候、早々令致參洛、可勵涯分之奉公候、自然時猶可然樣可得其意候、恐惶謹言、

七月廿六日　量光(柳原)

廣橋殿

廿七日、晴、烏丸來、七条之事、內々所申入、以前被成御下知上者、定而聞食分事間、以奉行きと可披露之旨武命云々、於于今入眼条、弥重々々、一盞羞之、

(13オ)
廿八日、住持歸院、烏丸遣文、祝」着之由被申者也、

廿九日、令內藏頭同道向柳原許、朝間及數盃、

月次和漢御會懷紙

卅日、雨下、御月次御懷帋申出之、遣烏丸侍従許、

明日御憑、目六如斯、

御憑目錄

御太刀金覆輪、一腰

御馬鹿毛、一疋此毛付一疋ノ下先々有之、

已上　守光上

(コノ間空白アリ)

(13ウ)

八月小

禁裏御憑

一日、〔丁〕丙卯、禁裏御憑十帖・御太刀、宮御方(知仁親王、後ノ後奈良天皇)御太刀如近年、珎重々々、自　禁裏花臺被下愛(廣橋兼秀)子、祝着之由被申入者也、今日當番、相番右大丞(勸修寺尚顕)・鷲少〔中〕(鷲尾隆康)・諸仲(五辻)、有天酌、各自御三間參候、其後於長橋一盞有之、入寸・興凝美聲、珎重々々、

宸筆御手本勝負の酒

二日、戊辰、晴、以宸筆之御手本烏(烏丸資藤)拾遺許、自局(廣橋守子)与之、終日在之、左右廿二人勝負之酒張行、一色兵(尹泰)部大輔・同右馬頭才也、

八朔御返

八朔御返、今日可執進　殿中由、伊勢下總(貞仍)有返答、則進執処無相違、珎重々々、

(コノ間空白アリ)」

守光伊勢國家領知行
汁講
大宮時元女房奉書を所望

(14オ)三日、晴、罷向北畠宰相入道(木造政宗)許、勢州家領知行之事爲申合也、及數盃歸宅旱、

四日、晴、柳前黄(柳原量光)・東黄(東坊城和長)・烏相(烏丸冬光)・宮内少輔(半井明孝)・官務(大宮時元)才申付汁、終日閑談、時元(大宮)宿祢申女房奉書今日到來、召之賜者也、

足利義尹猿樂興行大内義興ほか參會
室町殿御通

五日、〔辛〕庚未、室町殿(足利義尹)猿樂有之、大内左京大夫(義興)御招請云々、彼披〔被〕官胸〔陶〕(興就)を始而參簀子飲御融〔通〕云々、右京大夫(細川高國)同參候、尾州(畠山尚慶)不參、公家衆飛鳥井中納言(雅俊)・阿野宰相中將(季綱)・烏丸宰相(冬光)才也云々、

六日、晴、烏丸(冬光)・東坊(東坊城和長)來談、及昏色分散、

時元への女房奉書を勸修寺尚顕持參

(14ウ)七日、時元宿祢來、今朝女房奉書傳(勸修寺尚顕)奏持參、申次阿野(季綱)、被」相尋可有御返事由被仰云々、

聽以兩奉行(飯尾貞運・飯尾之秀)種村刑部(視久)被尋之由、內々阿野返答云々、奉行飯尾近江守(貞運)・同名下野守(之秀)云々、

赤澤長經等敗死

八日、赤澤新兵(長經)一類・藤田与五郎・由座《遊佐》彈正一類兩百人於和州・河州被刎首云々、新兵・藤田兩人生虜也、誠　神慮敵於此時滅歟、可恐可愼々々、

古市澄胤敗死

古市(澄胤)搦虜於越智方(家榮)被誅云々、

足利義尹畠山尚慶邸渡御
猿樂

十日、室町殿畠山尾州渡御云々、一夜御逗留、公家阿野・烏丸(冬光)才內々祗候、猿樂宮王大夫(宗竹)、

十六日、勝方より各於烏許有逸興、殊及數盃、弥重々々、

丹波國知行

(15オ)
十九日、當番、自晝時分構參、丹州知行之事、半井宮內少輔(明孝)申事、」內々以新大典侍(勸修寺藤子)令披露処、景通(山井)未申入、自然申入事有之、重而可被仰由　勅答也、

片岡繪六十卷

廿三日、近衞殿(尚通)より西洞院時長書狀到來、宮田庄(丹波國多紀郡)之事也、南都より人夫上洛、片岡繪六十卷勝(禪)善院殿(了玄)御覽度由被仰間、態被持上弥事云々、以前童狩衣一具・力者直垂二具下者也、

廿四日、庚寅、於柳原許(量光)、松木父子(宗綱・宗藤)・姉小路(濟繼)及數盃早、

廿五日、當番、山科(言綱)令相博者也、

□(廿)六日、西南院・東坊・烏丸・時元宿祢才來、羞一盞、

廣橋守光書狀

廿七日、時元宿祢書狀事、

大宮時元申知行

(15ウ)
時元宿祢申知行事、室町殿御返事遲々、御不審之樣候之間、」就阿野歡樂延引候歟之由

申入、きと被申驚、無相違被仰付候者、可然由內〻其沙汰候、可得御意也、恐〻謹言、

八月廿六日　守光

勸修寺（尚顯）殿御方

大屋田一段

尊勝院（光什）來談、三宮（後ノ青蓮院入道尊鎮親王）事、近年御無沙汰之間、御定候者可被廻　叡心由、先日各召長橋以傳奏被仰出候、其御返事、當年より三千疋□〔鷲〕嶋・西□〔岡カ〕ホ（攝津國西成郡）分可被進由、各又令連〔列〕參云〻、定寶〔法〕寺・無量院・廳務ホ也云〻、上原神三郎方中根爲使大屋田一段之事申進者也、召紹鏡申遣上原豐前方者也、

汁講

烏丸使有之、可汁用意由也、故障之由令返答者也、

（コノ間空白アリ）」

（16オ）

九月小

中山宣親上洛の途中落馬

一日、丙申、朔日祝事、毎事滿足、珎重、幸甚〻〻、

二日、晴、中山連航軒（宣親、祐什）上洛、於途中落馬、相煩由風聞之間、旁罷向者也、卽對面、北畠宰（木造政宗）

相入道・松殿(忠顯)・宮內卿(錦小路親康)・町(顯基)・頭中將(中山康親)ｶ在座、一盞被羞之、暫閑談、其後ｏ磨(播)幡局雜熱蟄居間向彼許、行觸子細有之、於門下相訪者也、自其向烏(烏丸冬光)許、晩炊有之、當番間及昏令參懃者也、無事、相番如例、

高辻章長講釋

三日、昨日爲礼、頭中將被來、東隣(高辻章長)講尺之間不令面拜、遺恨也、」

柳原量光下向

(16ウ)四日、晴、頭中將來臨之礼遣左京亮(藤堂景元)、於柳原(量光)許閑談、今日可下向之由被相語、又尊勝院(光什)・烏丸(冬光)ｶ相來而及數盃、爲如何之、

大宮時元奉書催促

五日、山科(言綱)來、暫閑談、時元(大宮)宿祢來、自訴之事、自　禁裏御催促之御奉書所望之由申之間、則以惠聖院(聖慶)申遣者也、

錦小路親康船橋宣賢參賀位次相論

(〆五)・六日、陰晴不定、看經如毎朝、

明孝(半井)來、宣賢(船橋)位次相論之事意見如此、除御德日近日替日可參賀由、以林河內守(賴廉)、親康(錦小路)許江爲使自傳奏(勸修寺尚顯)被遣云〻、各又親康朝臣・親就朝臣(半井)・量〔賴〕(錦小路)朝臣・明孝、參傳奏、他日之事ハ無覺悟、總之御礼時者、其日可參之由□□(申之)云〻、」

廣橋守光意見

(17オ)意見
宮內卿親康兼(與カ)淸少納言宣賢相論、參賀次第事、
宣賢於爲雲客列否之儀者、可被尋申　公家哉、至地下列者、守位次可被定參賀前後歟、

重陽節句
醫陰輩出仕
押奉書
野尻違亂
大屋田借物
齋宮闕
馬免請文

七日、壬寅、
九日、重陽之菊盃非其(無)氣味、弥重幸甚ゝゝ、今日懷帋如例年令(〆可)詠進者也、
十日、入夜柳(柳原量光)黄門惠聖院ヘ來、及數返云ゝ、
十一日、晴、今日醫陰輩出仕云ゝ、午刻計親康朝臣・親就朝臣・頼量朝臣・明孝・篤(マヽ)ホ
(17ウ)
來、令面謁者也、」及補(輔)時(尊勝院光什)尊院令被來給、□(就)其雲林院之事、神代紀伊守(貞總)入押奉書云ゝ、其
次世波□□之事ホ、數刻令相謁令歸給、
十三日、月不明、時ゝ雨下、
十四日、向東坊(東坊城和長)、自訴之事令談合、自衣比須(夷)嶋(山城國久世郡)注進、野尻違亂之事、等眼法師入折帋事、
大屋(田脱カ)借物之事、遣上原豐前方雜掌之狀事、
齋宮闕事令談合北畠事、馬免(攝津國嶋下郡)之事、三宅出羽守(秀村)請文到來、穗積彦三郎・樋口越中守來、
則遣補任者也、
十五日、近衞殿(尚通)昨日馬免請文・補任案ホ、以大膳大夫(北小路俊泰)所申入也、請口雖爲少分之儀聞食由、
御返事也、弥重ゝゝ、」
(18オ)
廿六日、宗鑑(半井明重)上洛、一結持來、則羞盃、晩頭一荷二色令持罷向者也、

廿七日、烏丸來(〆挾)談、七条之事、以飯尾近江守(貞運)沼〔田〕又上野介(光延)支證之事被召出候処、有山上由令申、然者可及遲〻欤、○可置年貢於中御下知之事、披露之処、聞食由返答候也、

後土御門天皇聖忌般舟三昧院御經供養

廿八日、於般舟院有御經供養、御導師前大僧正公助(定法寺)、題名僧一口着座、按察卿(綾小路俊量)・飛鳥井中(雅俊)納言・新宰相(烏丸)冬光、御布施取殿上〔人脱カ〕內藏頭(山科言綱)、奉行藏人右少弁輔房(萬里小路秀房)(マヽ)、六位不參、諷〔諷〕風誦願文作進「菅中納言(東坊城和長)、飛鳥(飛鳥井)題名僧前欲置一重云〻、失念欤、令凝精進寸志者也、」

（18ウ）

十月小

汁講

一日、晴、弥重〻〻、新相公(烏丸冬光)來賀祝事、幸甚〻〻、於柳(柳原量光)有汁、

二日、早朝、宗鑑(半井明重)來談、相續冷泉宰相(永宣)・典藥頭(半井親就)・官務(大宮時元)・朝倉(貞景)雜掌岸、其外來集、羞一盞、催寸興早、▨新相公雖有詔〔招〕請不及罷向、遺恨〻〻、

三日、於東隣(高辻章長)有朝飡、入夜及數盃、無術事爲如何之、

押奉書

六日、晴、西七条東西市町之事、押奉書到來、弥重〻〻、彦二郎遣地下、各承伏之由也、北尾將監來、正文此方へ遣者也、

室町幕府奉行人連署奉書

（19オ）惠聖院（聖慶）雜掌申城州西七条東西市町事、對沼田上」野介（光延）可被遂御糺明間、可置所務於中

由被仰出候也、仍執達如件、

永正五

十月四日　　貞運（飯尾）

之秀（飯尾）

當所名主沙汰人中

七日、陰晴不定、宗鑑來、綿一把女中可被進□（間）□□与之、勸一盃、數剋閑談、

（コノ間空白アリ）」

（19ウ）（コノ間空白アリ）」

（20オ）（コノ間空白アリ）」

守光本年三十九歳、參議、左大辨、正三位、六月二十一日補武家傳奏、十月十日任權中納言

〔永正六年〕

（20ウ）

四月

四月五日足利義尹參內勸修寺尚顯加賀國在國

二日、女房奉書到來、來五日室町殿（足利義尹）御參　內事、爲　禁裏被申、右大弁宰相（勸修寺尚顯）在國之間、可

申沙汰由被仰下、以次傳奏事被仰者也、參會催事ホ(×斗)可申沙汰歟、其余事者故障之事可申入者也、

(コノ間空白アリ)」

「（題簽）守光公記　自永正九年正月五日至十二月廿八日　首尾闕（正月五日首及十二月廿八日尾闕）　自筆本壹冊」

○現状ハ六月十五日後半以降分冊サレ、新タナ表紙ヲ付ケラル、

守光本年四十二歳、権中納言、正三位、武家傳奏

（1オ）

〔正月〕

（コレヨリ前、破損ス）

廣橋守光書状

（1ウ）

□□支配之処、兼〔解カ〕怠驚入候、自勾当局（東坊城松子）昨□〔日カ〕□〔催〕促候之間、馳申候也、

六日　守光（廣橋）

齋藤上野介（時基）殿

御服要途

六日、壬子、飛雪下、昨日有上野介（齋藤時基）使、御服要途事、延怠令迷惑、急度賜折帋堅被申遣由申間、今朝如形相認、以正益（速水）申遣之、文言相違事候者、可意見旨申送処、可令然由返答、則申遣、自是可申云々、

（コノ間空白アリ）

七日、癸丑、霽、鮭一尺遣木造（俊茂）許、去三日被賀來、當年未出仕□〔間カ〕、先以使者賀遣早、

（コノ間空白アリ）

八日、甲寅、霽、早朝自局奉書（廣橋守子）到、小莚幷 御神樂事見文、卽申入御返事早、三□□、

小莚幷に御神樂

押小路師象書状

小莚荷物事、早速御糺明忝存候、就其被仰下候之趣、則召仰公人候、仍令言□〔上〕候分一帋幷對池内渡申候下知・目錄等令獻上之候、可然之樣申御沙汰可畏存候、師象（押小路）恐惶□〔謹言〕、

正月五日　　師象

御返事」

（2オ）

公人申状

小むしろの事公人□〔申〕□□

大宮にさくらと申候さかやのならひに、池のうちと申候もの、三かむらのむしろをとゝめ□〔をカ〕き候ほとに、しさいをあひたつね候ところに、こん衞殿（近衛尚通）よりの御□〔下〕知と申候て、はたけ山の修理大夫（義元）□〔の〕□〔被カ〕官人わたなへと申候もの、目祿〔錄〕をもて下知いたし候につきて、とゝめをき候と池のうち申候むね、公人申あけ候、

はし　ひはち　あらかたな　なわ
み　いなはき
ふたなくハなにをき候てめれ候へく候、
かもん判

御神樂
御服要脚
小莚課役

九日、乙卯、霽、早朝昨日之奉書持遣上野介許、是來十九日御神樂之事、内々被仰出、就其御服要脚之事、其前可進上由也、他事小莚課役ホ事難載之、先度折帋ホ之返事無之間、急度申遣処、此奉書委細拝見、誠先度被下候以折帋堅雖申送、未申左右▨申可遣、又他足事令披露可自是返事申云々、

節分

十日、丙辰、霽、節分也、栂尾令來、則歸院、去八日美濃之□□如例年、珍重々々、

十一日、丁巳、餘寒甚々、自東北院兩種二荷送賜、

御服要脚

十二日、戊午、霽、御服要脚之事、有御折帋、」

（2ウ）

（コノ間空白アリ）

廣橋兼顯忌辰

十四日、庚申、先公（廣橋兼顯）之忌辰也、令招請ホ藏主如形延齋莚者也、

（コノ間空白アリ）

諸家幕府参賀

十五日、辛（〆庚）酉、晴、今日出仕、参　室町殿（足利義尹）構見参、大慶也、左京大夫（大内義興）・修理大夫（畠山義元）、公家衆（〆方）、余・藤宰（相脱カ）入道（高倉永康、常玄）・右大丞（勧修寺尚顕）・木造・権弁（日野内光）・三条中将（正親町三条公兄）・伯（白川雅業王）・山科（言綱）・飛鳥井少将（雅綱）・飛鳥井新少将（頼孝）才済〻也、

広橋守光参内

尤祢重〻〻、入夜令参　内、拝　龍顔、頂天酌、御小盃拝受之、大幸〻〻、御強供御戴之、於宮御方（知仁親王、後ノ後奈良天皇）有召出、御酌也、弥大慶、毎事令満足、於局飲盃、表祝詞、祢重〻〻、

十六日、壬戌、」

（3オ）十七日、癸亥、霽、持斎念誦如去年□（構）之、旧冬自十八日至正月十六日□（毎カ）日書写経奉納之、代官参□□所願成就、皆令満足無□（疑）□、

三毬打延引

十八日、甲子、雨下、三毱（毬）打御延引云〻、可為明後日、

（コノ間空白アリ）

御服要脚
御神楽

十九日、乙丑、御服要脚事、就御神楽切〻催促之処、切符如此、

御服要脚切符

柳本（賢治）執沙汰要脚内拾貫文事、広橋殿（守光）可令渡申之由候、恐〻謹言、

正月十九日　時基（斎藤）

正実坊（圓運）

先千疋到來、今日中二千五百疋之分可致沙汰由柳本申、以此旨御神樂無延引樣可申沙汰之由武命云々、及秉燭千八百疋可納之由令申、則遣左京(藤堂景元)与秦五郎請取之、兩人認請取納之、此要脚二万疋柳本進上之内也、去年三千疋進上之後、令無沙汰間万疋□中可沙汰之由雖被仰下、二千八百疋致沙汰者也、□□(者カ)也、春日祭之時千疋、節會六千八百疋也、」

大炊御門經名大納言拜賀

(3ウ)
御神樂奉行□大炊御門大納言(經名)拜賀也、

御神樂

(×一)
廿日・丙寅、霽、御神樂日出以後恒例被果行者也、珎重々々、昨日當番之間聽聞、尤令祝着者也、於御學文(問)所条々有被仰下旨、御元服之事也、二・三日中可參武家(足利義尹)事被仰下間、□(畏カ)存由申入旱、其後御神樂散状持參、此間時宜共申入旱、近來目出思食由也、申次種村刑部(視久)少輔、方々年始之礼寸如形罷向者也、

知仁親王御元服御料所

廿一日、丁卯、依召參長橋、就御元服御料所之事、条々被仰下、御使局与長橋(東坊城松子)也、左大丞兩人也、栗眞庄(伊勢國奄藝郡)事、一靑(能登國鹿島郡)・川北庄(越前國足羽郡)・鳥取(備前國赤坂郡)・多藝(美濃國多藝郡)寸事也、參武家処、右京大夫(細川高國)・修理大夫(畠山義元)、御供衆姉小路(濟繼)・伯・中山(康親)寸御一獻之程也、內々以丹後(松田長秀)申入処、以伊勢守(伊勢貞陸)聞食者也、委細仰旨被畏存、堅可被仰付云々、仍御座所之事、御懇之仰忝思食、如何樣御近所可罷上之由、

室町殿御通

可然様可披露由御返事也、御通五盃傾之、兩人各退出、參長橋此趣申入処、委細聞食由也、中次大典侍(廣橋守子)也、

一青者、能登守護(畠山義元)万疋所執沙汰也、去年六千疋進納未進事、川北庄朝倉(貞景)三千疋執沙汰、混(根)本ハ六万疋所也、栗眞去年二万六千疋進上、此未進之事也、

後柏原天皇女房奉書

廿二日、戊辰、霽、自眞光院(尊海)有使者、西五条事女房奉書如斯、仍添遣折紙者也、

御むろ(覺道法親王)より御申候なるたきの物と(者)も、こそのうせ物の事しるし申候へきよし、くハしく申候うへハ、よく〳〵そのすちめ御きうめい□(候カ)て、さい五条の事さうゐなく御せいはゐ候ハゝ、よろ□(こ)ひおほしめし候へく候、」(4オ)くハしき事候ハ□□きより御申候へく候、としのうちハや日も候ハ□(すカ)候、たゝいま又申され候、しかるへきやうに御せいはゐ候ハゝ、よろこひおほしめし候へく候よし、きとむろまち殿(足利義尹)へ申され候へく候よし申とて候、かしく、

ひろハし中納言(守光)殿

鳴瀧町人等申状

鳴瀧(山城國葛野郡)町人ホ謹言上

右去年八月荷物の事につき、かたく御たつねにあつかり候つれとも、柳本方あいかゝへられ候につき、おの〱一味仕候間、御せいはいにおうせす候所に、御門跡〔覺道法親王〕さま御領のわつらひにをよひ、御めいわくのうへハ、ちからなくありのまゝに申入候、かんようハはたの右衛門五郎と申候物〔者〕申子細ハ、京都あつけ物これあり、みちにてこれをとるへし、しからハ半分は右衛〔門脱カ〕五郎方へ取へきよし申候間、そのみきり近所をの〱□□おほせ候之間、當所の物〔者〕十人はかり」□の物〔者〕四・五人まかりいて、ろしにてをとしとり候所へ、又はたの物〔者〕とも、以外大勢にてとりかけ、荷物ともうはいとり候、此方へハ皮子貳たまへりをき候、御きうめいの時、注文にのせ、色しなの事可申候、その余ハみな〱はたへおとしとり候、仍當所へ給候分ハ、御わひ事をもつて、かいふんへんさい可申候、他所の事ハ、公方様〔足利義尹〕御せいはいたるへく候、此申様相違之由申つ□□□□〔候カ〕罷出可申明候、仍言上如件、

永正九年正月廿日　　右衛門二郎

弥五郎

与三郎

（５オ）

傳奏奉書

舊冬被申候、
西五條事、重女房奉書如此候、以參仕之躰可有披露（被申入）候也、

（花押）（廣橋守光）

小五郎

兵衛二郎」

○コノアタリ「守光」ト幾ツモ書カレシモ、抹消セラル、

廿二日

飯尾（之秀）
齋藤下野守殿

御沙汰始

（コノ二行、二十二日ノ女房奉書ニ續ク）
御さたはしめ（沙汰始）も候ハぬとて候へとも、これハへつしてもおほせいたされ候ハゝ、なをくよろこひおほしめし候へく候よし、御心え候て申され候へく候よし申とて候、

御沙汰始

廿三日、己巳、霽、昨日奉書御沙汰始以前者難披露由、美濃（飯尾）下野守申間、重申入処、自　禁裏被申候事者、不及御沙汰始被申由、如此被○裁（載）端書重被下間、遣下野守（飯尾之秀）許、令祗候殿中由申、奏者長谷川、

亡母忌辰

□□日（廿四）、庚午、晴、亡母（町廣光室、園基有女）忌辰也、不諷（及）經、遺恨、虎若下攝州者也、」

（５ウ）

禁裏御會始

廿五日、辛未、霽、禁裏御會始也、題松添榮色、讀師前內府（三條西實隆）、發（聲脱）前民部卿入道（上冷泉爲廣、宗清）、講師伊長朝（甘露寺）臣、講頌早入御、其後有二獻、御肴折二合、珎重〻〻、

猿樂

廿六日、壬申、近臣男女申沙汰、於孔雀（雀）間有猿樂、柴夫大（大夫）云〻、十一番仕者也、反（及カ）數獻大飲御酒也、

弥重〻〻、

（6オ）

廿七日、癸酉、霽、自南都修南院(光慶)・東院(兼繼)賀書到來、令滿足者也、圓滿院宮(仁悟法親王)明後日可有御參賀、内〻可伺時宜由被仰間、令申齡阿弥処、委細聞食由也、

廿八日、甲戌、霽、松田丹後(長秀)來、御料所事也、種〻申子細ホ有之、委細申勸修寺(尚顯)云〻、□(尤カ)可然以御次可披露由□(令カ)返答歸畢、圓滿院御參□(賀カ)申次事、(×申)可計申由□(被カ)仰下、申藤兵衞佐(高倉永家)処、歡樂故障、申飛鳥井少將(雅綱)処□(領カ)狀也、此由又申遣齡阿弥方処、委細可披露云〻、虎若今日□(遣カ)、

廿九日、乙亥、雨下、自飛鳥中將(少カ)有使、申次事、内〻相尋左大丞處、年始歳暮之外無之歟、内〻以伯申入処、委細聞食由有御返事、可爲如何由被申、此事内〻申入処、可相計由如斯有給折帋、但依勸修寺申沙汰(被カ)被聞食、於上意▨▨(者)由令返答、(不及是非由者也)倩案事之子細、不圖御參之時者可爲武家之輩申次歟、自兼日就□經時宜者、申次之事公家可然歟、不審之事也、可尋(擇)舊記歟、自圓滿院有使、飛鳥井(雅綱)依遲參、爲畠山式部丞(少輔)(順光)申次▨御對面、御祝着也、悉皆依苦勞無事御祝着者也、仍御卷數一枝被下、御懇之仰、畏入由申入者也、

圓滿院御參賀

後柏原天皇綸旨

宮(知仁親王、後ノ後奈良天皇)御方御名字可令勘申給者、依

天氣上啓如件、

正月廿七日　　　左中辨伊長（甘露寺）

謹上　大藏卿殿（東坊城和長）」

（6ウ）

□自大藏卿有書狀、若宮（知仁親王、後ノ後奈良天皇）御方御元服御名字事、如此被相催、已天氣書之、御教書也、然若宮御方餘內〻之趣、可載如何請文哉、又御名字之事、一向無文書、一度所見大切之由被申、誠□□儲君事歟、但不得所見間無念之由令返答、御名字之事、仁治度經光卿記一冊借遣者也、

經光卿記

眞光院（尊海）茶廿袋令持參給、

卅日、丙子、陰晴不定、南都之返事、今日言付東院丹後守者也、自木造有音信、今日公家衆少〻招請、可來之由也、毎事不具之間令故障旱、無念〻〻、御室（覺道法親王）雜掌來、飯尾下野守來三日可參由申、猶急度可申遣云〻、二日可來、可申左右由令返答旱、

二月少〔小〕

一日、丁（×丙）丑、深雨下、三条中將（正親町三條公兄）年始之祝事（令）賀來給、無出頭之間不能謁慶、遺恨、月朔吉兆、

神宮内侍所尊神以下遙拝唯識略一切祕密經

弥重〻、　神宮・内侍所・尊神以下令遙拝、書写經□〔唯カ〕識、▨春日、略一切二巻一巻愛染・一巻河〔革〕堂、・秘密經一巻□□如毎□、如毎朔令凝祈念、悉願皆令満足無疑者也、幸甚〻、

」

（7オ）

後柏原天皇女房奉書

二日、戊寅、晴陰不定、遣使者於下野□〔許カ〕（飯尾之秀）、□〔仁和寺宮〕（覚道法親王）被申事、明日□□五時分可參之由令申処、歡樂得減□必可參云〻、自眞光院（尊海）有書狀、明日□輿舁一人可雇云〻、□遣者□〔也〕、

（覚道法親王）御むろより申され候さい五条の事、御返事のやうくハしくきこしめし候、こそ日も候ハて、かさねて申され候ハす候、まつ〳〵なるたき（鳴瀧）にておとしとり候に（荷）の事、しるして申候へきよしくハしく申候とて候、これハさいせんにかやうに申候ハんする事にて候を、たうしの事なから、とりわけかの地下のともから御をしハかりにすきて、御しよかんにしたかひ候ハぬにつきて、かやうにちゝにをよひ候、くせ事にて候、さい五条□□〔さうカ〕ゐ候へは、たちまち御ちんりん候ハんする御よういにて候を、地下のともからきゝをよひまいらせ候ハゝ、はくしやう申候か、めてたく候へく候、□〔くカ〕ハしき事ハ、ふ行申候へく候、かんようの事ハ□〔らカ〕つきよ候ハんするほとに、さい五てうの事ハ、やう〳〵くしまいらせられ候ハゝ、よろこひおほしめし候へく候、」□〔いカ〕また御さたハしめ候ハねとも、せつ〳〵けんせきのよし、なけき申され候ほとに、きゝ申され、そう

御沙汰始

（7ウ）

へつ御むろ御入しち御こうくわいにてわたらせをハしまし候、一から御れう所ハ候ハて、なに候やらんこう人の申事、御たいくつの事にて候こそ候へ、このよし心え候て、むろまちとの(足利義尹)へ申され候へく候よし申とて候、かしく、

ひろハし中納言(守光)とのへ

敵奉行

三日、己卯、雨下、持參女房奉書於　室町殿(足利義尹)処、申次種村刑部(視久)、召具下野守(飯尾之秀)由申入早、可召敵奉行齋藤美濃守(基雄)由被仰下野守、即召遣者也、四時美濃(齋藤基雄)令祗候、先之▨四聽打者也、今度申次伊勢左京亮(貞泰)也、則令披露之処、被委細聞食被仰聞兩人、畠山修理大夫(義元)・同式部少輔(順光)、重(可)被▨▨、能〻心得而可申由被仰下候、即參局此由申入早、委細被聞食重可被申之間、可(被)□(待カ)其返事云〻、仍

知仁親王元服

御元服之事、一条(冬良)ヨリ可爲晴之儀由被申、雖然當時□(儀カ)難事行、然者可爲簾中之儀、然者着座之儀可爲如何□、就衣冠者不可苦歟、重而可□(被カ)仰下云〻、

長橋局御代官として八幡宮參詣

長橋(東坊城松子)爲御代官參詣　八幡宮之間、奏事事爲申次□□局賜、御元服之事□凡奉存分、仁治之例不快之由□□(処カ)□催賴仁親王(冷泉宮)□仁治度沙汰之上不可苦□、文明□(度カ)後成恩寺(一條兼良)悉皆難□沙汰□尋記、□(時)宜之事者被仰下、每事無(不)庶幾樣被記之間、何令列半不見云〻、不聞此　勅答退出

(8オ)

神宮奉行

早、神宮奉行事、昨日可申頭人由被仰下、有存旨不能一通、逢甘黄門(甘露寺元長)間、內〻令申者也、

高辻章長逸興有り

漢書講釋

白川雅業王食により觸穢

去年十二月四辻實仲沒

借錢分一要脚

祭宜土御門有宣代守祐請取狀

四日、庚辰、殘雪滿尺、入夜東隣(高辻章長)有逸興、及曉天各分散、

(コノ間空白アリ)

七日、癸未、深雨下、當番之間向正親町(實胤)、如例裝束令參着內、於御學文所(問)有漢書講尺、章長卿(高辻)、令聽聞、談義終入御、其後有一盞、逢番諸仲代(相)(五辻)□中納言(新)(三條西公條)、雅業王(白川)不參、自今日七日有食入觸穢𢀡、其故欤、

(八)□日、甲申、晴、去年十二月十七日、四辻亞相(實仲、禪允)入道円寂、今朝相向四辻宰相中將(公音)許、則面謁、旁相催悲淚者也、明日出仕云々、一昨日被申除服復任云々、

九日、乙酉、陰晴不定、有齋藤上野介(時基)使、御服要脚事、堅雖申未沙汰、今日爲御使罷下田舍間、雖申置不聞者、尙々可有御催促、有運(圓運)迯者定而正実可致沙汰云々、仍梅香院奉書未執之、內々可申由、使者申愚答歸𢀡、借錢分一要脚昨日渡之由、野洲井申、仍請取如此、

「請取申御祈禱祭料事

合六貫四百九十文者、

右所請□(取申如カ)件、

永正九 二月九日　祭宜土御門二位代(有宣)

守祐判」

(8ウ)

藤堂(景元)殿

正實坊圓運分一要脚注文

分一御要脚

一、五貫四百九十文　一貫文　奉行(齋藤時基)御礼

以上六貫四百九十文

西洞院(時長)江下書御免候事、心得申候、何方よりも申候とも不可渡候、其分西洞院へも可被仰候、

(永正八年)十二月卅日　圓運《正実》判

藤堂(景元)左京亮殿　まいる

十日、丙戌、時々雨洒、就西五条事女房奉書到來、重可被出御催促之文否事御談合也、申愚存《入》分早、暫《小時》女房奉書并文折帋ホ▨▨状以御室(覺道法親王)雜掌被添下者也、遣下野許、如此□、

後柏原天皇女房奉書

(9オ)

一日御むろよりより(衍カ)御申候こ□〔そ〕のうせ物の事、御きう□□〔めいカ〕候へ、まかりいてゝ、ことのしさゐ□〔申カ〕ひらき、なるたき□とりたるふんハ、へん□□〔さいしカ〕候へく候、ことにちやうほんけうミやうまてしるし申たるうへハ、しかるへきやうにとおほしめされ候所に、

さい五条田かたくけんせき、よのつねならぬよし、もんせき(覚道法親王)よりなけき申入られ候、いか〻したる事にて候やらん、これハまきれぬやうにおほしめされ候、いつれにも御きうめい□候ハて、さい五条をけんせきハ、あまりにおとろきおほしめされ候、きうにて候、□〔しカ〕かるへきやうによく〳〵むろまち(足利義尹)とのへ申され候へく候よし申とて候、かしく、

ひろハし中納言とのへ

山城國壬生西五條御百姓中申狀

(9ウ)

きつと注進申候、仍兩人之御方よりとて、此兩三日以前之御さいそく、中〳〵めいわく仕候、此分早〻御披露候て、御落居之□〔樣〕ニ候ハ〻、可被目出候、今日者人數あまたにて」候間、御百姓中もたまりかたく存候、此由早〻御披露奉憑候、恐惶敬白(×謹言)、

二月八日　壬生西五条 御百性〔姓〕中

西五条田御奉行所

尚〻、三日之うけこいを仕候間之内ニ、早〻御落居候樣候ハ〻、可被目出候、

廣橋守光書狀

西五条之事、先日御返事遲〻間、重女房被出[redacted]奉書候、[redacted]此末之趣可然様○以參仕之躰、忩可被披露候也、

十日　　　　—（廣橋守光）

飯尾（×齋藤）下野守殿之秀

足利義尹蓮華王院渡御の風聞

(10オ)

十一日、丁亥、晴、依觸穢雖旬不能写經、怖畏無他事、就□〔西〕五条之事、早朝遣使者於下野（飯尾之秀）許処、不令祗候□□□〔難披〕露由申、爲之如何、此由令□□御催促參仕之事□奉行（飯尾之秀）可申事也、近比曲事□〔由〕□〔被カ〕仰下者也、爲之（×爲如何）□〔如何カ〕、

十二日、戊子、今朝、西五条事、女房奉書可持參存已令□処、俄渡御三十三間（蓮華王院）之由風聞之由、其由相尋奉行処、俄其沙汰之間雖令祗□〔候カ〕、不可事行由、明日者所用之間、明後日未明可參由令返答者也、

禁中觸穢神宮奉行職

十三日、陰晴不定、明日早朝可參由申送下野守処、他行之由申、及晩景、下野守申送云、明日早〻可參之由申之処、美濃守（齋藤基雄）御用之子細有之間、認以後可參之由申、可成其意得、先尅罷出、其恐多端之由申者也、委細奉之由令返答畢、

十四日、庚寅、陰晴不定、觸穢昨日迄也、神宮奉行職事頭弁（甘露寺伊長）可申由、去二日被仰下、其後有思案之子細□〔置カ〕之処、剰　禁中自去七日至十三日觸穢□〔事〕、今朝書遣御教書、可爲此分哉、以景元（藤堂）

遣之者也、

傳奏奉書

神宮申沙汰之事、可有御存知由、内々被仰下候也、恐々謹言、
二月二日　守光
頭弁殿」

甘露寺伊長書狀

神宮之儀申沙汰事、謹承訖、可得御意候也、恐惶謹言、
二月十四日　□□（伊長カ）

（10ウ）

廣橋守光書狀

今朝委細奉旱、明日早々賜雑掌可申候、子細同前候、於殿中沈醉候之間、先令申候、
十四日　（廣橋守光）
仕丁返々不知所謝候、毎々狼藉無申計□（候）、

御元服延引

四時分參　室町殿、項（頃カ）之齋藤美濃・飯尾下野守令祗候、申次伊勢兵庫（貞辰）、先日御使令相催（由申入旱、）○仍御元服延引事・同西五条事ホ也、西五条事者、奉行兩人（齋藤基雄・飯尾之秀）召具之申入旱、委細聞食、先御室（覺道法親王）御申事被聞食之、御返事之趣□□如斯可被申処、只今陳事被申無其□□被仰付

遺教經

神宮奏事目錄

近衞尚通知仁親王の名字讀尋ぬ

知仁親王名字案

足利義尹眞正極樂寺幷に南禪寺等に渡御

神宮奏事目錄

上者、難被申改由御返事也、条〻子細不能記之、其後被□〔召〕御前、伯(白川雅業王)祇候、被下御□〔盃〕、蔭〔凉〕亮(東雲景岱)・伊勢守(伊勢貞陸)・守護修理大夫(畠山義元)」令祇候、凝數盃直參　禁中、以卿□□〔内侍〕(姉小路濟子)□旱、

(11オ)

十五日、辛卯、晴、如例年遺教經捧□〔物カ〕、杉原十帖・金覆輪遣楷葉□□請取有之、

十六日、壬辰、晴、自神宮奉行被相付　奏事目錄、有存旨卽令披露、

昨日　室町殿御返事、召御室雜掌具申含者也、昨日可召仰之由、依　勅答也、

十七日、癸巳、晴、持齋如每朝、代官松若、心中之所願成就無疑者也、

自近衞殿(尚通)　宮(知仁親王、後ノ後奈良天皇)御方御名字讀事、可相尋由被仰下間、則令申進者也、

十八日、甲午、晴、自一乘殿(良譽)〔院脱〕御樽二荷二色拜受、二条(源乘)爲御使、進藤(長泰)相添來者也、

十九日、乙未、當番御時分令祇候、被召御學文〔問〕所種〻有　勅言、難及案成者也、

知仁《トモ》切珍　恭《ウヤ》ヽ切巾　齊《タヾ》ヽ切神　誠《サネ》ヽ　正明《タヾアキラ》切征

知□〔仁〕者舊勘文字也、治承・仁治幷壽永度等載勘文候歟、其後龜山皇子知|〔仁〕親王也、雖然

旧字難得之間、今度載勘文旱、」

(11ウ)

廿日、丙申、入夜深雨下、今朝室町殿渡御眞如堂(眞正極樂寺)・南禪寺等云〻、

廿一日、丁酉、晴、早朝神宮　奏事目錄、自去十六日頭弁(甘露寺伊長)相付之、未拜賀之間致遠慮、先內〻

以勾當(東坊城松子)令披露処、卽有御返事、續別帋御褰之間可爲如何之由被仰下、尤也、存旦所申入也、但神宮事者不憚御勅旨令　奏聞者故実也、但非急事間、昨日之分可申沙汰之由、以折帋申入者也、

甘露寺伊長書狀

神宮　奏事目錄獻之、可得御意候也、恐惶謹言、

二月十二日　　伊長(甘露寺)

廣橋(守光)中納言殿

神宮奏事目錄

大神宮造替

(12オ)

永正九年二月廿日　伊長　奏　廿字奏聞之日書入之、

此奏事目六畏別帋、付之、□(今カ)度卷籠書狀、

太神宮造替事

仰早可有申(×申)沙汰由可申武家、」

神領再興事

仰同前、

大中臣清祝申權少副事

仰可　宣下、

廣橋守光書狀

神宮御　奏事目錄令　奏聞返獻之候、可得御意候也、恐々謹言、

二月廿日　　—(廣橋守光)

頭弁殿

一乘院良譽大僧都轉任

廿二日、己〔戊〕戊、霽、一乘院大僧都事、旧冬廿九日、自近衞前殿（尚通）被執申間、令　奏聞処、条々子細有之、重々今朝申驚処、　勅許也、召進藤筑後（長泰）後勅許由申入者也、

近衞尚通書状

一乘院門跡大僧都事　勅許祝着存候、　宣下事□□□当年又法印儀申入候、無相
(12ウ)
違様　奏〔達カ〕□〔奉カ〕□□□、謹言、

二月廿二日　御判（近衞尚通）

大僧都良譽小折紙

申　法印　大僧都良譽

後柏原天皇女房奉書

文のやうひろうして候、一せう院ほうゐんの事、又申され候、とりつと〔た〕へたるやうに候へとも、大そうつハこそのふんにて、かた〳〵さうゐなき事候やらん、さ候ハゝちよつきよにて候へく候よし申とて候、

御事

傳奏奉書

少僧都良譽宜〔×任〕令轉任大僧都、可令　宣下給之由、被仰下候也、恐々謹言、

二月廿□〔二〕日　（廣橋守光）

頭弁殿

傳奏奉書

（13オ）

法眼良譽宜叙法印、可令　宣下給之由、被仰下候也、恐々謹言、

二月廿二日　（廣橋守光）

頭辨殿

廿三日、戊〔己〕亥、霽、一乘院僧都法印事、今朝調一通遣進藤筑後許、則可申入云々、其後南都雜掌兩人來賀之、則相向甘露寺云々、四時分有召使御衣貸御使云々、依歡樂不參申候間、兩人不令面謁、其後長者宣四通持來、則令奏聞処、勅許也、

廿四日、庚子、霽、昨日四通与此御教書遣進藤許者也、

傳奏奉書

（13ウ）

大僧都良譽宜可爲興福寺別當、可令□〔宣下給之〕由、被仰下候也、恐々謹言、

□〔二〕月廿□〔三カ〕日　（廣橋守光）□給

頭弁殿

近衛尚通書狀

良譽僧都寺務之事、執申候処、早速　勅許、高悦至極候、殊條〻儀〔議〕定可自愛候、弥可奉祈寶祚長久候、必令參洛可御礼申候、其程之事、可然之樣宜令計　奏聞給候也、謹言、

二月廿四日　御判(近衛尚通)

進藤(長泰)此御書持來、則令　奏聞畢、明日爲御代官參詣因幡堂(平等寺)事、今日以景元(藤堂)相觸処、各領狀、弥重、尊院(尊勝院光什)令來給、一盞羞之、」

北野社に寫經幷に詠歌奉納

(14オ)廿五日、乙丑、時〻雨洒、聖廟別所作無他、代官写經・瓦礫才奉納、圓滿無疑者也、

後柏原天皇御重厄

廿六日、丙寅、陰晴不定、早朝各先烏丸藥師堂參集、大□(內)記(五條爲學)・頭中將(正親町實胤)・伯(白川雅業王)・山科(言綱)・高倉侍從(範久)・諸仲(五辻)・余也、直參詣因幡堂、奉祈宝祚延命者也、當年四十九、御重御厄之間、去月廿日、新黃門(三條西公條)爲張行駈催七人參詣、今月拙者可存知由被命間、上首雖五・六人有之、如此事者不可依上首欤、令領狀畢、香水申遣西坊、即僧兩人來、以銚子香水頂戴、弥重〻〻、今朝先御撫物申出者也、景元男、御香水・御撫物、又以靑侍令進上、各參詣弥重思食由　勅答也、此由申新黃門(三條西公條)、來月之事被計申欤由申送者也、

廿七日、丁卯、時〻雨灑、栂尾令來、

材木屋幸千代首服

廿八日、戊辰、陰晴不定、愛宕・菅神・弁財別所作、別而令祈念者也、材木屋幸千代首服、

五明

一荷兩種持來、弥重、一昨日五明一本遣之畢、

廿九日、己巳、雨下、

三月小

一日、庚午、月朔幸甚〳〵、弥重、〔右〕馬頭（細川尹賢）年始礼云〻、

法勝寺造營

二日、辛未、霽、當番不參、相博冷泉宰相（永宣）、尊院（尊勝院光什）令來給、法勝寺造營事也、俊泰（北小路）來、持〔住〕職事談合之、栂尾歸院、

御服要脚

(14ウ)

三日、戊申、霽、□□祝詞万□（願カ）可□、今日以參〔左〕大丞（勧修寺尚顕）、來九日可有御參」內由被申云〻、就其御服要脚未下之事、內〻有被仰下旨、先之御參 內事、來九日之由〔有〕風聞、▨毎事不御事行間、先可有御延引欤由〔可〕被申欤、可〔爲〕如何樣哉由被仰下、去年物忩以後、于今遲〻不可然処、結句延引之儀不可然、不御事行事者、十日・廿日延引も不可有其詮由、愚存之旨申入畢、所申無豫儀由 勅答也、

御服要脚

四日、己酉、霽、御服要脚之事、申遣上野（齋藤時基）留守同名將監（齋藤）処、難事行由申間、申長橋（東坊城松子）之折帋〻遣丹（松田）

法勝寺造營綸旨草所望
御服要脚
足利義尹參內
鳥襷

後許（長秀）、明日可披露由令返事者也、
五日、庚戌、霽、法勝寺造營綸旨事、条々申送東坊（東坊城和長）、草所望事、
六日、辛亥、霽、丹後使來、御服要脚事、來九日以前難事行者也、上野介（齋藤時基）卅日御暇申間、今日可上洛間可相傳事、御料所事、御元服前、先能登一青（鹿島郡）事、內々雜掌申分者、親王宣下可爲何日哉之由相尋欤、其前可奔走欤由申間、此由申長橋処、御迷惑之由也、親王宣下□可爲來十五日由御返事也、此由又申送処、畏存由申者也、
七日、壬子、霽、自勸（勸修寺尚顯）有使、明後日御□（參）內事也、可畏存由令返答者也、
八日、癸丑、當番之間、自晩頭令當番勤厚者也、
（15オ）
九日、甲寅、晴、午過程御參　內也、御會、甘□（黃）（甘露寺元長）・予・新黃（三條西公條）・左□（大辨）（勸修寺尚顯）・新宰相中將（中山康親）・頭中將（正親町實胤）・三条中將（正親町三條公兄）・□（內）藏頭（山科言綱）・伯（白川雅業王）・飛鳥少將（中）（飛鳥井雅綱）・藤兵衞佐（高倉永家）、以上十一人也、御服藤宰相入道（高倉永康、常玄）奉粧之、御前裝束永家（高倉）□（御參カ）御袍・御指貫鳥・御冠ホ御新調也、御直垂青、御大口▨（綾）御小袖、可有御□（參カ）欤之由、內々以左大丞披露之処、可有御參由御返事也、則御參、三獻目武家（足利義尹）御酌、參仕輩、予・左大丞・飛鳥少將（中）・三条中將、以上四人也、五獻目天酌、其時參會衆參御酌、被召御庇衆、甘（甘露寺元長）・左大丞・新黃門・予ホ也、數獻之後、御退出御前、其後於長橋三獻有

之、秉燭之時分御退出、御供衆、右馬頭(細川尹賢)・大館刑部(政信)・畠山式部少輔(順光)・同宮內少輔(畠山基延)・伊勢(伊勢貞陸)守・齡阿〔者〕也、御物遁世物木阿・理阿才也、弥重ゝゝ、

十日、乙卯、入夜雨下、尊勝院(光什)令來給、一宿、

汁講

十一日、丙辰、及晩晴、於東隣(高辻章長)有汁、甘(甘露寺元長・伊長)父子・大府卿(東坊城和長)・松三(松殿忠顯)・中山宰相(康親)・時元宿(大宮)□〔彌〕□參會、

仁和寺內常磐闕所

終日及大飲、同時元宿祢申仁和寺」內常磐闕□〔所カ〕事申遣眞光院(尊海)者也、

(15ウ)

十二日、丁巳、晴、自伯書狀到來、披見之処、明日可令同道　武家江被仰下云ゝ、畏奉由報之旱、

与三侘言、官務(大宮時元)申子細有之間遣狀旱、

足利義尹野遊渡御

十三日、戊午、晴、四時分罷向伯許、令同道參　室町殿(足利義尹)、御野遊渡御、各有御供衆、被召御前

御服拜領

御服拜領、綾、去御參内之時御着用者也、忝者也、殊渡御之間、於御留守可一盃飲由被仰置一色兵部大輔(尹泰)、

殊滿足、則令着用進御劔、申次大館刑部大輔、渡御之間申庭上畏者也、烏丸(冬光)有夕夕飯飯、則

罷向者也、入夜歸旱、

畠山順光攝津下向

十四日、己未、霽、早朝罷向伯許、昨日御服事可然樣可被申入由申訖、則面謁、遣使者於畠山

式部少輔許、御服之事、忝由相心得可申由申遣旱、只今下向攝州云ゝ、依歡樂當番不□〔參カ〕、

十五日、庚申、晴、

十六日、辛酉、晴、心蓮來、年始之礼也、

大經師良椿自訴

(16オ)十七日、壬戌、晴、清水臨時看經、持□〔齋〕如毎月、令凝祈念者也、大經師良椿」來、自訴之事也、

後柏原天皇女房奉書

日野(内光)有使、鷲尾(隆康)同□事、自長橋有□〔文カ〕、

きやうしりやうちんか事□〔にカ〕ておほせいたされ候つるのち、いまに一みちも候ハぬとて
候、いかゝしたる事候やらん、□〔こカ〕と申おとろかして、けんみち(嚴密)に御せいはゐ候やう、
ふきやう(松田英致カ)にかたくおほせつけられ候へく候よし申とて候、
　　ひろハし(守光)とのへ

江州御即位段錢

才藏主被來、江州御即位段錢之事、靑地新左衞門与木村有緣之間、申伊庭処(貞隆)、可懸進由可爲如何否事、如何樣相尋播津(政親)可申由令返答者、播磨局同被申子細也、女房奉書加銘遣開闔(飯尾貞運)許使正益(速水)、奏者卷田他行之由申、

大宮時元書狀

(コノ文書ハ十一日ニ續ク)
遙久不申通候間伊欝候、抑官務家領分常磐地下人逐電跡事、爲御門跡(覺道法親王)可有進退之由、
御相論之儀候哉、迷惑仕候、簡要者、理非可糺決事候間、自他先被止其綺之様被仰付
候者可然候、武家雖可及沙汰事候、斟酌存候間、幾重可申披之由歎申条、乍斟酌令啓
候、穩便之御成敗申御沙汰可爲珎重候也、恐々謹言、

□（三月十一日カ）　」（大宮時元）

□□□殿」

大内義興西芳寺歴覧

（16ウ）十八日、癸亥、□令御局（廣橋守子）來給、殊見上一壺祝着〻〻、令語給、去十四日於長橋、上﨟局（大炊御門信量女）・前（三條西實隆）内府・三条内府（轉法輪三條實香）・大内左京大夫（義興）𡈽参會、有飲大酒、子細、今度嵯峨西方寺（山城國葛野郡）（芳）左京大夫（大内義興）歴覧、一首令詠、就其攝家・凡家各一首宛和韻、去二月事云〻、然内府以上﨟局、内〻御製事被申処、令（給）豫御咄処、旧院（後土御門天皇）御代、故大内（政弘）被下月次詠被其注申、然処去九日被出御製、畏存、則段子・盆・御馬・御太刀進上、就彼申次上﨟局（也、可）賀來彼局（由）、餘令狹少間、被假（借）長橋云〻、其外男衆冷泉宰相一人云〻、事次第珎重、長橋蟄居云〻、

御製

雪にみし山ハ不富（マヽ）ねことのはの代〻にその名も雲の上まで

（コノ間空白アリ）

大經師良椿自訴

廿日、甲（乙）丑、晴、大經（良椿）（師脫カ）事自訴事、去十七日文御返事御催促御折帋到來、則申遣処他行、昨日遣人処、委細畏存、卽所労之間、涯分加養生可披露之由〻〻▨其□□（事）可然樣可披露由間此由申（17オ）入早、當番之間、晩頭可令祇候、内〻□申淨書□申事申入処、□（堅カ）□□」仰下旨有之、

烏丸當番□局參□(會)、

伊勢物語外題

廿一日、乙(丙)寅、霽、退出之次、向前内府、□(伊)勢物語外題之事申者也、□(×有)・自室町殿有召使、伯青侍也、八時分令祇候之処、御酒程也、鹿苑院御師弟子(宗山等貴)・季(宜)竹(景徐周麟)・蔭(涼)亮(東雲景岱)ホ也、令凝數盃、令歸宅者也、珎重〻〻、

御謁(喝)食

禁裏御花

廿二日、丙(丁)卯、及晩雨下、　禁裏御花事也、各申沙汰、珎重〻〻、

四足役所
大經師

廿三日、丁(戊)辰、霽、自長橋有御折帋、四足役所事、大經師事ホ事也、役所奉行松田對馬守(英致)也、即申進処、已役所之者令參懃早、大經師事▨開闔貞運(飯尾)申遣処、近日令披露処、被仰出子細、可然樣申入由被申、即以景元(藤堂)令披露処、子細何事哉、可尋由　勅答也、

廿四日、戊(己)巳、霽、自局(廣橋守子)文到來、今明日間可被直仰事、上姿ニテ可參由被仰下、今日者故障之間、明日可參由御返事申入早、

大内義興舟岡
山合戰の功を
賞し上階

細川高國四品

▨廿五日、四時分令參内処、於御學文所被仰下旨、左京大夫義興(大内)上階事也、於去年舟岡(山城國葛野郡)忠節無比類、京都平安間、可有上階御沙汰、可爲如何哉由可申武家云〻、其外条〻有被仰下(×旨)・旨、同右京大夫高國(細川)四品之事、可□然可爲如何哉、去年始而可有御沙汰処、其砌就無」(17ウ)便宜有□□(猶豫)、今度去九日出　被御製、是於西方寺(芳)、去年冬一首詠、同攝家・凡家十余人和

大内教弘贈上階

大内政弘贈上階

韻之間、御製事、轉法輪（轉法輪三條實香）被執申、・但無▨▨（先跡）間、被打置処、先皇（後土御門天皇）之御時月之　御製被下事、（有）
被此旨注申間、被出　御製、此砌幸便宜之間、可有勅許、曾祖父教弘（大内）贈上階之事、後成（一條兼
恩寺被執申、故政弘（大内）贈上階之事、以伊勢守貞宗（伊勢）依執申、故伯二位（白川忠富王）申次御沙汰候者也、於
于今現存有何事哉、此由可然樣可申入云々、今日・明日之間相計吉曜可申入云々、義興四
品事、從四位上、同依貞宗申御沙汰、如此之次第具令披露由（可）　勅言也、畏存由申入早、右京大

京極導譽忠賞儀

夫四品候事、上階自然述懷心中有之欤、同忠賞由可存（先跡 可爲同前由道譽（京極高氏）言上事、）御輿振之時、佐々木宗榮（六角氏頼）（崇永）早速馳參
間、被出忠賞之由　勅書処、京極道譽〔導〕何条忠賞之儀可爲同前由申間、重而　勅書被出之、
如此儀有□可然樣可申入云々、▨畏存由申入退出、昨日就良椿事□〔自カ〕伏見殿（邦高親王）有御使、爲
其令祗候処、有御□〔對〕面、種々被仰下旨有之、」

美濃國南宮社造替

（18オ）
廿六日、庚〔辛〕未、霽、早朝時元宿祢（大宮）來、美濃□□〔役錢カ〕事也、去年□□〔難カ〕、去年事者、南宮造替間、□〔明
□〔春カ〕者早々可懸進由申入早、以其旨可成下知由、内々令　奏聞、申入　武家者、可畏存由
攝津守申由申条、去年之時宜委細存知之間、閣攝津守披露事斟酌之由雖令申、今朝參仕
之次可然欤、忩令　奏聞、依　勅答可申入由令返答早、卽經　奏聞処、堅可申　武家由
有御返事、則四時分參　室町殿処、申次伊勢左京亮（貞泰）也、直可申入由、爲　禁裏御使令祗

大内義興詠歌に御製添下

大内義興上階并に官位

候、殊〻（委可）申入由有之、可爲如何哉由令披露処、（可）有御對面由御返事也、小時御對面、昨日
之子細具申入処、条〻被仰下云、先御製之事、内〻自轉法輪被申欤、此事以左京大夫使
申趣者、於西方〔芳〕寺不思儀〔議〕詠哥仕候処、公家衆和韻祝着存処、三条西〔實隆〕彼詠哥可拜見由申間
遣処、被添下御製忝者也、然御礼事可（爲）如何哉由申入、殊三間〔御脱カ〕迄可被召由申、此事何共無
御覺悟、□〔可〕然様」公家衆可談合、別而御礼可然由被仰旱、使重而申云、只今可申入処失
（18ウ）
念、御馬・太刀可然由逸見云〻、此儀何事哉、一向無御覺悟、条〻有仰〻（之旨、守光事者）日野一類之間
不殘御所存、相構不可有他言（之旨）被仰・（×仰）下候、毎事前内府所存相違之事共也、
上階之事、官位之事、一向（御）未練之間、是非可爲叡慮由御返事也、重而言上、定此返事通
難有　勅許、如何様ニも可被計申由仰之由、重而申入処、上階事、定而可忝存、私ニ内〻
御談合之由（不）可有御沙汰、不存知分由被仰下候〻（者可被畏入候、）又以御機嫌可申入、官位之事、惣別無御
談合様可申入云〻、公方（家）▨昇進有廉事者、被執申候事候、毎事（御）御未練不肖之間、遺恨思
食由也、右京大夫四品事、可爲如何様哉由申入処、□〔御〕返事御同前之由也、此由取全〔詮〕要令
（19オ）
歸參申入旱、□〔種カ〕〻又　勅答有之、毎事」如此之使迷惑此事也、内〻前内府被執申欤、左
京□□〔大夫〕存知者、爲武家預官位□〔者〕武家御恩也、爲公家直無御免者（祝着　其）無極由申云〻、此題目珎

事、如此之子細者難申武家事也、自然媒介者如此申欤不審、毎事如武命武家(公)〻〇昇進毎〻、
御執奏事況於(也、)　武家者不及沙汰事欤、於此上者有(可)　勅許、如何様兩日中(可)被仰出云〻、
廿七日、辛〔壬〕申、及晩風雨時〻降、御方(知仁親王、後ノ後奈良天皇)事也、有　行幸、及半更大飲御酒也、午陰之時分有女房
奉書、上階宣下事可申頭中將(正親町實胤)云〻、文如此、

大内義興上階宣下
後柏原天皇女房奉書

きのふの上かいの事さた候、頭中將に御心え候て、せん下の事おほせきかせられ候へく候、きのふおほせられ候つるやうに、いきに(位記)ハこのたひのくんこうのおもむきをのせ候へき事にて候とおほしめし候、四ほんの事ハ、昨日申され候つることく、ちとないくにて、つけしらせ候や□〔ウカ〕にてよく候へきほとに、これハいつれにかさねて」(19ウ)おほせられ候へく候、昨日日からよく候ほとに、日つけハいつれに昨日のふんにて候へく候、猶〱これハおなし事なから、さしつめたる事にて候ほとに、かやうにおほせられ候事にて候、けふハまいり候やらん、御まいり候ハぬさきに、おほせきかせられ候へく候、御返文にてまつおほせられ候事にて候よし申とて候、かしく、

ひろハしとのへ

廣橋守光請文

たゝいまの文、かしこまり候て奉候ぬ、頭中將にやかて〱申へく候、ふと名字さへそんしわたり候、くんこうの事ハ、ため學（五條爲學）朝臣をめし仰られ候へきやらん、たれ〱にもよく御たんかうの事候やらん、聊尓候てハしかるへからす候、これ又一たんの事にて候程に、くんこうの事ハ密儀にて候、ちよく問も候へき事にて候、くんこうの事ハ、やうたいをのせ候ハんするしさゐありぬへき事にて候、れうし（聊爾）ハ御座候ましく候へとも、ふとそんしより候ふん申入候、けふハめてたくしこういたし候へく候、頭中將にまかりむかひ申候へく候、このよし御心え候て、御ひろう候へく候、

後柏原天皇女房奉書

（20オ）

御返事のやう御心え候、このたひのくんこうの事ハ、ことはにのせてしかるへ□〔きカ〕やとおほしめし□〔候カ〕て、さきに前内〔府脱カ〕（三條西實隆）へハ、このやうない〱おほせられて候へハ、そのふんにて候へきかなと申され候、さ候ほ□〔と〕に、□□ものこと〱□」大内き（五條爲學）に申候て、大内きその心え□〔をカ〕なし候やうに□御わたくしよりも、こゝろ□〔え〕をなさせられ候へきか、又しきし申候へきかにてとおほしめし候、さりなから、さい〱ない〱めしおほせられ候へきか、いかゝ候へき、いせんそうゐ（贈位）の事、はく（白川雅業王）申候つる時ハ、大内きなとめ

しおほせられ候事ハ候ハす候つ□〔るカ〕、さりなから、このたひハ、くんこうのおもむきをのせられ候につきてハ、へちのしさいにて候へきかにて候、いまのいまの〔衍カ〕よし興（大内義興）の朝臣、まさひろ（大内政弘）そうい〔ゐ〕の時も、なにとか位記をしたゝめ候つらん、いつれに爲學朝臣をつほねまてめし候ハんするとても、御まいり候ハんするほとに、御わたくしにも御心え候て、この御所にてくハしくおほせきかせられ候てしかるへくおほしめし候、きとちよくもんなとハ候ハすともと、おほしめし候よし申とて候、

大内政弘贈位先例

大内義興上階

多〻良▨▨義興朝臣上階之事、罷《向》正親町父子（公兼・實胤）▨《此子細》委令申処、委細奉書旨被成其心得早、即可　宣下云〻、則令參　内処、勲〔勳〕功之事召内大記（大内）、以長橋被此子細仰下、但直可申由被召常御所被仰下、去年南東凶徒則責入処、於舟岡一戰下得其利、洛中卽平安、併彼戰功過之由被仰下、此由申含大内記処、畏存由申者也、」

船岡山合戰

（20ウ）廿八日、壬〔癸〕酉、

廿九日、癸〔甲〕戌、

行願寺并に愛染堂代官祈念毎月の如し

清水寺代官參詣

細川高國四品大内義興上階

〔四月〕

四月大一日、乙(×甲)亥(×戊)、霽、毎事可任愚意、珎重〻〻、早朝河(革)堂(行願寺)・愛染代官祈念如毎月、同清水參詣代官下女、心中之所願皆令満足、祈精(誓)之外無他事、事〻所願成就、不能左右者也、先五時分參　室町殿(足利義尹)、豫藤宰相入道(高倉永康、常玄)參候、其後左大弁宰相(勧修寺尚顕)・阿野兒(季時)・權弁(日野内光)參候、申次大館刑部大輔(政信)(少)、大名右京大夫(細川高國)・左京大夫(大内義興)・修理大夫父子(畠山義元・義總)也、修理大夫孫者御供衆一列也、構見參祝着此事、其後參曇花院殿(祝溪聖壽)、次參長橋(東坊城松子)傍候、次參局(廣橋守子)、被仰下旨上階之事、則御沙汰之子細(可)申武家(足利義尹)云〻、右京大夫四品事、内〻被仰成処、左京大夫〇(就)勲(勲)功先一身可然、殊四品之事〇(不)被相忩事之間、重而可申由相國(徳大寺實淳、忍継)入道書狀被出之、此由可申云〻、又位記事召雑掌(可)遣之云〻、毎事可然靑侍不苦使〇(可)召雑掌事、借屋式言語道斷見苦敷間、左大丞(勧修寺尚顕)可然由申入旱、重而可存知由被仰下間、如何樣加思案(可)申入由申入旱、明日(今日)先朔日間明日(可)參武家□(由カ)申入退出、条〻被仰下子細有之、夜半之間閣之旱、向前内(府)□(三條西實隆)、上階之事發言条〻被申子細有之、此時宜散不審旱、

大内義興上階
忠節比類なし
細川高國四品

三嶋曆

位記
良辰

細美

二日、丙子、風烈、陰晴不定、旼(マヽ)有伯(白川雅業王)使者、明日渡御嵯峨(山城國葛野郡)也、御使之事可猶豫欤之由被申間、
不同心由申旱、」

(21オ)
三日、丁丑、及晩雨下、爲　勅使可參　武家之由、昨日□□(被仰カ)下、四時分先參　□□(内カ)、申次典侍(廣橋守子)殿被仰下云、先日内□□(々申カ)間、被聞食旱、義興(大内)上階事忠節比類(マヽ)(無)間、別而可被授　朝弊(獎)処、無殊儀間、上階事已御沙汰旱、可被成其御意、將又高國(細川)四品之事、内々被申試処、義興猶被忠賞者一身規模也、四品之事不相忩間、重而可申入由申間、先々御沙汰偖も可然、可申由　勅答(定)之由申之、委細聞食、可然樣可　奏聞仕之由御返事也、被仰云、内々義興朝臣申云、三位之事可有勅許由、内々有告知人、但爲(可)上意由申間、叡慮之時宜不及是非、尤面目之至被仰出旱、高國御返事尤可然思食、其外種々御雜談有之、御所御庭事、同御座敷繪事、川原者穢多事、故忠富(白川)卿心藻(操)事、御楊弓事也、令歸參委細(被)仰之通畏申、可然樣可披露由御返事之趣申入旱、自伏見殿(邦高親王)被仰下良精三嶋•曆(又歷)事申狀以長橋令　奏聞(可)処、相尋良精(事)被仰下旱、當番之間、令祗候者也、

(21ウ)
四日、戊寅、□齋、退出之次向前内府、昨日御使由委細相談旱、位記事在重朝臣(勘解由小路)良辰之事相尋之、可來由申云々、自因州一牛齋(紹鐵)・蓮光寺与三左衞門上洛、　禁裏鴈二進上、」私細美一

卷被相送之、安祥寺(光意)、禁裏幷私江御卷數到來、同書狀所有之、珎重〳〵、則令　奏聞処、
今月・來月中可上洛由御返事也、
五日、己卯、霽、世尊(世尊寺行季)令來給、左少辨(柳原資定)番代之事也、

大內義興從三位位記

從四位上多〻良朝臣(大內)義興
　右可從三位、
中務、英名垂威、職任得貴、平生克奮武烈、蘊息紫陽之人民、去歳況募戰功、追討華洛
之凶賊、不論快勝於千里、既是繫治於一天、更賜朝章(奬)特高階級、可依前件、主者施行、
　永正九年三月廿六日

草所望

此草所所(衍カ)望大內記(五條爲學)也、
（コノ間空白アリ）

美濃國段錢
近江國段錢

六日、庚辰、霽、攝津守(攝津政親)使大崎入道來、濃州段錢松雲軒殊全請文之事也、則写遣者也、江州段
錢之事同申遣者也、近衛殿(尙通)筑後(進藤長泰)來、聖護院坊官法□(印カ)事也、」

良精申狀

(22オ)
七日、辛巳、微雨下、良椿昨日召遣処、今朝來、良精申狀申子細遣□彼支證滿仲(源)子源賢至嚴淸
十□(九カ)代系圖也、文明十七年度常德院殿(足利義尙)御內書幷當代弃破奉書尗嚴重者也、彼源賢法眼入集

後柏原天皇女房奉書
柳原資定上洛

哥之同載系圖者　後拾遺集　九月盡、
▨▨　秋もはや〔はたた〕けふはかりそとなかむれはは〔衍〕夕くれにさへなりにけるかな
同十九　おもひきやわかしめゆひしなてしこを〔人〕のまかきの花とみんとは
因州御返事如此、
やなきはら（柳原資定）上らくの事、くにとしのほり候はぬとては、しこうも候ましき事にて候、この月らい月の中には、いかやうにも上らく候はてかなひ候ましく候、しきしにも御事かけ候御事にて候ほとに、かたくいかにもそれよりかき御くたし候へく候、さてはかん（雁）まいり候、おもしろくよろこひおほしめし候、尙々上らくの事なほさりにおほせ事候ては、かなひ候ましき事にて候、このよし申とて候、かしく、
ひろはし（守光）とのへ　」

知仁親王親王宣下
御名字知仁

（22ウ）八日、丙午、壬深雨下如渡、今上宮（後柏原天皇）御方親王（知仁親王、後ノ後奈良天皇）宣下也、傳　奏左大弁宰相尙顯卿（勸修寺）、奉行職事頭左中辨伊長朝臣（甘露寺）、未刻計參伊長朝臣、以勾當内侍（東坊城松子）被御名字、下御名字知仁（文人）・和長卿（東坊城）勘進、□（仁カ）治度經光（勘解由小路）卿令載勘文給御名字也、折高檀帋被染宸筆被裹之、▨入硯蓋、（同）被出御點、則持向鬼間、申出御前之硯、極﨟諸仲（五辻）持參、写御名字二字於檀帋中程聊上、不折、置傍、次取小高檀帋書家司兩人、言綱朝臣（山科）・伊長、置傍、又取別帋書職事、基規（持明院）、以上書終、令懷中退鬼間、可持參硯有氣色、拙者

大炊御門經名勅別當と爲す

示云、以六位令持參由令入魂、安度仲〔廣橋仲光〕ー以主殿司申出御前硯云々、广〔應〕上卿大炊御門大納言經名卿、則可爲勅別當歟、先着陣、官藏人方吉書、左中弁
伊長朝臣於床子座見文歟、甚雨間於長橋上令見物間、不見及、着陣、次其作法如大弁・中・少弁者有假着之作法如何、六位史
康〔中原康友〕〔マヽ〕申文〔挿カ〕刺交杖、跪陣小庭請目持參、上卿三通令披見、先下礼帋、次下文令請申、一通ツヽ三度下之也、
次出次弁退、次藏藏人方吉書伊長朝臣就軾下之、▨上卿請之〔×軾事〕下弁召留伊長歟、請申之退出、
上卿令撤軾退出、更着陣、奥、伊長朝臣下御名字上卿披見〔×覽〕今上親王セヨ歟、仰詞如何、職事退、次上卿
移端座令官人使、召弁伊長朝臣、迎軾□下御名字、弁依申上卿仰詞不聞、同前歟、退向床子座
下史歟、次職事伊長朝臣進、仰勅別當之事可召知仁親王家〔×人〕▨別當トセヨ仰詞歟、召弁仰
勅別當事、仰詞不聞、弁於床子座仰史撤軾、上卿退出、次於軒廊下有親族拜、申次伊長朝臣、
下殿高遣戸沓脱挿笠、甚雨也、舞踏如例終、申次又進、今度勅別當之▨慶也、同前、次被參
上、出高遣戸沓脱、自上戸被着殿上□、上北面、自上戸進職事下家司・職事折帋二通交名就納言座上、可懷中事歟、應安仲ー先下家司交名取出仰々詞、納言披見後被置前、次聊□職事下之、交名
仰云、職事顯保〔四條〕朝臣、々々今度重持之、下之無仰□氣色計也、退出、次上卿退出、
今日不審之事、上卿不直沓、自上戸着殿上事、□事▨▨▨陣雨儀□□□內今度如上分如何事□□、」
次今度爲小御所於親王出所西二〔×四〕間爲公□〔卿〕座自南脇戸入上沓□、勅▨▨次西脇戸着座、南上西面、次家
司言綱〔山科〕朝臣一人候、懸莚下伺　勅別當氣色則目、次進言綱朝臣、下家司交名折帋、退、

（23オ）

勝仁親王蘇合曲相傳

職事
次基規（持明院）同前被下職事交名退歸、勅別當入南腋戸艮方郎〔廊〕下立、申次源諸仲（五辻）降沓脱出逢、狹少如相兼也、如例、次二拜畢、當上（マ、）次家司伊長（甘露寺）朝臣下殿、勅別當二拜之在所、申次家司兩人之內言綱朝臣下殿出逢、其作法如常、則加烈〔列〕職事基規朝臣以上三人一度可二拜処、甚雨如渡之間、兩人略之云々、內々甘黄門▨▨申甘黄門云、（如）小朝無（依）其所雨儀之時無之、無兩人相立所間、可被略否由令申処、尤同心、仍略之、二拜後堂、其後於東方有對面、申次伊長 弥重々々、大御門（經名）・甘・予・（甘露寺元長）（勸修寺尚顯）左大丞・隆康（鷲尾）朝臣・四辻宰相中將（公音）・言綱朝臣・基規朝臣・範久（高倉）・諸仲（五辻）・以緒（薄）朩也、申次不最末申、今日參仕、次於議定所有御對面、申次顯長〔章〕（高辻）朝臣、人數如前、千秋万歲弥重々々、有 天酌內々人數令祗候者也、

立帋　知仁

折帋　家司 言綱朝臣 伊長

同　職事 基規朝臣

別注之、」

（23ウ）

（以下「」内ハ文明十一年正月ノコトヲ守光ガマトメタモノ、十二日條ハ「兼顯卿記」ノ記事ヲ參照シテイル）

「廿九日
御祈事、諸大名御祈事如去年、御祈奉行（勸修寺）教秀、令申右馬頭（細川政國）可相觸〔事カ〕□、

廿八日
御相伴事、　廿五日、宰相中將殿（足利義尚）和哥御會始事、講師大館重信、前藤宰相（高倉永繼）・兵衞督（飛鳥井雅康）・先公（廣橋兼顯）三人御相伴、御參了、

同
宮御方（勝仁親王、後ノ後柏原天皇）蘓〔蘇 合〕香曲御相傳、自武家（足利義政）御太刀・御馬被進否事、關白（九條政基）奏慶之事、九条殿（政基）□、

平鞘

十二日、晴、御參　內、申沙汰之事、三獻之御酌宰相中將殿（廣橋兼顯）令勤仕給時予持參、御進上御太刀平鞘也、置御前、御座之上、主上（後土御門天皇）ノ左方也、

十日、攝家・清華各參賀事、先裝束之衆一列、其後直垂一列、

六日、位記・聞書ホ持參事、

五日、參議御拜賀事、同着陣事、小叙位御執筆事、

去年の披露始
內外典御祈始

四日、年始去年披露始事、內外典御祈始事、風記也、內々以春日局御披露事、贈內府每年之爲御□例云々、」

（コノ間空白アリ）」

大宮時元親王
宣下案持來る

(24オ)
九日、庚（癸）未、齋、（大宮）時元宿祢　親王宣下案持來、依所望也、件人略之云々、又今上（後柏原天皇）親王不審事、

知仁（後ノ後奈良天皇）

後柏原天皇宣
旨

左中辨藤原朝臣伊長傳宣、權大納言藤原朝臣經名（大炊御門）

宣、奉　勅宜爲　今上親王者、

永正九年四月八日　修理東大寺大佛長官左大史小槻宿祢時元奉

十日、辛（甲）申、齋、大府卿（東坊城和長）・右大丞（烏丸冬光）・松相公（松殿忠顯）・內藏頭（山科言綱）・時元宿祢・明孝朝臣（半井）・篤直（千本）・保長（丹波）・行（宗

汁講
一條冬良書狀

賢(岡)・正心ホ有朝汁、飯後左少(柳原資定)・在重(勘解由小路)ホ來、及昏色退散(〆令敬)、自桃花(一條冬良)有尊翰、
久不被申候、伊欝背本意候、仍昨日自室町殿(足利義尹)美物兩種送賜候、獻使者、御礼雖可申候、
御機嫌難測候之条令斟酌候、以御參之便祝着之趣、內々得其意被申入候者可喜思給候、
每々御懇被加御詞候、殊本望存候由、能々可得□(賢カ)慮候、謹言、
卯月十日　御判(一條冬良)
廣橋中納言(守光)殿
」
(24ウ)十一日、乙酉、晴、昨日一条殿(冬良)御書以齢阿弥令披露処、委細被聞食由御返事也、此由申松殿(忠顯)処
他行之由也、

知仁親王御元服
明日大破日

十二日、丙戌、霽、松田丹後(長秀)(〆來)爲御使來、御元服一段珎重思食、別而可被進上処、每事當時之儀
不事行間、万疋御進上也、可然樣可申入、被仰兩傳(勸修寺尚顯・廣橋守光)奏事綷々敷被思食共、御元服之事
以前爲兩人(勸修寺尚顯・廣橋守光)參仕申間、內々被仰由也、此要脚被(仰付)畠山(尚順)、先參千疋可有現脚、相殘之事不依
多少、式部少輔(畠山順光)可奔走由申者也、御返事今日・明日不可申由云々、明日者大破日也、則可披露由申
入者也、此由申入処、喜思食者也、明後日必可兩人參仕申由　勅答也、今朝以杏阿弥致
美物拜領、祝着者也、昨日歡樂之由申、無心元思食現病否、如此御使以何人雖申可然思

美濃國段錢

食、就歡樂者美物可然由候、參由申入者也、濃州段錢事、攝津守取次者也、如此申出文可申云〻、則申出之遣者也、

後柏原天皇女房奉書

ミのゝくに御しよくゐたんせんの事、御けちをなされ候へきよし、めてたくおほしめし候、こそさんしやうけ文をいたし、かたく申さため候事にて候へゝ、そのすちめちかひ候はぬやうに、御下知をめししかけられ候やうに、まさ親(攝津政親)朝臣に申さたし候へとよく〱申され候へくよし申せとて候、

ひろはし中納言(守光)殿

(コノ間空白アリ)」

傳奏奉書

(25オ)就濃州段錢事、女房奉書如斯候、可被計申沙汰候也、恐〻謹言、

四月十二日　　守光

攝津守殿

大内義興上階問田興之等位記受取り

十四日、戊子、霽、五時分問田(興之)掃部頭位記執來、同沼(沼間敦定)右京亮來、則相添口　宣案遣者也、三獻動〔勸〕之、太刀・折帋才進之者也、弥重〻〻、其後參　禁裏、同□〔參カ〕右大丞、以長橋被仰下云、御折帋御進上御祝着也、御料所之事雖被仰付、不事行間可有御猶豫処、只今就進上被取日次処、來廿六

知仁親王元服二十六日に決定

日之由申、雖無殊儀、御參喜思食由也、則兩人參　武家、內ゝ以丹後(松田長秀)令申処、御懇之仰忝思食、必可有御參御元服來廿六日一定弥重思食、必可有御參候由、其後御對面可然樣可申入云ゝ、此由令歸參申入者也、申刻計左京大夫(大内義興)上階御礼申入者也、先神代紀伊守(貞綱)御折帋五千疋・御太刀持、進上、拙者執次之、以長橋令　奏聞処、則可參由御返事、於長橋傍口有一盞、及二・三□(盃カ)退出、又被下御太刀、弥重ゝゝ、

美濃國段銭

(25ウ)

十五日、己丑、早朝丹後(松田長秀)・攝津(攝津政親)・美濃守(齋藤基雄)爲御使來、美濃段銭事女房奉書委細被聞食、可成御下知、但可直被成御下知事不先規、如何樣如此之時者、御卽位御申沙汰事斟酌□(候カ)、私迄□(於カ)此段□□(被)仰下由也、驚而披露仕由申入候処、重而兩三人(松田長秀・攝津政親・齋藤基雄)來、此御下知事者先可被進、只今時宜不可披露由可畏存由申旱、御下知之事□可渡此方欤之由申間、可爲其分由申旱、神代紀伊守▨折帋・太刀□□、昨日之礼也、勸一盞、又進太刀者也、弥重、沼右京亮同來、
入夜攝津守來、段銭之礼也、

足利義尹細川高國邸に渡御

十六日、庚寅、室町殿(足利義尹)渡御右京大夫(細川高國)云ゝ、御元服□(催)如此、加奉者也、

知仁親王元服回文

若宮(知仁親王、後ノ後奈良天皇)御元服可爲來廿六日、可令存知給候也、

四月十五日　伊長(甘露寺)

廣橋中納言殿　(勧修寺尚顕)左大辨宰相殿　(中山康親)新宰相中將殿
(山科言綱)內藏頭殿　持明院少〔中〕將殿(基規)　(雅綱)飛鳥井中將殿
(重親)庭田少將殿　藏人中務丞殿

清水寺持齋

十七日、辛卯、霽、清水持齋如毎月、令凝祈念者也、代官チヤ、

御元服要脚
近江國段錢

十八日、壬辰、霽、清水代官、松若、自去月十七日至今月十七日書写經、同奉納之、所願成就皆令滿足〻〻、自局(廣橋守子)有文、御服要脚相殘之事・近州段錢事、昨日御元服要脚三千疋且納云〻、

十九日、癸巳、霽、大崎爲攝津守使段錢奉書持來、

室町幕府奉行人連署奉書
御卽位要脚美濃國段錢
美濃國南宮社遷宮

(26オ)

御卽位要脚美濃國段錢事、度〻被成奉書」之處、依南宮遷宮、當年之儀難事行□□〔之處カ〕、至來春早速可懸進旨捧請文直　奏云〻、然于今延引、太無謂、不日可被究濟之所被仰下也、仍執達如件、

永正九年四月十四日

(飯尾之秀)下野守
(齋藤基雄)美濃守
(松田長秀)前丹後守
(攝津政親)攝津守

土岐美濃守（政房）殿

今月十五日酉時、同十六日戌時、日月薄蝕連日不得止、其色赤黄、都無光輝、

占文
日月薄蝕
天文要錄
河圖帝覽嬉
劉向鴻範傳

天文要錄云、日月薄蝕者、臣奪其政、主失其威、□□（女主）有失、□□（此天）之□（垂）象顯其禍僪、責其

（26ウ）
廢政之内過、」河圖□（帝）覽嬉云、日月赤黄、無光日薄、毀傷日蝕、不祥善惡各爲其國、劉向

鴻範傳云、人君失序、國政不明、臣下務乱羣陰蔽陽、則日月薄蝕乱交爭兵革並行矣、

永正九年四月十九日　暦博士賀茂（勘解由小路）在富

陰陽頭賀茂（勘解由小路）在重

足利義尹畠山義元邸へ渡御

廿日、甲午、霽、畠山修理大夫（義元）申　室町殿令渡御云々、公家衆伯一人、兩京兆（細川高國・大内義興）令參候、日吉（宗竹）・

今春（金）（元安）・觀世（元廣）大夫才盡所能云々、弥重々々、

美濃國段錢

廿一日、乙未、晴、當番勤厚、俊泰（北小路）朝臣從上事以卿内侍（姉小路濟子）令　奏聞、勅許也、美濃段錢之事一

御元服次第

昨日之奉書令奏聞、委細　勅答有之、御元服之次第申出之、写之返納、於御學文（問）所簀子

条々有被仰下旨、」

御服要脚

（27オ）
廿二日、丙申、霽、御服要脚之事、御親王（マヽ）（知仁親王、後ノ後奈良天皇）御方□（に）御進上、御服要□（脚）左大丞与余兩人遣雜掌於

丹後（松田長秀）許、催促□他□、

後柏原天皇女房奉書
美濃國段錢

みのゝくにのたんせんのほうしよまいり候、めてたく□（候カ）、まさちか（攝津政親）のあそんにつか
ハされ候て、さをいなきやうに、かたく松うんけんに申つけ候へと申され候へく候、
ふけ（足利義尹）のしきもなにとやらんきこ（し脱カ）めし候に、しせんれうしにてハこうしの御ためしかる
へ□□□（からす）おほしめし候よしよく申とて候、かしく、
　ひろハし中納言とのへ

傳奏奉書
北小路俊泰從
四位上宣下

（27ウ）

従四位下大江（北小路）俊泰宜叙従四位上、可令　宣下給之由被仰下」候也、恐々謹言、
　四月廿二日　　守光
　藏人辨（萬里小路秀房）殿

後柏原天皇女
房奉書

御ふくようきやくのこりの事、かたくおほせつけられ候へく候、返々御ようつかへ候
事にて候、かたく御さいそく候へく候、かしく、
　ひろハしとのへ

御元服次第

なかハ(東坊城松子)しより、

廿三日、丁酉、霽、依召參　禁裏、被仰下云、來廿六日御元服可有室町殿御參之由喜思食、必被待申、又今度御次第内〻如斯被入見參之由可申　武家云〻、御次第居柳筥、檀帋以二帖褁之、則參室町殿処、於御門前▨▨伯相逢処、只今可□〔參〕仕申由也、其子細者、來廿六日可有御參由雖

(28オ)

爲申、可有□〔其〕子細有之、可然樣可申入云〻、御參　内之事・同御次第之事、爲其馳參処也、然者令同道　殿中、可爲申此子細由示之、則參殿中、此子細被申処、以伊勢兵庫(貞辰)被召御前、則仰之趣申入処、御參事者毎事御不具之間、難有御勞由也、仍被讀次第如形綴讀之、則被返下、令歸參、御返事之趣、以勾當申入処、重而可申之由被仰下之間、馳參之処、申次兵庫(伊勢貞辰)先畏被申、乍去難被參子細有之間、可然之樣可　奏聞之由被仰下、則御對面、条〻被仰下、御懇之　武命忝者也、殊被下御盃、時宜快然、眞實冥慮之至不可過之、

後柏原天皇綸旨

日月薄蝕御祈事、一七ケ日殊可抽精誠之由、可令下知　神宮給之旨、

(28ウ)

天氣所候也、仍言上如件、秀房(萬里小路)謹言、

四月廿三日　　　右中辨秀房奉

進上　廣橋中納言殿

知仁親王御兒惜
小御所にて御元服の習禮
畠山義元邸にて金春猿樂
大經師良精申狀
三嶋摺暦職

廿四日、戊戌、霽、今日　宮（知仁親王、後ノ後奈良天皇）御方御兒惜也、各持參、於常御所者有數獻、先之於小御所御元服
之《御》習礼有之、於∩《彼御》座敷扶持之公卿事、有番七人可然申候、俄之儀可爲如何哉之由令返答
早、四時分爲古阿弥陀御使來云、今日　禁裏之御一獻伯參候勿論欤、但∩《於》不苦事《御一》獻内々
可申出御暇、於畠山修理大夫（義元）許、今春（金）可猿樂仕、是東向江罷下間、急度上洛之由難期上
洛間、被具之度思食、不苦者内々申《可》入云々、則參長橋、此子細申入処、子細聞食由也、則
此子細申聞古阿弥者也、可然之様可披露由令申者也、

（29オ）

大經師良精謹言上、
右三嶋摺暦職事、ゆひしよ（由緒）として代々あひかゝらさるむね、子細ハしめて申上ニおよ
はさる者歟、しかるを一度良椿、武家一紙を」申かすめ知行いたすといへとも、無謂
之由申ひらくによりて被返付訖、殊參　武家へ御ねんころニ故長橋殿（四辻春子）御局文、具ニ
□□更無粉（紛）處ニ、良椿又　武家（足利義澄）の御下知を故御所様（後土御門天皇）崩御のきさみ掠給候儀、朝家へ
緩怠これにすきさる者哉、剰ちかころは　叡慮を申かす、（め脱）理運のよし武家（足利義尹）へ申上候条、
歎存といへとも、堪忍いたし、よりくゝ申上へき所存たる處に、結句今度良椿（×精）或ハ彼
商賣を違乱いたし、必ハ御下知を違背せしむるよし、令達　叡聞歟、其趣武家へ被仰

出之由、及承之条驚存者也、所詮、両方共ニ速被召出、被遂御糺明、彼者訴申条〻の内、雖爲一事分明之證據於在之者、いかやうにも可預御折檻、若又於不實者、其咎難遁上者、堅可被加御罪科者哉、此等之趣、具ニ預御　奏聞者忝畏存、弥可抽奉公之忠者也、仍粗謹言上如件、

永正九年三月　日

(29ウ)

良椿申状
摺暦

良精申状委細拜見仕候、摺暦之事、公武被聞食披、于今當知行之處、□〔猶〕被申掠条〻不能是非候、先年一端不知行之処、」故右京大夫殿(細川政元)爲御申沙汰、當　公方様(足利義尹)御代始良椿安堵仕候処、爲　先皇様(後土御門天皇)被成　勅書事候間、既用意仕候暦之事、可如何仕□〔哉〕之由申上之処、其分計者、可沽却之由、爲　上意被仰出之間、爲右京兆(細川高國)被相觸町〻之処、彼良精就　禁裏様へ訴申、傳奏御奉にて上原神六ニ被仰付、既我等可罪科分候、然而非隱賣之旨申開候き、彼者如此之所行之上者、良椿當知行之処、就有押領證跡者、御成敗之儀申受事、非聊尓之子細候哉、此段旧冬爲　公武被仰付奉行条、不能言上候、此所之趣、御心得候て御披露可畏入候、恐〻謹言、

隱賣

卯月十日　　良椿判

藤堂殿(景元)

良精申狀、載大經師候、言語道斷候、彼者長講堂御承仕事候、少納言良世遺跡之事雖存知候、猶不可稱大經師之子細、以事次申入候、

廿五日、己亥、霽、餘醉散〻事也、御裝束之儀○大略如御次第、但陁□□□、」

知仁親王御元服

(30オ)廿六日、庚子、霽、親王御方御元服也、申刻計令參懃(〻可)、不及殊經營、重大帷計也・衣紋事申冷泉宰相(永宣)者也、則令參內、先於宮御方令着御童裝賜(〻給)、冷泉宰相奉粧之、色目在別帋、先御參內、余扶持公卿、言綱朝臣(山科)以御劔、兩人構𤏐燭(取〔蠟〕)、重親(庭田)裝束、諸仲(五辻)、其後經本路直東行、下御懸打板、經小御所北簀子、自東妻戸令○着東面給、扶持公卿余、家司言綱朝臣・伊長朝臣(甘露寺)・雅綱朝臣(飛鳥井)、自御懸供奉、職事基規朝臣(持明院)、自御懸供奉、束帶、先上達見之部座令○着關白(九條尚經)給、衣冠、南上西面、同余着之、南上東面、同左大弁宰相(烏丸冬光)着之、座揖、起居揖、無此兩三人如前、余起座着抹〔扶〕持公卿座、次令出簾中給、余進內〻褰御簾次被出由告加冠歟卽令○着唐錦茵〔茵〕給、南面、次告御出之由欤、加冠進入妻戸○令着東疊東京茵〔茵〕給、次○言綱朝臣入御休所妻戸、二階冠居御柳筥放巾子、有之、出妻戸入南面妻戸置御座坤、疊上、次基規朝臣取泔器置御座巽方、左、進退如前、次重親置二階中階取櫛巾、入打乱筥蓋、如前進置御座前、如諸臣元服、次以家司召○理髮人○實胤朝臣(正親町)則候簀子、伺加冠氣色、

御理髪

新典侍親王の御黛直

不審事

(30ウ)

着御前圓座、但押□〔寄カ〕圓座不着、安座次引寄裾、次取御冠」見之、如元返置之、次開櫛巾、取〔出〕御本結双
置之、次解御頸上令兩手、次搔寄御髪於前以如本結卷之、以髪搔分之、以帋捻結之先右、次左、
取出高檀帋、押折維卷之、何モ裏方へ卷、以紙捻結之、片結、左內方へ、右も內方へ、次取出笋刀理左先入櫛巾
內、右又同前、其後取巾子入〔御〕之、取左如本令抱之、調置櫛巾・髪搔櫛寸置櫛巾上退、次
加冠着圓座、令〔持〕ヽ檜扇可被懷中事欤、入儀取髪搔入御鬢左右不及櫛、退給、次又理髪進、御次第更參進理御鬢由有之、不及其儀、整入
御調度退、次余如前進、褰御簾▨▨經本路令歸着給、次參永宣卿▨▨▨、次加冠退去〔×出〕、
次泔盃〔器〕櫛巾如元返置二階、次內ヽ參永宣〔冷泉〕卿改冠、御直衣御指貫不出來間不▨被改之以外之事也、次新典侍〔庭田源子〕內ヽ令參仕
給、御黛直御〔マヽ〕給、次供六本立御膳、中山宰相中將〔康親〕入〔×自〕東面妻戸候御前、先取打敷ヽ御前、
次居御膳〔一〕、次居右〔二〕、次左〔三〕、次自〔居〕右二盤前〔四〕、次居本御膳前〔五〕、次居三之御膳前〔六〕、次平盤左之〔置〕
御前方同居同方、次御銚子片口持參之、候御前取〔不〕御酒盞、御氣色計也、役送言綱朝臣・
雅綱朝臣・基規朝臣各束帶、陪膳衣冠不可然之由沙汰有之、先例如何、如次第不撤之、
令立給、先言綱朝臣取御劔、內ヽ經本路」令參御前給、三獻天酌有之、珎重ヽヽ、

(31オ)

不審事、
不着御男裝束、童裝束御參事、陪膳衣冠・役送束帶事、

（コノ間空白アリ）

御元服御禮

廿七日、以右京亮(伊勢貞遠)被仰云、御元服之御礼事、文明之度就御加冠、別而御上欤、此度御馬・御太刀持、可爲此分哉之由、内ヽ時元宿祢(大宮)〇同心申、又一条殿(冬良)被尋申処、尤之由被仰間、如何之由被尋下、尤之由申入旱、御使之事被仰、

神宮傳奏事故障申

神宮傳奏事故障申旱、於親王御方有御盃、

足利義尹御徳日

廿九日、癸卯、甚雨下、伯爲御使來、就御元服新大典侍殿(勧修寺藤子)印(引)物可被進事如何之由被仰下候、尤可然由申入、就其御使之事、以誰人可然哉、兩傳(勧修寺尚顕・廣橋守光)奏如何之由也、以□(藤堂景俊)遣右京亮可爲如何哉趣也、万事局下御見苦間、内ヽ被付下私由也、畏由申入旱、・又伯來云、今日御徳日之間、明日可進云ヽ、

（コノ間空白アリ）

傳奏奉書
世尊寺行季に
年中行事障子
御清書賞

御上階事令　奏聞候之処、就年中行事障子御清書賞事、可被申之由被仰下候也、

　廿九日　　　　　　(廣橋守光)―

世尊寺殿(行季)

堆紅香筥
茘枝盆

(31ウ)
卅日、甲辰、晴、古阿弥御香筥《堆紅》・盆《レイシ》、二色被進新大典侍殿、今度御元服御祝着被察申、殊更許被進由、能ヽ可申入仰也、昨日委細奉旱、則如此調書状、見古阿弥、彼仕丁ニ令用令進

者也、
むろまち殿（足利義尹）より御けんふくのめてたさ申つくしかたくおほしめし候、御しゆうちやく
さ□（そカ）〱とをしゝかられをゝしまし候、まつ〱この御かうはこ・ほんみたても候ゝ
ねとも、ことさらはかりに御わたくしへまいらせられ候、まことにめてたさのしる
しゝかり候、いよ〱御まんそくもこれにすきすそんし候、御かへり事けさんに入候
やうに奉へく候、御つかひをまたせ候、返ゝめてたくそんし候へく候、かしく、
あかゝ申候へく候、□（御申候へく候）」

廣橋守光消息

（32オ）

御返事之間動（勸）一盞、松殿（忠顕）令來給、同時元宿祢來、小時新大典侍殿御返事到來、引合、又
相副文、祝着千万之由被申、則古阿弥遣之早、弥重ゝゝ、御面目之至不可過之、
先是攝津守（攝津政親）・齋藤美濃守（基雄）爲御使來、以御卽位段錢之內儲殿被仰付事、可 勅答之趣尤殊勝
思食、何以御卽位事急度可被仰付、可然樣可申入云ゝ、
神くうの御返事之趣　室町殿へ申候ところに、たゝいま又政親（攝津）両人朝臣・もと雄（齋藤基雄）御つかひ
として被申候、委細仰下候、　内宮てんたう▨（すへきに）つきて、まつ御そく位よくとうのうち

よりさう《儲殿》しんあるへきよし、殊勝にそんせられ候、又御即位事、さらにもつて御しよさいなく、いつれもきと申沙汰候へきよし、心えて申入候へきよし」申□《(候)》、又うち光《(日野内光)》・たか康《(鷲尾隆康)》朝臣同日之事、かやうに申候、いかゝ候へきやらん▨▨▨《をなしくハ》しかるへきやうにと申候、いつれも御心えて御ひろう候へく候、

（32ウ）

日野内光書状

加級事申入候処、条ゝ被仰出候、貫首之儀必可存知候、獻策事是又家業候之間、更無疎略候、○《涯分》可遂行之由存候、仍隆康《(鷲尾)》朝臣同日宣下無相違者可畏入候、宜有御披露候、内光《(日野)》謹言、

四月晦日　　内光

廣橋殿《(守光)》

（33オ）

後柏原天皇女房奉書

文のやうひろうして候、神くうのきにつきて申され候やう御心え候、又うちミつ朝臣申しやう御らんせられ候、かさねて」おほせられ候ハんするよし申とて候、かしく、

御事

閏四月小

護持僧

一日、乙巳(×甲　亥)、霽、朔日之嘉瑞、珎重々々、早朝自尊院(尊勝院光什)有書狀、一昨日令申護持僧事、旧記預置山上間召寄之、勘申由也、就良精資〔盗〕賣事、兩三人女房奉書到來、不能注之、可見于奉書者也、則伏見殿(邦高親王)御使幾嶋〔生〕來、良精申狀令申　勅答之旨進者也、自鷹司殿(政平)有御書、御元服之事也、及昏色明日可披露由申入早、

盗賣

鷹司政平書狀

今度親王(知仁親王、後ノ後奈良天皇)御元服之事珎重存候、以參　内雖〔可〕□申入候、萬端不具之儀候、可然之樣此才之趣、兩御所被申入候者、可爲本望候也、謹言、

卯月晦日　　御判(鷹司政平)

廣橋中〔納〕□言殿(守光)

」

後柏原天皇女房奉書

(33ウ)

二日、丙午、晴、差下虎若於攝州者也、昨日鷹司殿御書令披露処、　勅答如此、則令進者也、

文のやうひろうして候、たかつかさ殿より御けんふくの事申され候、めてたくよろこひ思ひまいらせられ候よし、御心え候て申され候へく候よし申とて候、かしく、

　御返事

以景元(藤堂)正印文書幷攝津方(政親)江祭主(大中臣伊忠)狀才遣攝津許、同美濃段錢事・同衣要途之事申遣者也、他行、暫後以行賢(宗岡)有返答、何も委細奉畢、仍美濃段錢之事者、重可成奉書由申間、其時一度可遣由也、又於賀州御祈願所事可申沙汰欤否之事被相尋、賜申狀可　奏聞由令返答、烏丸(冬光)來談、

三日、丁未、行賢來、御祈願所事・良椿事奉書到來、申入愚存畢、

經師

四日、己(戊)申、晴、伏見殿被申經師事、先被打置之由被仰下、委旨有□(奉)書、珎重〻〻、

禁裏護持僧

禁裏護持僧事、正檀護持三人事、山座主(堯胤法親王)（神宮本地如意輪　本尊　如意輪）・寺長吏(仁悟法親王)不動・東寺一長者（延命菩薩）、此外加任護持也、」御本尊者每度以六位被渡之、御衣使事、

(34オ)

六観音化度六道

六觀音化度六道事、千手地獄・正(聖)餓鬼・馬頭畜生・十一面修羅・順胝(准胝)人道・如意天▨、（順胝觀音、）

勸修寺尙顯加賀國に下向

五日、己(戊)酉、霽、左大丞(勸修寺尙顯)來談、今日下向賀州、親父(勸修寺政顯)中風所勞以外間、罷下相尋之、來月下旬比可都(上カ)下、自然之事憑入由被申、先歡樂無心元由謝之、御暇之事以伯(白川雅業王)申入室町殿(足利義尹)云〻、每月(又事)・御卷數事、晦日以青侍令進上、同御撫物申出之、次渡護持僧由被申、拙者每事不具、出頭之事一向不合期迷惑也、自然之儀者御留守中不有所在由令謁可(如)者也、蓮泉院(光盛)被來、長谷(山城國)

作職(愛宕郡)事、吉良・赤木兩人許ニ遣人、他行云々、又与戸津折帋者也、
六日、己(庚)戌、霽、早(朝脱カ)自伯許有書狀、今日八時分參可室町殿由被仰下云々、花山前左府(政長)被參云々、畏存由令返答、有姉宰(姉小路濟繼)使、今日參武家(足利義尹)、可令同道由被申□(遣カ)間、令領狀、已令來、以歩行躰令參懃、已花山祇候、御酒程也、兩人(姉小路濟繼・廣橋守光)令祇候告伯、則以兵庫(伊勢貞辰)被召、參仕之輩大館刑部(政信)・伊兵(伊勢貞辰)・伊右(伊勢貞遠)・同与二郎(伊勢)・種村刑(視久)・畠山次□(郎)(義總)・同宮(畠山基延)內大(少)輔・吉見治部、及黃昏有乱舞、御機嫌快然、珎重々々、
七日、辛(×庚)亥、入夜向左大丞、一昨日來談爲謝之也、有一盞、明律坊令來給、」
(34ウ)
八日、壬(×辛)子、雨下、在重朝臣(勘解由小路)來、綸旨事也、川原菱之事申付子細有之、
九日、癸丑、霽、有甘黃使(甘露寺元長)、賴繼(葉室)窮困事、被申武家、御使之事也、歡樂之間、逑其子細早、小時女房奉書到來、如此歡樂之間、一兩日中加養姓(生)可持參由申入早、
このころなに事なきやうにハ候へとも、しきしハ、さいくに御ようある事にて候、やなきはら(柳原資定)ハちきやうのさくらんにつきて、まかりものほり候ハす、はむろ(葉室賴繼)ハきうこんにて、みはいかにて候へハ、御ようにたち候ハぬ、かやうに候てハ、いかゝせられ候へき、しせんしうそをも申たつし候ぬへき事候ハゝ、より(葉室賴繼)つく御ほうこうをつなき

川原菱

葉室賴繼窮困

後柏原天皇女房奉書

柳原資定の知行錯亂

候やうに、ふけ(足利義尹)にも御てうハう候て、御ようをもをきのひ候ハゝ、めてたくおほしめし候へく候、このよしむろまち(足利義尹)とのへないく御心えて申され候へく候よし申とて候、

行季(世尊寺)朝臣自明後日結改之番文二通書進上、則令　奏聞処、被置一通御前、一通遣番頭冷泉(下冷泉政爲)大納言、可押改之由被仰下候、則以使者申遣処、委細□由被申者也、明律令歸院、眞光院(尊海)使有之、時元(大宮)宿祢闕所地事催促也、

護持僧

護持僧之事申遣對馬(松田英致)許処、以前自三宝院(義堯)被注進内誰人可然哉、被談合美濃由」申間、則遣使者早、

竹内殿(曼殊院良鎮)　淨土寺殿　大覺寺殿(性守)　地藏院　実相院殿(義桓)　此分

三宝院ヨリ被注遣左大弁宰相(勸修寺尚顕)由、對馬守申、

(35オ)

大覺寺・実相院可然由返答之間則申遣之、大覺寺殿御事者別修也、聖護院(道增)五・六才之上者、実相院可然之由▨▨▨(被申)之事也、則爪點折帋同以前持送護持僧次第勸修寺奉、同返遣候也、

十日、甲寅、陰晴不定、就長谷下地事遣使者於吉良許、

世尊寺行季年中行事障子書進の賞により上階

世尊中將(世尊寺行季)上階事、如此令競望者也、入夜依召參内、來九月先皇(後土御門天皇)十三廻、傳奏御八講之事被仰下、令固辭者也、其外可被仰出事行季申状令披露処、無勅答、行賢申事被聞食候也、

世尊寺行季申状

曾祖父世尊寺行俊上階例

（35ウ）

今度年中行事障子書進之賞事、内々御　奏聞之処、先例可勘申入之由被仰下候、先以令畏存候、入木之道更雖不得器量、當于時蒙　叡旨施面目之上、剰不顧不堪、追先規欲豫〔預〕其賞之儀、世以無其謗哉、雖然曾祖」父行俊〔世尊寺〕卿應永九年度依賢聖障子幷時簡等賞被叙正三位早、強非模古賢之跡、偏只以　天憐上階之事蒙　勅許者、以朝奬之餘榮爲後世之美譽歟、弥時宜可然樣預御申沙汰者、尤可爲本望候也、行季謹言、

後四月九日　　　　行季

廣橋殿

大宮時元申状

（36オ）

十一日、乙卯、霽、時元宿祢調來此申状、令面謁早、

就常磐内常林寺當家氏寺分、民屋闕所之事、先規之旨尋奉候、彼御門跡〔覺道法親王〕惣郷御検斷之儀、更無異論候、但不限此在所、諸庄園内非地頭進退之段、又勿論候、爰寛治七年度曩祖祐俊〔小槻〕宿祢傳得件所草創、彼已來被停止使廳使、偏爲氏人之進退（止）之旨、綸命分明候□□〔蹤跡カ〕先日備高覽候、所跡〔詮カ〕此知行分内何之度御検斷之儀不存知候、雖然不致訴論事、其恐非穩便候之間」至無御許容者、當時可致堪忍歟之由、尙々同者被聞食披候之躰、内々預申御沙汰候者、可畏存候、宜令〔〻可〕得御意候哉、時元恐惶謹言、

閏四月九日　　時元

人々御中

十二日、丙辰、霽、良椿自訴事來而有申子細、内々以前内府(三條西實隆)申入云々、則奉書到來、

後柏原天皇女房奉書三嶋暦

みしまこよみ(三嶋暦)の事、りやうちん(良椿)たうち行うミやうむしち(有名無實)のやうになけき申候ほとに、御せいはいの事、たひ〳〵おほせられ候つるに、一ミちも候ハぬ所に、けつく一日ころふしみ殿(邦高親王)より御申入しさい候つる、中〳〵これは事すミ候にて、りやうちんにおほせつけられ候つる事にて候、とりもかけられ候ハぬよし御返事申されて候つるか、さためてむろまち(足利義尹)とのへ申され候ハん」(36ウ)するとおほしめし候、いくへもこの事ハいせんのすちめにて、りやうちんちきやうさうゐなきやうに、御せいはい御心えをなされ候やうに、うち〳〵むろまちとのへ申され候へく候よし申とて候、

ひろハし中納言(守光)とのへ

傳奏奉書

就三嶋暦事女房奉書如此候、者可被披露之由、内々其沙汰候也（被仰下候也）、

□一日　　守光

飯尾近江（貞運）守殿

如此認遣近江守（飯尾貞運）処、既一昨日御糺明事被仰出美濃守（齋藤基雄）間、乍《令存知》其旨披露之事者如何之由申間、先勅定之条可申入歟之由、再往雖令申、又有申子細、此由令　奏聞処、然者以申次可披露由被仰下、明日可申入由令言上者也、遣使（×趣）者於甘露寺（元長）、先度奉候葉室（頼繼）被申」間事、得歡樂減候之間、明日可披露仕候、兵庫申次之事可爲何時哉、委細奉可《參》其時分由申送処、使爲悅、明日四時分可參旨有返答、及晩葉室令來賜、此事也、委細奉之由《被》報起座早、

(37オ)

十三日、丁巳、霽、巳尅計令參　內、良椿・葉室事ホ委細被仰下、則文兩通令持參、以伊兵令披露処、則可有御對面由被仰下、軈被召御前、葉《室》事如▨《此之》奉書窮困過法間、不遂職事之慶、自訴之事有之、以御調法被仰付者、可喜思食由　勅定之由申入、此事法華寺〻領之事也、理運無相違之間、可有御調法樣無之、弥《事》重之題目也、自然余家領有之者、當時之儀雖《難》叶、《可》涯分被仰付、何以御返事之事者、重而可被申、又經師良椿事、以前不及御糺明被取合支證処、良精支證尓加入筆以外之事也、任御法良精事可有御罪刑（科カ）理運之事、不粉（紛）上《就此》《題目ホ》被仰付良椿早、其後隱賣事申間入筆仕程令從者之間、定而不能左右由《間》、可罪科仕由被仰

良椿良精經師職相論

葉室頼繼窮困

三嶋曆隱賣

（37ウ）

出㕝、但隱賣事、万一於虛言者甚不可然、何以證人事可被尋条々、有被仰下子細、御返事趣者被相尋、重而可被□〔申カ〕云々、重而申云、已去年御糺明令一定罪科事」被仰出、今又就自伏見殿被申及御糺明事、無本意樣被思食旨申入処、何被相尋重而可被申云々、其外左〔大内〕京大夫〔義興〕上階事、雲□▨□□事、餘過分之由被仰下、莫言々々、令歸參以局〔廣橋守子〕申入処、種々御尋共有之、賴繼〔葉室〕申間之事、於理運不粉〔紛〕者重不可被申由、重而可被申于武家欤否、被召甘露寺可有御談合由被仰下、□〔則カ〕甘露寺令參內、於長橋御返事之趣条々被仰下、又有申子細、何以相尋賴繼可申由被申入者也、委細被聞食旨有　勅答、於武家伏見殿文之趣有御尋之事、其間事內々申入㕝、不遑禿筆、

十四日、▨〔戊〕午、就法華寺事有自大府卿〔東坊城和長〕使、委細令返答、自伏見殿有御使、昨日之時宜也、又良椿來、松殿〔忠顯〕同令來給、行賢爲攝津〔政親〕使來、美濃段錢之事奉書如斯、

室町幕府奉行人連署奉書御卽位要脚美濃國段錢

（38オ）

御卽位要脚美濃國段錢事、度々雖被成御下知、于今無沙汰太不可然、爰　內宮近日既可有顚倒旨、　神宮一同捧正印歎申之条、」爲天下重事之間、先以此反錢內可被造代〔替〕儲殿之上者、急速可被究濟之、更不可有□〔遲カ〕怠之由所被仰下也、仍執達如件、

永正九年閏四月二日　　下野守〔飯尾之秀〕

美濃守（齋藤基雄）
前丹後守（松田長秀）
攝津守（攝津政親）

土岐美濃守（政房）殿

表書　土岐美濃守殿　攝津守政親

常福寺御免

十五日、戊〔己〕未、晴、被召鷹司（兼輔）殿、常福寺御免之事、可爲勅願寺間、可申沙汰由奉者也、」

後柏原天皇女房奉書
賀茂神光院喧嘩張本氏人罪科

(38ウ)
十六日、庚申、甚雨降、□〔女〕房奉書到來、明後□〔日〕可持參云々、

かも神光院にをきて、すきし正月十二日けんく□（わカ）ちやうほんのうち人（氏）ともさいくわの事、かんろし（甘露寺元長）□（のカ）中納言なけき申候、せつかい（殺害）ハさたまれるさうたうある事にてありけに候へとも、しさゐあるにつきて、まつかんにんつかまつり候うへハ、御ふたをけつらるへきよし申うけ候ほとに、御下ちをこひて候、このむねにて、ふけとして御下地〔知〕をくハへられ候へく候、そうへつふしのひくわんをかけ候物とも候よしき□〔者〕、しや人いまたいつれのやしろにもなき事、□（神カ）りよはかりかたくおほしめし候、かやうのともからおなしく神おんをかんらくして新補すへきよし候、ふんしやうをくハへられ候

ハゝ、しかるへくおほしめし候よし、むろまちとのへ申され候へく候よし申とて候、

ひろハし中納言とのへ　」

奈良元吉書狀

(39オ)

戸津加賀來、谷長乍〔長谷作職カ〕他之事也、仍書狀事申間、遣奈良下、

（コノ間空白アリ）

戸津加賀方与西川方相論之地作職事、任理非於京都可有落居事、被成其心得候、可有意見候、恐ゝ謹言、

閏四月十五日　奈良元吉

山□〔本カ〕三郎左衞門尉殿

廣橋守光書狀

(39ウ)

雖不思寄題目候、家領長谷內田地作職進退事之事、去永正四年度候哉、西川平左衞門生涯〔害〕刻、高野〔山城國愛宕郡〕蓮養法師無理令違乱候之処、當作人戸津加賀退彼妨、忠賞炳焉之条、縱彼跡雖令安堵候、不可有相違之由申付早、今度已前安堵自二間內ゝ奉之間、前ゝ儀雖懇申候、〔処〕不能承諾事驚存候、定而聊尔之輩申掠候哉、更以爲理運妨上者、全作職喧□事□」存外無他候也、謹言、

後四月十六日　（廣橋守光）
　　奈良（元吉）修理亮殿

齋藤時基書狀
御服要脚萬疋
內未進

十七日、辛酉、□細御服要脚事、
御服事申遣齋藤（時基）上野介処、如此申者也、
禁裏様（後柏原天皇）江御進納之御要脚万疋之内未進事、旧冬已來柳本（賢治）方へ切〻申遣候へ共、無沙汰
候、於拙者非疎略候、度〻従御本所預御催促候間、一筆令啓候、此由可有御申候、恐
〻謹言、
　　後四月十七日　　　　　（齋藤）時基判
　　藤堂（景元）殿

後柏原天皇女
房奉書
禁裏御料所道
澄寺分

（40オ）
□〔十〕八日、壬戌、霽、
ふかくさ（山城國紀伊郡）のうちたうてう寺ふんの事、たかくら一家にをかさきと申候物〔者〕、ちきやうに
て［　　］かのいへたんせつのあいた、御れう所としてたかくらに□〔あカ〕つけをかれ候事
にて候ほとに、御下ちをなされ候ハゝ、よろこひおほしめし候へく候よし、むろまち
とのへ御心えて申され候へく候よし申とて候、かしく、
　　ひろハし中納言とのへ

傳奏奉書

禁裏御料所就
深草之内道澄寺分事、女房奉書如此候、可被計〔申〕披沙汰之由、内〻被仰下候也、
十八日　守光
齋藤美濃守殿(基雄)

賀茂神光院喧嘩

張本人五人

實胤朝臣(正親町)番代令存知、仍御服却事、去年(要脱カ)齋藤上野介(時基)折帋令披露𠈓、」
(40ウ)
御□□(八講カ)行事上卿□□写之備　上覧、於神光院喧嘩之事、張本人事如此、綷子細者奉行
開闔(飯尾貞運)存知候旨、以奉書重可申由被仰下、張本人五人也、
内藏助・孫松大夫・龜鶴大夫・福若大夫(異名フワ)・光福大夫也、
已上、

齋藤時基在國

甘露寺奉行齋藤上野介也、今度在國中、飯尾近江貞運也、此□(可)落居之間、可爲近江由甘黄(甘露寺元長)申云〻、

常福寺御免

常福寺御免事、内〻鷹司前殿(政平)被執申趣、以新大典侍(勸修寺藤子)令　奏聞処、如何様可被申　武家、
但只今御急用般□(礴カ)之間、可有猶豫之由御返事也、　綸旨三通〔不〕被返下者也、
十九日、癸亥、霽、常福寺御免事、　勅答趣申入前殿(鷹司政平)処、猶可然様可申入云〻、神光院喧嘩事、

意見

(41オ)

爲　勅使明日可參殿中、開闔可參由申処、再往申子細有之、明日意見也、可爲如何之由
令返答間、然者明後日廿一日、可參由申𠮷、然而以使者申云、明日五時分有」可參由召、然
者可祗候由申間、必其程可參由令返答𠮷、

神光院喧嘩

廿日、甲子、霽、五時分參　室町殿、申次伊勢左京亮（貞泰）、卽於神光院就喧嘩事、持參女房奉書、以開
闔貞運（飯尾）可被聞食候由申入処、可被聞食由也、則以奉書之趣令申処、參御前申入者也、御返事
之趣委細被聞食、被相尋堅可被仰付由也、私迄令〔被カ〕仰候趣、此事種々有御了簡之子細、以家
子人甘露寺致堪忍者、就其□□武可之披（×官）露之事、堅可被仰思食之処、已解官之儀新敷思
食由也、□□仰之事由有之、不遑禿筆、以左京亮（伊勢貞泰）被直聞食由可申入、今夕有御用、可參
欤之由被仰下、畏存由申入𠮷、令參內以卿內侍（姉小路濟子）申入𠮷、其後、□□〔甘黄〕（甘露寺元長）令來給、子細被申旨

寶幢寺喧嘩

有之、發端之儀者、於宝幢寺喧嘩之張本人者福鶴也、於神光院喧嘩別儀也、於可▨（曳）其家
子人可致堪忍処、可引福鶴之家子人由之間被守申、不及覺悟由、此間所申入、此子細不達上
聞、殺害人者相當御法也、然而致堪忍、及解官隨分覺悟也、然未被催御下知事傳宣之由
被申、尤間重而可申驚由申𠮷、惣別種々儀有之、每事奉行不申調迩事候也、
八時分參　武家、卽御一獻之時分也、烏丸（冬光）・伯・中山相公羽林（康親）・阿野（季時）申沙汰云々、御供衆右（細

馬頭（川尹賢）・畠山宮内少輔（基延）・伊勢・同右京亮（貞遠）・同左京亮・吉見・蔭亮〔涼〕（東雲景岱）等也、

禁裏御料所澁河并に畔蒜

（41ウ）
廿一日、□〔乙〕丑、霽、扶參、餘醉□〔程カ〕當□〔番カ〕也、東國御料所事被仰下、可申鎌倉殿（足利政氏）云々、□□〔澁　河〕（上野國群馬郡）三万疋、畔蒜《アヒル》上總國（上總國畔蒜郡）三千疋ツヽ、月的〔宛カ〕、

禁裏御料所道澄寺

去十八日就道澄寺事奉書、奉行有申子細、被書改可加銘由、□〔以カ〕卿内侍・□局兩人示承之間、則加之早、不及写之、卿内侍筆也、

廿二日、丙寅、自晩頭雨下、早朝於御學文所條々〔問〕被仰者也、於神光寺〔院〕喧嘩□〔事カ〕・御八講事・良椿事等也、太神宮儲殿事被披露処、被聞食由也、齋藤上野介有使、御服要途未濟之事也、

廣橋守光書狀
御服要途未濟

廿三日、丁卯、雨下、早朝調折帋申遣処、私召使候者、田舎昨夕上洛之間、申謬候欤、昨日委細奉候間、御暇之間申入候処、尤所（×申）申勿論由被仰下云々、昨日柳本被官已前平野堅申付早、中山家（康親）領之事、同申付之由相語云々、

昨日委細奉候早、仍御服要途未濟之事、無疎略雖御催促候、無沙汰之趣、賜折帋、長橋局へ可入見參由申候、拙者も不申届様候之間、以自他之儀、内々令申候、然而□〔運カ〕上方へ直可催促候様使者申謬候哉、近來驚入候、曾以非其趣候、此由可得賢慮候也、

廿三日　　　　（廣橋守光）

傳奏奉書
禁裏御料所澁河并に畔蒜

高辻章長和漢連歌

齋藤上野介□（殿）」

（42オ）禁裏御所（料）澁河・畔蒜才事、近年無沙汰由無覺束思食候、堅被仰付運上者、可喜思食由

內々被仰下候、委（ㄨ旨）細者彼僧可被申候、恐惶謹言、

後四月廿一日　　守光

鎌倉殿　硯（床）下

此事尊院（尊勝院光什）申沙汰、神護寺申沙汰云々、宛所事不審、御當家餘流之間、可爲如何哉、先如此

調之、後日可尋□□、

飯尾近江（貞運）來、賀茂神光院之事也、阿波守入道可申此子細云々、未上洛定不可有承引之間、

裏以無爲之儀有沙汰□□之由申者也、」

（42ウ）廿四日、戊辰、霽、鳥取（備前國赤坂郡）御料所九千疋□（運カ）送云々、陰陽頭（勘解由小路在重）　綸旨遣者也、

廿五日、己巳、風陰不定、　神宮儲殿勘例一通・酒麴算用狀才遣時元（大宮）宿祢許、使家益（速水）、

廿六日、庚午、時々雨下、於東隣（高辻章長）一續有和漢連哥（ㄨ連歌）、自長橋有御折帋、御元服御礼御馬之事也、

廿七日、辛未、陰晴不定、昨日御折帋遣長秀（松田）許、

勾當内侍折紙

廣橋守光袖書

賀茂喧嘩

後柏原天皇女房奉書賀茂解官

足揃

（43オ）

かうかい・めぬき二しゝ・うちかたな、五百疋の御しちにて候、なかされんもの（ヽく）候ヽゝ、たれも□□□なかされ候ヽゝ、りやうをヽわたされ申候へく候よしおほせ候へく候、かしく、

ひろ（守光）ヽしとのへ

加御書、

勾當内侍（東坊城松子）局折帋如斯、

永正九年閏四月廿六日　判（廣橋守光）

女房奉書持參之処、以左京亮（伊勢貞泰）被聞食此子細、只今以兩奉行（飯尾貞運・飯尾之秀）被」仰旱、於路次□（遣カ）之儀不及御糺明被仰付之間、阿波守入道此子細可申披由雖申、已不事問、於解官爲是非由被仰下旱、此子細令歸參申旱、已後近江（飯尾貞運）・下野守（飯尾之秀）兩人來申□、無□□、抑賀茂□（喧）嘩事、種々御調法乍不尋下解官上、御下知事被進調由仰下者、次此由申由令申旱、

一日申され候つるかものさ（けカ）くわんの事、御下（ち脱カ）をもくヽへられ候へきやう申候ほとに、そのふんと御心えにて候つるあしそろへ（足揃）□のりしりをもさため候へき候□□（由申）□（さカ）れ候へヽ、人たいのしたい□（もカ）□これにつきてさしさため候とて候ほとに、まつかきりあるやうにおほせいたされ候つる、そのゝちヽなにと御下ち候けるやらん、さい所□□□う

逆鱗

後柏原天皇女房奉書

賀茂喧嘩

（43ウ）

のことくのさたをいたし候へきよし申候所に、あは入たう（阿波入道）ひくわんにて候人をくへきよし、いらんをいたし候よしきこえ候、いかゝ候事候やらん、あは入たうかもをはからひ□つれとも、しさゐを御しり候ハぬ事にて、」こなたの御下ちにおほせられ候て、さい所へもきと御下ちをくハへられ、あは入たうかゆへなきはからひをもおほせやハらけられ候てこそしかるへく候ハんすれ、返ゝふけ（足利義尹）の御下ちほうこ（反故）にさせられ候ハぬやうにおほせつけられ候ハゝ、めてたくおほしめし候へく候よし、むろまち（足利義尹）とのへ申入候へきよし申とて候、かしく、

ひろハし中納言とのへ

（44オ）

入夜参局、武命趣令披露処、以外逆鱗也、重可被申、明日被仰聞甘露（元長）□（寺）可被申由　勅答也、かもの事、御つかひなかハにけくわんなされ候うへハ、さたにをよひ（候脱カ）ハぬに申され候へとも、この御所へかくこ申入候ハぬさきに、十一日にしさいの事ハさゝへ申候□候て御さたわつらハしく候へハ、さうたうのさいくわをかんにんつかまつりて、かろきさいくわにて候、めんほくをうしない候ハ（ん脱カ）するにて候ほとに、けくわん」の事をいまよりくけへなけき申て、もし□□ハき申入候ハゝこうふ一ミのふけの御下ちを申計

候へきよし、両ふ行（飯尾貞運・飯尾之秀）にたしかに申たるよし申候、このゝち猶御あつかいにをよひ候へ
きけくわんの事、まつなけき申候までも候ましきよしおほせられ□（候）事候ハぬほとに、
なかハしハそんち□候はぬ事にて候よし申入候事にて候、さ候ほとにふ（けカ）行の御下知ほう
こになり候ハんする事に□□（つきカ）まいらせられ候かたきよし申され候へとも、この御所の
御下知ほうこになり候へハ、ふけの御かきんにもなり候ハんすれは、又おなし事にて
候へきほとに、よく御心えをなし候て、あは入う（マヽ）たうへせういん申候ハすとも御下ち
をなされ候ハヽ、めてたくおほしめし候へく候よし、よく申され候へく候、」こよひミ

隠賣の商人

の事いかゝ候事候やらん、かやうにゐんにん候ハんする事にてハ候ハす候、一日ふけ
よりの御返事のよし□□の御きうめいにてハ候ましく、かくしうりのせう人の事、
御たつね候ハんするとの□□□たちかへりそちんにをよひ候よしきこしめし候、お
とろきおほしめし候、このしさゐふ行にきとたつね候へく候、ゆめ〳〵かやうにハ候
ましき事にて候、ふけにも御つゐてにハこのやう申され候へく候よし申とて候、
ひろハし中納言とのへ

(44ウ)

賀茂喧嘩落居

廿八日、壬申、甚雨下、就賀茂之事、度々被仰下不相屆子細由有之、俄被召甘露寺緈之子細落

良椿事文を出さる
一乘院良譽上洛

(45オ)

居早、文如此、□□□□□〔云々カ〕有問答之事、不遑筆墨、同良椿事被出文、一乘院殿(良譽)御上洛、先局・長橋、御樽二荷宛相迎、私へも一荷拜受、　禁裏御礼之事、同令　奏聞処、可爲明後日一日、之由被仰下者也、

盜賣

細川高國御卽位要脚進上

廿九日、癸酉、甚雨下、未明御卷數持進上廿六本　室町殿、申次伊勢兵庫(貞辰)、遲參間直頭請取之、御撫物筥同被返下之者也、召遣兩奉〔行〕処、四時分來、再往申子細有之、雖然令持參奉書者、良椿事遣奉書猶美濃(齋藤基雄)許之処、盜賣事計御糺明トハ不被仰下間、以如此之次申自訴事者連綿也、重而爲上意者、其段計可致糺明由申者也、四月十四日右京大夫(細川高國)万疋御卽位用脚進上、可爲□□則□、可尋申間、不聞食由可被仰欤由被尋下、則尋遣攝津許者也、

一乘院良譽寺務御禮

內々儀廣橋守光執奏

五月小

一日、甲戌、甚雨下、一乘院殿(良譽)去月廿七日御上洛、爲寺務之御礼也、今日御參內、十合大折、十荷御持參、於議定所御對面、申次頭中將(正親町實胤)、則御退出、內々儀拙者(廣橋守光)執奏、其後於常御所御庇有御酒、令沈醉歸宅、珎重々々、

神光院請文御不審

傳奏奉書仙波寺尊海贈權僧正

(45ウ)

二日、乙亥、晴、伯(白川雅業王)折帋到來、被閲之処、午陰時分參武家(足利義尹)、可來私宅、可令同道」由也、則可參之由申㕝、午剋計相伴歩行、參室町殿(足利義尹)、鹿苑(苑)院(宗山等貴)・同御喝食・蔭(涼)亮(東雲景岱)等也、及大飲、晡時時分歸宅㕝、

三日、丙子、陰晴不定、飯尾近江(貞運)・同下野守(之秀)兩人來、昨日□(可)參仕処、祇候殿中之間罷歸云々、条々申五ケ条之事、阿野(季時)申間事、此事者以阿野被仰□(出カ)云、爲叡慮賴申、御不審事、可被申由也、一、十一日甘露寺(元長)被申不待其御左右被申解官事、一、證人事氏人四十人之內、不證人々請文訴人神光院(時詔)致請文事御不審之事、退座事、子訴訟父執申事、於武家者有子細、可爲如何哉事、氷所(丹波國船井郡)事是者嚴重雖理炳焉、不相屆間、以當時之体穩便之儀可然哉事、此条々凡此定、但難(載)帋面間閣筆㕝、則令祇候申入処(×処)、被(尋)甘露寺於長橋(東坊城松子)与局(廣橋守子)兩人此子細被仰聞、条々以一書可申云々、尤可然由申入㕝、

故○尊海(權大僧都)宜贈任權僧正之由(可令宣下給之由)被仰下候也、恐惶謹言、

五月三日　(廣橋守光)」

頭中將殿

(46オ)

此尊海贈僧正之事、仙波寺ノ內尓佛藏院執申間事、尊勝院(光什)申間、披露之処　勅許也、則書進頭中將許者也、申狀不写之、留御前者也、

賀茂神事

入夜飯近江(飯尾貞運)・同下野爲御使來、賀茂神事之事、甘露寺可相押由聞食、驚(思脱カ)食由被仰下候、則可　奏聞、自然無證據可爲如何哉□(由)申入処尤也、明日申入令披露、重而可申由申歸早、

廣橋守光消息
賀茂神事

四日、丁丑、晴、早朝兩人(飯尾貞運・飯尾之秀)來云、申処神妙也、然者延引之樣被聞食事、実哉由可　奏聞由申者也、畏存由申早、則如此認文進長橋者也、

あすのかもしんしの事、ゑんゐんのやうにあひふれられ候よしきこしめし候、御ふしんにおほしめし候、ない〳〵たつねまいり候へく候、むろまち殿より仰下され候のよし御心え御ひろう候へく候、きのふまかりいて候へく候、例のむしけに候ていかゝ申入候へく候、

なかハし(東坊城松子)とのゝ御局へ

如此申入処、勅答如此也、

後柏原天皇女房奉書
賀茂競馬

(46ウ)

此文者被留御前者也、

文のやうひろうして候、けいは事申され候、ふけより一昨日申候やう、おほせのおもむきしやれいまかせおこない候へき所に、ふけのかた〳〵きう年さ候をいたし候へきよし申候ほとに、めいわくにて候、あしそろへをハまつとか人をのけておこなひ候へ

足揃

く候かのよし申候つる、そのへんたうに御心え候よし候、おほせい〔た脱カ〕され候ハんすると
き、かうくのさた申候かたよりのけすして、おこなひ候ハんハ、かなふましきよし
申候てハ、又それにしたかひ候ハゝ、おほせつ□〔けカ〕られ候、そのしちあるましき事にて
候ほとに、くけの御けちにそたて候ハぬにつきてハ、なにかとおほせられ候へきやう

(47オ)

にも候ハぬまて（×せ）候ハて、ふけのともからのこうしうを」やふり候へきにて候ハゝ、又ハ
しめの御下地〔知〕も、ふけのいらんをそたて候へき事候へくあらす候かと申候つる、その
うち申むね候ハぬほとに、神事ありなしの事は、いまにゐんゐんさせられ候にても、
つかまつり候へと、おほせられ候にても候ハす□まつ□したゐによるへき事とおほ
しめされ候、このやう御心え候て申され候へく候よし申とて候、

良精良椿訴陳

隱賣

此奉書付進下野（飯尾之秀）許処、則兩人來、有文不審事共申者也、誠不得其意、同名以推量申旱、兩人歸來云、此奉書之趣者急度延引由者不仰出候之間、可執行由被仰社家由內々可申入云々、畏由申入旱、又良精与良椿訴陳事、美濃（齋藤基雄）与近江（飯尾貞運）令披露之処、今度所被仰出者隱賣之事許也、立歸本訴糺明之事者不被仰出事也、不可然哉、今雖申狀隱賣計之事可糺明仕由、則責勘美濃守之由申者也、此趣可披露由令申訖、自　禁裏左京大夫（大内義興）申子細有之、可

（47ウ）

參云〻、御返事申畏入由、次良椿事、今朝遣人於祭主（大中臣伊忠）許事才言上畢、」
內〻以局祭主・良椿事申入畢、只今被召事〇（就）別義賀茂喧嘩事、左京大夫就甘露寺申談之、
其故者五人科人前者陳事申処也、只今科人事不及是非候、言上不紛事也、然者悔先非懇
望申□□罪科以趣左京大夫此申趣云〻、可爲如何哉由　勅定也、尤可然由申入畢、及昏色
左京大夫書狀持（來、）甘露寺被申趣此罪科人事、自二月申入室町〔殿脫〕処此趣也、子細不相届之処、
五人▨〔科カ〕人之由白狀仕、（以）罪科一同之儀左京大夫如書、以書狀申趣□同元長（甘露寺）承伏仕畢、叡慮又
此時宜無豫義五人進人可有赦免于左京大夫由、可有御存知由被仰下云〻、此間再往被申
間、此叡慮之趣〇（可）申室町殿、則左京大夫被渡書狀、同以前一書自然御不審之事有之、可
披露云〻、參室町殿処、申次伊兵庫（伊勢貞辰）也、內〻被仰下子細有之、兼可披露由被仰下、可如何
仕哉由申入処、如何樣子細哉之由申入処、左京大夫申入公家事間〻旁〔傍〕例哉之由被仰下、
先　禁裏之儀有落居、可被□□由御返事也、已　禁裏事者、如此有赦免由趣也、此子細
甘露令（不）申者可被尋下間申入由、重而申入処、然者左京大夫書狀可有御披見由被仰下間、
讀之申入綷之子細処、已御治定上者不及是非事（〆子細）云〻、申狀者被置御前重可被申、以前女
房奉書尓賀茂阿波守可勅許事」可覺悟由被仰畢、又左京大夫賀茂可相計歟、御返事之樣

（48オ）

御沈醉欤、被□□分仰下間可申云々、令歸參申入処、不及是非子細御事哉、近來可然由可
有御返事処、不及御覺悟由被仰下㕝、此□〔旨カ〕令推量処、可〔有〕赦免事御治定上者不及是非上意
之趣不相屆由、被思食欤由申入退出、

五日、戊寅、及晩强雨下、早朝參　室町殿、有御對面、珎重々々、
飯近（飯尾貞運）・下（飯尾之秀）、兩人來云、非御使、內々可申〔御〕物語云々、赦免事〔被〕對左京大夫▨事▨〔可被仰事〕者不似合樣
也、又者御トナケナク思食間、旁▨〔先〕被閣之由可申云々、其外条々申事共有之、不能記之、
如何樣以御次〔可〕申入由申㕝、先落居之間自他珎重由可申、歸㕝、

石清水八幡宮田中尤清書狀

當御家督事、忝爲　勅定幷上意、任父生清法印（田中）讓狀之旨、安堵之御下知頂戴仕候處、
清德丸（田中）企非分之訴訟、致閇籠及嗷訴、剰穢社頭奉惱　神襟之条、先爲無事之御調法、
可被加御成敗、於尤清（田中）者以穩便之儀可致堪忍之由被仰下候之間、奉待　上意、」依而雖
然至于今者無盡期候之条、可預御成敗之旨武家江令言上候、仍於御師職者無相違被仰
付之由、武家江被仰出、同家督事可有御成敗之旨被加　叡慮候者、忝可存候、殊更今
度清德剃髮之尅背先例、種々聊尓之働、併奉令輕　叡慮之条緩怠、言語道斷儀候、旁
以可然樣預御奏聞候者可畏存候、恐惶謹言、

(48ウ)

御師職

壬四月廿日　　　尤淸

(守光)
廣橋殿

儲殿御用途

六日、己卯、晴、早朝昨日自武家內被申間事、祭主伊忠卿(大中臣)儲殿御用途万疋請取、又尤淸申間之事令披露之処、御返事巨細有之、

續命縷

七日、庚辰、晴、自伊勢兵庫方(貞辰)入續命縷廣蓋返上、則以折帋進長橋者也、

「

法華八講

(49オ)
八日、辛巳、自南都便宜有之、御息災□□珎重、則御八講事申遣東院(兼繼)者也、烏(烏丸冬光)來談、宵程招相□□、

足利義尹より美物拜受

九日、壬午、晴、早朝宗鑑(半井明重)來、談上洛以後禁裏御礼事、自□□(武家カ)美物十枚拜受、御使古阿弥　禁裏御短册一枚申者□(也カ)、

足利義尹知仁親王に御樽進上

十日、癸未、霽、自伯(白川雅業王)許有書狀、來三日　親王(知仁親王、後ノ後奈良天皇)御方江自　武家御樽可有御進上、御使事被仰下、故障歡樂之由申入早、

天王寺執當坊申狀

十一日、甲申、霽、天王寺執當坊謹言上、

抑當寺領事、郡代寺町石見守(通隆)、依恣所行、有名無実爲躰、前代未聞次第也、如今者忽滅亡此時候、所詮此趣有御　奏聞、被成綸旨堅被仰下者、併御再興之根源与可奉忝仰者也、

仍粗申狀如件、

永正九年五月四日　　、、

後柏原天皇女房奉書
天王寺領違亂

天わう寺りやう、寺まち（寺町通隆）のいはみ（石見）いらんの申しやう御らんせられ候、おとろきおほし
めし候、きとむろまち（足利義尹）とのへおほせいたされ候ハんすれとも、」（49ウ）かのふんこくの寺しや
ほんしよりやうの事、たひくおほせいたされ候へとも、なんしう候て一みちも候ハ
す候ほとに、かやうの事ハ申され候ましきとの御事にて候、このよし御心え候ておほ
せきかせられ候へく候よし申とて候、かしく、
　　ひろハし中納言（守光）とのへ

此事問田掃部頭（興之）執申間、不可事行子細前々雖申、不能承伏間、先令　奏聞処、如此有
勅答者也、

高辻章長一續
和漢五十韻

十二日、乙酉、陰晴不定、伯爲御使來臨、明日御使之事如何樣にも可存知由被仰下、畏存由申
入了、入夜重而被來、可祗候之由申、被喜思食由也、十合十荷明日五時分自式部少輔（畠山順光）方
可付送之云々、於東隣（高辻章長）一續和漢五十韵有之、

今日小生(廣橋兼秀)・女中參詣清水寺、成〔所〕願成就所無疑也、
(50オ)
□〔十〕三日、丙戌〔戊〕、晴、早朝參　室町殿、申□〔次〕□〔二〕色兵部大輔(尹泰)、則御對面、」十合十荷被進　親王御方、可然樣□〔可〕申入云々、則參長橋武命趣令　奏聞処、不思食寄、濟々御進上詠□、自御所克可申由同被仰下、則參　室町殿申入畢、申次種村刑部大〔少〕輔(視久)也、則御對面、色々御懇之武命忝□〔者〕也、於　禁裏山國(丹波國桑田郡)之事・賀茂事・御八講事条□〔々〕□〔被カ〕仰下、四辻宰相中將(公音)來于局、山國之事有談合子細、所存通加微言畢、退出以後奉書申狀到來、去五日奉行兩人(飯尾貞運・飯尾之秀)來申間之事、則申入畢、左京大夫不奉御返事申入事、誠相違之由被仰下畢、

丹波國山國供御人庄又四郎申狀

船岡山合戰

(50ウ)

庄又四郎畏言上、

右子細者、去年八月廿四日、舟岡山御かつせん被得勝利、御敵(足利義澄・細川政賢)ほつらくの間、おちう人をあいとかむる折ふし、あくる廿五日伊勢左京亮(貞泰)・同右京亮(伊勢貞遠)當庄江御下候之処ニうすはいと申所にて不慮ニ出合申候へハ、ひらにたのむ□〔由カ〕」承候間、難去存たのまれ申、山國中無事ニ御共申候之処、□〔被カ〕致他所方々郷民共致狼籍〔藉〕候、かいふん其扱仕候へ共、他所といひ、大勢といひ、不及力次第候、然ニ拙者於當座無如在働忠節無比類候之間、既ニ　御內書を被成申候て、可有御褒美之由、兩京兆(細川高國・大內義興)直ニ被申子細被▨▨▨子〔衍カ〕細にて

候つる、いかゝ被成申候哉、爲　上意其科ある様ニ被仰出候、不便至極候、殊ニ狼籍〔藉〕候在所露顕候て、取物以下被召返上者、我〻ニとかく被仰懸事、覺語〔悟〕之外之由雖申上候、不被□□□可被及御糺明、其由被仰出候、可罷出儀ニ□被披聞食之様ニ御　奏聞候てあんとの思をなしくたされ候へゝ可忝存候、此旨可預御披□〔露〕者也、仍言上如件、

五月一日

四辻殿〔季經〕
庭田殿〔重親〕両御奉行所」

後柏原天皇女房奉書丹波國山國供御人

(51オ)

山くにのく御人庄の又四郎、こそのらんにいせのさ京のすけ・うきやうのすけ両人おちゆき候しんそをし候つるを、らうせ□〔き〕人と心をあへせ候よし、むろまちとのへ申なし候につきて、そのとかなきよし、ふきやうして、たひく申候へとも、とゝき候へぬ事候やらん、めいわくのよし、かやうになけき申候、たにことなる御れう所のく御人の事にて候ほとに、かんようたしかなるせうせきある事にて候へゝ、申され候て、それにつきてこの御所より御せいはいにて候へく候、りふんの事にて候へゝ、しかるへからす候よし、よく」御心えて、むろまちとのへ申され候へく候よし申とて候、か

(51ウ)

しく、

ひろハし中納言とのへ

足利義尹御樽進上
廣橋兼顯正忌

十四日、丁亥、陰晴不定、昨日自 武家御進上御樽、今日御賞翫、可祇候由被仰下、依正忌不令祇候、不及施僧沙汰、令凝持齋祈念外無他事、非無怖畏者也、

十五日、〔戊〕己子、晴、庄又四郎事、明日可申入 室町殿、可參由申遣丹後〔松田長秀〕許処、依歡樂、昨日參詣鞍馬寺、自歡樂不定之□〔由〕申、御元服・御馬ホ之事申子細有之、則申入旱、自東院於御

法華八講書狀到來

八講事書狀到來、則令披露也、

圓深權律師西南院三十七・實憲得業光明院廿六・貞雅得業松林院二十・晃圓得業十九、

御八講

後土御門天皇十三回忌

十六日、〔己〕戊丑、時々雨下、參 禁裏、庄又四郎事先日仰之外無殊事、就其御八講事、來九月先皇〔後土御門天皇〕十三廻 聖忌之間、當時之儀雖不可事行、先□〔被〕思食立、內々南都北嶺ホ被仰出、就其御料所之事、急度被仰出樣可申由也、御八講講衆も御布施可爲千疋由被仰、是者□□〔東院カ〕

（52オ）

尓申事也、參 武家処、申次」種村刑部大〔少〕輔也、上賀茂御卷數□□ホ持參、爲御使參、以丹後〔松田長秀〕可被聞食哉之由〔×被仰〕申入旱、則以奉行可被聞食由也、先御八講事、次庄又四郎巨細〔×申入事〕所申入也、御返事趣歸來云、御八講事寔可然思食候、□〔仍カ〕十三廻事驚思食候、御料所之事涯分

可被仰付候、當時之儀、万事不事行間、御迷惑之事也、雖然堅被仰出候、次庄又〔×又〕四郎申事申披之由□□歟、爲其被召上之間、忩可被召上候、急度可有御糺明由、心得而可申入由御返事也、其後御對面、賀茂之事ホ被仰下者也、不遑委注者也、此由令歸參以局申入旱、条々被仰下旨ホ有之、搦取可被進由內々被仰御料所奉行（四辻季經）、今度御返事相違歟、如斯之儀例之奉行了簡歟由被仰下、其段之事者內々以密儀被仰奉行歟、如何之由申入旱、此由可申四辻大納言（季經）由被仰下之間、召田口緈之子細申入之旱、四宰相中將（四辻公音）、父卿（四辻季經）申番代之間、条々申旱、當番之間令祗候　禁中者也、仍御言傳之由被仰下間、其由傳旱、

御料所奉行

十七日、庚寅、深雨下、被召御學文〔問〕〔所脫〕條々被仰下子細有、先御八講事、同御料所之事也、在重朝（勘解由小路）臣申　綸旨事以局申入旱、御拜以後可申入之由被申、其後退出、自前內府（三條西實隆）有書狀、大宮（大中臣）司（廣長）申間事也、爲四辻使田口來、庄又四郎可召上歟之事、此間同篇之間、先申狀之返答事〔×可〕

御八講幷に御料所

(52ウ)

可被申　室町殿歟之由申入之処、不可然又可召上歟之由　勅答之間、可如何由被申、陳答之事者縱雖仕、定而可書載種々事歟、簡要罷上（遂）對決可落居間、可被召上歟、併御料所之事者不存淵底候間、兩奉行（四辻季經・庭田重親）不可過御談合由申旱、伊勢御師炊大夫令上洛、□〔乾カ〕蚫子千本送之、則被下太刀者也、

伊勢御師上洛

廣橋家雜掌奉書

十八日、辛卯、微雨下、申遣丹後(松田長秀)許御元服之用途事・山國事折帋如此、所望之間沙汰遣者也、

就今度御元服万疋御進上之內○四千疋所納候、此足付遊佐被仰付由候、相殘分事于今遲々如何樣之儀哉、既諸下行支配之処、無其實候間、以外致催促候、迚事候、所詮今明日中皆納候者可然候、不然者以自余之要脚召納候樣急度可有御申沙汰由內々樣、自長橋殿被仰下之旨、可得御意候也、恐々謹言、

五月十八日　景俊(藤堂)

松田丹後守殿(長秀)　御宿所

(53オ)

自前內府早朝有使、先是遣折帋了、大宮司申間事也、所存分令返答、申狀預置者也、諏(長俊)方左近大夫來、北野公文之事□押領使被成召符処、無爲之間可被成御下知、內々可　奏聞由申者□(也カ)、□(此)事公文有其咎、御罪科只今內々御侘事之最中也、閣其□(段カ)押領使事被申禁裏者、內々赦免事不可事行、可爲如何哉由、○申左近大夫(諏方長俊)申間、尤由被同心、早々御罪科之事被相屆、以□(後カ)於押領使前可被成御下知歟之由申、退出、其後齋藤上野介(時基)來爲武家御使、云、

近江國高嶋關

內膳清兼(濱嶋)申□□(內侍)所日供高嶋關(近江國高嶋郡)事、近年引立伊勢之二宮之間処、去年歟爲國司(北畠材親)新關停癈之間、此關同被破之、今度又被成綸旨、就其御下知事內々申入、尤雖可成御下知○無其謂、

近江國高嶋關務伊勢路に立つ

高嶋關務立伊勢路事、神慮難測、　神宮領方〻押妨、當時無力次第也、〇依所務之有無可備神供歟、被弃破　綸旨如元可被立高嶋郡哉、此由可然樣可　奏聞云〻、委細畏存、則可令披露由申旱(〆入)・、軈而以書狀申入旱、御德日令失念、其子細又以使申入旱、

十九日、(〆癸)壬・辰、晴、自丹後(松田長秀)許使、昨日之折帋書改之遣者也、天王寺事問田掃部頭種〻懇望申候間、如此遣丹後許者□〔也カ〕、

廣橋守光書狀

天王寺申事令　奏聞之処、如此勅答候、可爲如何哉、以自分之旨、可被申沙汰候哉、既一寺及破滅之由歎申候、不淺事候歟、爲其内〻令啓候也、」

十七日　　守光

丹後守殿

(53ウ)

後柏原天皇女房奉書朝餉料所關

文のやうひろうして候、あさかれいれう所せきの事、たかしま(近江國高嶋郡)に候し時ハ七百疋つゝの御月あてにて候つる、いまいせにたち候てハ一年を二千疋にさため候ほとに、くようをまし候へきと□〔てカ〕ひかれたる事も候ハぬ、六かく(六角高賴)人をいたし候て、せきしゆをしやうかいさせ、色〻たひ〱さまたけ候につきて、ふしのはからひの所ハ又おなしさま

なる事もやと、いせ（北畠材親）のこくしハくけ一ふんなるよしみ▨下知にしたかふ所をたよりに、
ないせん（濱島清兼）も申まいり候て、かたのことくなるてうしんにて候つる、たちかへりたかし
まにたち候へき事はいかゝにて候、そうしていせちのせきいかほとか候らん、この一
所さんけいのさまたけになり候へき事ハ、いさゝか御心えありかたきにより、せきも
ことく〱くちやうはいにて候はんするには、これはかりハ神りよもいかゝにてさしも
をかれ候ハんするかにて□しりまいらせられ候ハんする、あさ□〔か〕かれいハ、日
ことにまいり候事にて候、一から候ハぬらしき□い□んの事にて候へは、かやうのし
さゐにもかたのことくまいり候ハんすると、めてたくおほしめし候やうに□□な□〔い〕し
所の御事も、もつて候にせられ候□にて候へハ、かた〱しかるへき事にて候□〔とカ〕お

（54オ）

ほしめし候所に、たかし□〔ま〕□□かへしまいられ候、」たとひそのきよくもなきやうにも
□□それにしたかひてたゝされ候ハ、いかか候へき事候やらん、よく〱御心え候て
申わけられ候ハんするよしよく申とて候、かしく、

ひろハし中納言とのへ

在重朝臣申　綸旨事、申出文（折帋）持遣者也、万里□□□□□〔小路大納言〕時房卿奏事目六ホ返遣者也、

萬里小路時房卿奏事目録

綸旨・奏事目六別□〔槗カ〕□□置者也、

廿日、壬〔癸〕巳、霽、隆康朝臣(鷲尾)与内光朝臣(日野)同日事　勅許也、女房奉書有之、則申遣日野許処、他行云々、

御即位近江國段銭

廿一日、癸〔甲〕午、霽、御即位近州段銭之事、等蔵主・森雑掌両人来、

伊庭貞隆申状

就御即位段銭之儀、預御札候、委細拝見申候、先度如申候、不可爲疎略候、御下知以下之事、青地新左衞門方可被申入候、恐々謹言、

五月十五(×六)日　　貞隆判

森殿　御返報　　伊庭出羽守(貞隆)(花押影)

此状内々幡〔播〕磨局以勾當　奏聞云々、美濃(齋藤基雄)他行之間、預景元(藤堂)、森雑□〔掌〕□〔罷〕帰□〔云〕□〔々カ〕、□〔入〕夜日野御渡□□□、」

內侍所朝餉闕

(54ウ)廿二日、乙〔甲〕未、霽、齋藤上野介(時基)來、內侍所朝餉闕之事、委令申渡□□〔女房〕奉書者也、今朝伊庭出羽(×羽)申状景元持向美濃許処、委細奉早、以此旨可披露、於件之子細森□〔使カ〕助一可申入欤之由申、但

山禮拜講

山礼拜講要脚之事二千疋両佐々木(六角高頼・京極高清)被相懸之云々、可爲如何哉之由申之、今日當番以卿内(姉小路)侍(濟子)

外宮目安

条々　奏事、庄又四郎事・神宮々司事、外宮目安披露之処、可有直　勅答之由御返事

外宮目安

後柏原天皇女房奉書

(55オ)

也、小時被召　御學文書〔問所〕、条々被仰下旨有之、
廿三日、〔丙〕乙申、霽、大宮〔大中臣廣長〕司申事・外宮目安才之事、堅召時元〔大宮〕宿祢可申□□□〔伊直卿カ〕云々、又西五条之事被仰下、爲私可申奉行云々、爲拙者申事者奉行不可有承引、可爲如何哉之由申入畢、
山國庄〔丹波國桑田郡〕進退事、重而可被仰出云々、

仰永正五〔九脱カ〕　廿五
山くにのしやうの又四郎か事、ひふんのうたかひを申かけてめしいたされ候事、ふひんなるやうに候、ゆけ〔丹波國桑田郡〕の物〔者〕とりたる事、そのしちかへりこそうせ物をかへし候つらめ、ゆけよ□又四郎に申あかせたるよし、たしかにそ人候へゝ、それにたいして申候へんするしさゐ候やらん、又をしほちやうの物〔者〕のとりたるくそくをも、やかて返し候つれとも、□□〔なをカ〕候へきよし申かけてす□□候つるを□物候かたくとり候事、□□□□り候な□ほはつからの物〔者〕も又四郎かそんしたるとは申候へす候、もしゆけの物〔者〕さやうに申候やらん、ゆけの事にて候程に、まつそのさい所をこそきうめい〔衍〕候へきに、そなたへハ大かたのやうに申候か、又四郎に申かけ候事も、よこ入たるしさゐにて候、御れ〔う〕□所をかんかつし候やうにおほしめし候、かの兩人も又四郎へゆけを申あかせてさたしたるせうせきをいたし候へて、しやうの申事ハあまりなるやうにおほしめし候、

このよしを御心候てよく申され候へく候よし申せとて候、かしく、
自眞光院(尊海)西五条之事有使者、申所存分歸𠬧、其次時元(大宮)宿祢申闕所屋之事、申狀渡使者也、
自伯(白川雅業王)有使、八時分參　可室町殿由也、畏存由令返答者也、中山宰相中將(康親)令同道、未刻計參
室町殿処、未始御酒者也、小時鹿菀(苑)院・東闕・蔭亮(涼)(東雲景岱)⺾被參、鹿菀(苑)院被立草花、御機嫌快
然、及乱舞、數盃頂之、酩(酩カ)酊無他、亥尅計退出、中山・伯・藤(高倉永家)兵衞佐・伊(伊勢貞遠)右京・予⺾令
同道令歸宅者也、自柳原(資定)有書狀、

先妣忌辰

廿四日、己(丁)酉、晴、先妣(町廣光室、園基有女)忌辰也、不及施僧、怖畏此事也、東門朽損者也、」
(55ウ)
廿五日、戊戌、及晚夕立□、早朝就庄又四郎事、一昨日到來之奉書遣丹後許、一兩日令歡樂
之間、重而可然樣可披露仕、其程事可然樣可披露云〻、就其失物事哀亡(之)少有出來、屬無
爲者、可爲祢重由申云〻、其子細申遣𢾅者也、(四辻公音)召時元宿祢、大宮司廣長・同外宮申狀以

丙穢

仰之趣令申処、於一身丙穢之間、明後日可賜申狀云〻、

伊勢國新關

一、昨日齋藤上野介爲御使來云、內膳(濱嶋清兼)申伊勢國新關之事、奉書趣具令披露処、於新關者
御下知事難成之、同司(國カ)(北畠材親)以公家一分好隨御下知所幸儀也、以綸旨之趣可被仰付、若如元被
立高嶋上者涯分被仰付六角(高賴)、於新關者御下知事難成之、可然樣可披露云〻、此由今

朝令　奏聞処、有御返事、肝要重御下知之事不可申云々、
一、昨日布施（元久）（マヽ）來、御牛飼□（弥カ）乙丸支證故勸修寺（教秀）義（儀）同靑侍之奉書也、有袖判、調様事爲
公家如此調遣否事被□奉書之調様此分候、判（袖）者不存知候、筆跡自筆候歟之由申入
早、

（56オ）

廿六日、己亥、霽、松田丹後（長秀）來、昨日奉書披露処、庄又四郎難被召上由可爲如何哉、可然様令
調法不可罷上哉、□□式物、達叡聞事聊尒」思食、其外条々被尋下子細、兩京□□（亮）□（伊勢貞泰・伊勢貞遠）私迄
被拜見由有□、丹後讀進、拙者申云、彼百姓自先皇（後土御門天皇）御代御直務之事候間、毎事被聞食様
候、就其以前申狀之御返事候、善惡不申、但如前々同篇御返事如何之叡慮也、然間彼賜
申書可（狀カ）奏聞哉、此（如）申狀者、尤外相違定而被召上、可被堅仰付歟之由所存旨命処、然者
令披露、依其返事申狀事可被進否（哉）之事、重而可申入由申退出□□、
一、天王寺申間（執當）之事、內々先度奉書令披露処、驚思食由也、彼分國之事条々被申処、于
今無沙汰之間、無其一（落居）通程（難）被申子細被載之、御不審之間、氷所（丹波國船井郡）岡殿御事哉由申入処、
堅可被仰付由御返事候由相語者也、□（田カ）口來、庄又四郎事也、
廿七日、庚子、及晩夕立如渡、伯使來云、晝時分可參　武家由被仰下云々、故障之由令申使処、

伯申沙汰也、如何様にも祇候本懐由沙汰、有故障者可申由令申間、必可參由申入早、中山宰相令道(同 道)同高辻(長直)依會聊遲ゝ、則御一獻程也、被召御前御懇之仰共也、小時右京大夫(細川高國)・(細川)政國參候、藤兵衞佐(高倉永家)及昏色按察(綾小路俊量)祇候、伯兩人樂有之、以外沈醉、於途中歸路逢猛雨、甚如懸也、御機嫌快然、祢重ゝゝ、

黑鹽

(56ウ)
廿八日、辛□〔丑〕、入夜夕立下、伯許遣人、昨日時宜謝之、晚頭黑塩五□〔桶カ〕被送之、祝着由□□〔謝之カ〕、

護持僧番

廿九日、壬寅、早朝御卷數共持進之、以上卅枝、此内莒二、申次伊右京亮(伊勢貞遠)、當月御護持番上乘院(顯瑜)、御撫物同進上、御頂戴祢重思食由也、當月無爲無事、誠祢重ゝゝ、御撫物同被返出之、來月之護持檀那院(證嚴)也、

傳奏奉書
日野內光叙正四位下

從四位上藤原內光(日野)朝臣宜叙正四位下、賜去年十二月廿一日位記可令　宣下給之由被仰
下候也、恐ゝ謹言、
五月廿一日　　　　　　　(廣橋守光)
頭中將殿(正親町實胤)

(コノ間空白アリ)

・六（×五）月大

旬寫經

一日、癸卯、霽、今日吉□〔兆カ〕、毎事任心中之条珎重、如毎朔降地上遙拜、旬写經□□之別所作如毎朔、悉願成就、大幸〻〻、

柳原（資定）負、自昨日召□〔寄カ〕之、有禁裏、使松波（資治）八郎左衞門、一牛齋（紹鐵）披之、鎰自國（因幡國）隨身上洛、腰刀一腰、白銀作、白銀十八文目取出之、目六紹公（一宗紹麟）令書与八郎左衞門、負符同一牛齋令付之、負者令預御倉・（×可）立入（宗康）加賀、使主計、

法華八講

大麓

二日、甲辰、霽、自東院（兼繼）有書狀、御八講之事也、令即報者也、一乘院（良譽）御下向便宜也、女房奉書到來、加披見処、朝餉闕事・御八講事・鷹司殿（兼輔）右府、行事上卿事・大籙（麓）事近衞殿（尚通）召仰之、寸事也、即獻愚報者也、

雜訴方

三日、乙巳、雨下、先度之兩京亮（伊勢貞泰・伊勢貞遠）申庄又四郎事、丹後（松田長秀）召使者申云、先度之趣披露之処、誰（雜）訴方事如形▨于今爲入武家（足利義尹）御沙汰、然者此事者、堅固內〻儀、殊御料所御直務可爲各別歟、

御料所奉行

然者陳答可被見參事如何之間、私迄被下、內〻可令談合御料所奉行（四辻季經）之由申云〻、右京亮（伊勢貞遠）申狀并失物注文寸被送付者也、

四日、丙午、（マヽ）失物注文之事、於一物又四郎就謬者不及是非、被下候早、
申狀者以局（廣橋守子）被下四辻宰相（公音）中將、
失物注文者拙者注之、於御前御下之、
入夜以局被仰下旨有之、四辻宰相中將・予可令談合
由被仰下、申狀被遣四宰中（四辻公音）□仕申事、此由被仰付□□□、
五日、丁未、深雨下、當番之間八時分令祇候、昨日自武家被申庄又四郎申事、内〻武命□令披露処、直可被聞食由也、小時被召御學文所（問）、委細令　奏聞申出者、有　叡覽、条〻被有
仰□、」

明後日足利義尹石清水八幡宮參籠

（57ウ）
六日、戊（〻丙）申（〻午）、早朝退出、則□（自カ）丹後許使者、明後日御參籠之有無、今度就御□□、進上要途之未進之事・御暇事内〻令申之処、今朝令祇候、同条〻可披露由申者□（也カ）、
未刻計丹後來、御暇之事念比内〻被申御祝着也、前〻可被申思食処、御失念□（也）、□以密〻御參籠之事之間、急度御服事者不被申候、自然御尋候者、可然様可披露由來申、其外条〻申子細有之、則令披露処、如斯有御返事、御八講之事者御下向以後、可然由申者也、

後柏原天皇女房奉書足利義尹八日より石清水八幡宮參籠

文のやうひろうして候、むろまち殿（足利義尹）八日より八わたへ御さんろうのよし申され候、御

石清水八幡宮は諸國の者多く集まれば用心肝要

せうくわんしやうしゆの御事ともにて、やかて御下からの御事をこし入まいらせられ候、七日の御さんろう候やらん、しハらくの御とうりうにて候、御たよりなくこそおほしめし候へ、まつ〳〵八わたハしよこくの物(者)ともあつまり候所にて候ほとに、御ようしんかんようにて候、御けいこの事よく〳〵おほせつけられ候やらん、おほつかなくおほしめし候、けんこみつ〳〵の御事□□(にて)候ほとに、きとハ申され候ハぬよし御心え候、返〻め□□(てた)くおほしめし候へく候よし御心え候て申され候へく候、このよし申せとて候、かしく、

ひろハし中納言(守光)とのへ

御返事

御料所奉行

(58オ)

今朝以局被仰下条〻、御料所奉行事□□辞退、鳥取(備前國赤坂郡)明後日三宅八郎可被差下、添書狀可下由被仰下、□(畏カ)存無□□□欤、□有□□了、栗眞(伊勢國奄藝郡)□□可□□□可被出奉書、可相副書狀由被仰下、□□子細可□□、御八講事□□□□可被申由被仰下、尤之由申入早、眞光院(尊海)書狀□(事カ)被拜見、可被出女房奉書被直之、子細条〻具不能記之者也、時元宿祢(大宮)來、內外宮申事、伊忠卿(大中臣)言上之子細申之、他記之者也、一条殿(冬良)・鷹司殿(兼輔)右府渡御、被召間、大府卿(東坊城和長)令同道令參候処、大簶(麓)御事・御拜

大麓

石清水八幡宮田中尤清書狀御師職

賀事才御談合之子細有之、
先日申入候　御師職事被經御奏聞候之由、堅被仰下候、□□初者急度武家へ被仰出候之
樣、御取成奉賴候、雖不可有御才閑候、重而令啓候、恐惶謹言、
六月六日　尤(清)□(田中)
(守光)廣橋殿
七日、己酉、霽、
此由令披露処、田中(尤清)被仰下子細有之、委不及注之、見御返事奉書、入夜丹後使申云、今朝御返事
令披露処、御念比之仰、畏思食、無爲御下向之時、可被申入、尤以祗候可申入処、聊明
日御參籠之儀由內〻可申由也、委細存申旱、

梅尾御茶武家御茶足利義尹石清水八幡宮參籠

八日、庚戌、梅尾(山城國葛野郡)御茶十四袋明律坊持參、拙者添□□(進)、則可有御返事、武家御茶事今日八幡御(×講)
參籠之間、來十六日可持賜由、開闔(飯尾貞運)申云〻、今朝昨日条〻御返事申入処、御心得之由也、
昨日御暇事以伯(白川雅業王)・式部少輔(畠山順光)爲御使□被申云〻、未斜渡御、□(追カ)可尋記、」

大地震

(58ウ)
九日、辛亥、□(霽)、亥剋計大□(地)震、超過□(怖)畏此事也、

常磐闕所

十日、壬子、晴、時元宿祢來云、昨日常磐闕所事□(眞)光院書狀披見□□(相カ)事才示之、大德寺住持御

占文

ヽ代礼事有申子細、内〻申試局処、無御存知趣□〔候カ〕、此儀先日一牛齋來被申間事也、果而一牛齋來、明日可申入云〻、千万聊尓之事也、有宣卿〔土御門〕　公武進上占文地震、其後安家〔土御門有宣・有春〕連署占文進上　禁裏申次者也、今日御會之間遣書狀于丹後許、兩通、一通者御參籠珎重事、一通者有宣卿占文事、

大德寺住持職
大德寺前住連署擧狀

十一日、癸丑、霽、大德寺住持職居成事、使僧・同一牛齋此許狀〔擧〕持來者也、

大德寺住持職事、新命一宗〔一宗紹麟〕座元以衆評所請也、被成下　綸旨可奉祈　宝祚者□〔也カ〕、恐惶謹言、

六月十一日　　　前住　宗亙〔亘〕〔古嶽宗亘〕判
　　　　　　　　前住　宗□〔牧〕〔東溪宗牧〕□〔判〕
傳奏
　執事閣下

(59オ)

自八幡以攝津守〔攝津政親〕被仰下云、□□〔御參〕籠□賀可□□〔公家カ〕并法中不可及被參由、各可相□〔催〕候也、當番之間、▨留守ヨリ申達、則近所方〻、此子細申送者也、罷向伯許申此子細、明日可下使者　八幡由兼而被申間、明日可言傳書狀由約諾早、有一盞、其後參　內、大□〔德〕寺居成〔×持〕住持職事以局令披露処、　勅許也、職事万□〔里〕小路〔秀房〕尓可申由被仰下者也、

十二日、甲寅、晴、昨日申次伊右〔伊勢貞遠〕也、此返事明日早〻可奉由申云〻、

廣橋守光書狀
足利義尹參籠無爲無事

御參籠無爲無事、珎重存候、抑昨夕以攝津守被仰下旨、畏承候早、公家幷法中不可及參賀由、近所方ゝ卽相觸候、遠所之儀近日中可申調候、定而各御仁恕之儀可忝存候、此ホ之趣可然樣被申入候者、可爲高□候、恐ゝ謹言、

六月十一日　（廣橋）守光

伊勢（貞遠）右京亮殿」

(59ウ)

傳奏奉書

大德寺住持職事、可爲一宗座元、可被書遣　勅裁之由、被仰下候也、恐ゝ謹言、

六月十二日　（廣橋守光）――

（萬里小路秀房）藏人弁殿

此一通以正益（速水）遣万里処、卽自是可書進由返事也、其後有使者、申子細ホ有之、一牛狀幷寺家之連署遣者也、小時被書送者也、（自）明日佛詣、

(60オ)

後柏原天皇綸旨

大德寺住持職事、所　勅請也、宜奉祈國家安全・宝祚長久者、天氣如此、仍執達如件、

永正九年六月十二日　□〔右〕中辨判（萬里小路秀房）」

聲聞師大黑
供御御料所未納

一宗（一宗紹麟）上人禪室

召寺僧可渡処、依有緣一牛齋禪室尓持遣者也、懇切之至、早速申沙汰祝着由被謝之、

今朝被仰下条〻、大黑事・栗眞事御下知者、□（事）先不可被申重而可申、內〻可被下人相添奉書可下書狀由被仰下、對二郎（加田）左衞門有申子細、供御御料所就未納、兩御倉（立入宗康・中興藤四郎）可立御用候事、則申処、三百疋宛可立御用由申者也、

聲聞師大黑

十三日、乙卯、霽、御借物事家益（速水）使、元大黑今日御免云〻、

長橋局借用狀

大（立入宗康）もんに御かりの物三百疋うけとりまいらせ候、くるま（栗　眞）（伊勢國奄藝郡）の御ねんくにて、めてたくや
かて〱返しつかわされ候へく候、
ゑい正九年六月十三日　うきやう（長橋局官女右京大夫）」
御をし判

（60ウ）

長橋局借用狀

なか（中興藤四郎）おき御くらに御かりの物三百疋うけとりまいらせ候、めてたくやかて〱、くる
まの御ねんくにて返しつかはされ候へく候、
ゑい正九ねん（六月脱カ）十三日　―（長橋局官女右京大夫）

廣橋守光袖書

押判　　うきやう

長橋局御借狀

如斯、

永正九年六月十三日　（廣橋守光）（花押）

長橋局請取狀

大もんよりの御かり三百足、とう四らう（中興藤四郎）御かり三百足、大かひ六百足うけとりまいらせ候、御て□（し）るしへけ□（さカ）いてまいらせ候つる、めてたく「　　」、

九ねん六月十三日

はやミとのへ（速水家益）　　うきやう

（61オ）

足利義尹還御

十四日、丙辰、霽、早朝五時分、室町殿（足利義尹）還御云々、四時分爲御使參室町殿、申次吉見（マヽ）少輔也、（×殿）御異躰可有御對面由也、□（則カ）永家（冷泉）異体、申次告御出座之由、則御太刀白、御持參前、申云、御參籠無爲無事、殊天氣奇特心得而可申入由被仰下趣也、早朝御太刀御拜領御祝着也、今度堅固密々異躰之爲躰之間、急度不被申御暇候処、嚴重之御使畏思食也、又被仰云、明後日可被進御太刀可參之由被仰下、畏由申入之、令退出御前、以吉見申云、拙者御太刀可

爲如何哉由申入処、可進上之由也、則持參御前、御氣〔機〕嫌快然、珎重〻〻、令歸參 内裏所申入也、

節朔之衆

十五日、乙巳、時〻雨下、有伊勢使、(貞遠)今度就參籠明日節朔之衆、各御太刀可有持參之由、可相觸刻限、近日可爲出仕如云〻、委細奉事□可相觸□(之カ)由令申者也、則方〻遣使者申送者也、」

(61ウ)

(轉法輪三條實香)▨内府不具之間隨躰可召進中納言(三條西公條)也、・(日野内光)權右弁歡樂之間可隨躰云〻、・(正親町三條公兄)三羽林領狀也、・(飛鳥井雅俊)飛羽林□□可□、・(山科言綱)内藏頭涯分可參候云〻、・中山(康親)宰相領狀也、・伯(白川雅業王)□被籠中御難參自是可申云〻、・(烏丸冬光)烏領狀也、・(高倉永家)藤兵衛佐領狀也、

一條冬良書狀

一条殿有御使、就御參籠以御書被申由也、畏存、明日可申入由申入早、

室町殿殿(衍カ)八幡宮御參籠儀、無一事違亂被果御願候之條、神感不能左右、惣別大慶此事候、殊以珎重候、參賀之間、只今啓上之由可得其意候、他事以面展候、謹言、

六月十五日　御判(一條冬良)

廣橋中納言殿(守光)

節會軾衣

布施(元久)(マ、)　大夫有使、節會軾衣事如此注進、可 奏聞由令返答早、〇以下、次頁書狀ニ續ク、」

「（題簽）
守光公記　自永正九年六月十六日至十二月廿八日（中間處々闕）自筆本」

布施元久書状　（1オ）

節會御衣事、□［　　］衣□□申候、
濃州あつミの郡（美濃國厚見郡）の內より參候由申候、百姓とうくわん左衞門と申物〔者〕候時まて進上いたし候由候、早〻御下知をなされ候者可然存候、

近衛尚通書状

八幡御社參珎重存候、弥天下泰平復旧儀、海內無事併斯時候、尤雖可令參賀候、每事不具之間、可然之樣被申入候者、可爲祝着候也、謹言、

六月十六日　判（近衛尚通）

廣橋中納言殿

近衛殿（尚通）

徳大寺公胤書状　（1ウ）

八幡御社參珎重候、弥天下靜謐之　神助非所疑候、尤雖可參賀申候、不具非一事候、內〻可然之樣令申入給候者、可爲本望候也、」恐〻謹言、

六月十六日　　　　　　　　　　　　公胤（德大寺）

廣橋殿

節朔衆御禮

十六日、戊午、晴、今日節衆（朔脱カ）御礼也、四時分爲御使參　室町殿、申次種村刑部少輔（視久）、仍被召御前、先日御太刀御拜領御祝着、可然樣可申入事、更計御太刀御進上云々、參　長橋局（東坊城松子）申入処、御參籠無爲無事珎重被思食、殊御太刀御進上御祝着由、其旨令歸參申入処、卽有御對面、色々被仰下子細、於御次可（〻可有）被下由被仰下、畏存由申退出、公家衆藤兵衛佐（高倉永家）計也、

栂尾茶

御供衆蔭亮（涼）（東雲景岱）也、大飲大酒（〻也）也、自栂尾御進上茶被蔭亮（涼）（下）者也、

禁裏夢想連歌

十七日、己未、晴、餘醉散々事也、一牛齋令來給、今度居成住持參　內事也、今日御夢想之御連歌也、可爲明日由被仰下、其旨令返答也、

十八日、庚申、時荒雨下、四時分新命（一宗紹麟）先來臨、則令面謁、其後參　內、御□（進カ）上藏人弁就申沙汰罷向云々、添遣彥太郎者也、目六檀帋十帖・段子一端、以上代五百疋（三百疋長橋（東坊城松子）所納・二百疋新大典侍殿（勧修寺藤子）所納）・百疋余、奏者十疋、軄事同前、

十九日、庚申、今夕尊院（尊勝院光什）令來給、明孝（中井）朝臣□□□也、」

（2オ）
十九日、癸戌（辛酉）、荒雨下、□□、

廿日、▒癸《壬》戌、晴、尊院令歸給、

> 後柏原天皇女房奉書
> 知仁親王歡樂

そうかん《（宗鑑、半井明重）》くたりてほとも候へとも〔なく脱カ〕、御ようの事候程に、まかりのほり候へきよし申くたされ候へく候、わか宮《（知仁親王、後ノ後奈良天皇）》の御かたの御ようにあき孝《（半井明孝）》の朝臣□めし候つれ、《ハ》くわんらくにかく〳〵しきとて、しこういたし候ハす候、かた〳〵のほか候ハての事にて候ほとにおほせられ候よし、よく〳〵申とて候、かしく、

ひろハしとのへ《（廣橋守光）》

> 傳奏奉書
> 知仁親王不例

依若宮御方《（知仁親王、後ノ後奈良天皇）》御不例、女房奉書如斯候、抛万事、早ゝ可有御上洛之由被仰下候、委細見文候間、不能子細候也、謹言、

六月廿一日　　守光

前典藥頭入道殿《（半井明重）》」

（2ウ）

廿一日、▒癸▒亥、霽、宮內少輔《（半井明孝）》沈杉原五兩・十帖進尊院使遲〔マヽ〕

（コノ間空白アリ）

廿二日、甲子、霽、

廣橋家雑掌奉書
御禮拜講
頭錢
御卽位段錢

紙課役

後柏原天皇女房奉書

（コノ間空白アリ）

廿三日、（マヽ）以景元（藤堂）遣美濃許（齋藤基雄）、不可申旨候、

御狀之通委細出羽守（伊庭貞隆）申聞候之条、軈而可被成御下知存候處ニ、就御礼拜講爲（マヽ）可爲如何之由被仰候、雖然御頭錢之事者國役之事候、御卽位段錢事事（衍）者、自最前被仰出事候間、先御下知才事、早〻御□□□肝要候、此才趣自私能〻可申旨候、恐〻謹言、

六月廿三日　□

賀茂
森殿（康久）□□

紙▨課役事定藏院申□□□□□（被カ）□請文之正文令持參□□□錢事有之間□（不カ）□□、

（3オ）

廿四日、（マヽ）古阿弥陀御太刀持來、則進長橋、返事如此、

長橋　永正九　六　廿四

御けんふくの御れいの御たちまいり候、□（けカ）んてうなる御事にて候、御めてたくおほえさせをハしま□（し候よしカ）御心え候て御ひろう候へく候、かしく、

ひろハしとのへ

廿五日、

（コノ間空白アリ）

後柏原天皇女房奉書　青蓮院領美濃國茌戸

廿六日、神宮之事、江〔往〕戸(美濃國可兒郡)事文如斯、
しやうれん院りやうみのゝくにゐとの事、三宮(後ノ青蓮院入道尊鎮親王)の御かたの御ふくかたにまいらせられ候を、こあのゝ(阿野季綱)宰相中將かすめ申候ほとに、たひ〳〵めしおほせられ候へ□て、とか(3ウ)く□〔こ〕の人なんしう申候、こそのみきりちきやう」とも□い候よしきこしめし候ほとに、ゐとの事もやかて申され候へハ、いまたあとのしきをも御そんち候ハす候、しゆつしつかまつりて、一はしあひたつねられ候て、かさねて申され候ハんするよし申され候つる、そのゝちとかく御まきれ候事候て、いまにうちをかれ候、かんようゆへなきいらんにて候へハ、きともんせき(青蓮院尊應)へ返しつけられ候ハゝ、しかるへくおほしめし候、このよし御心え候て、むろまちとのへよく〳〵申され候へく候よし申せとて候、

神宮造替

廿七日、戊辰、神宮事、攝津守(攝津政親)・齋藤美濃守(基雄)以兩人、以文之趣令披露処、叡慮之趣可然被成綸旨、可被仰付之由、　武家可被仰付之由御返事也、再往之儀有之、其後(マヽ)」

後柏原天皇女房奉書

(4オ)廿八日、
すけひろ(堀川祐弘)申候衞門ふりやうたうち□〔きやうカ〕うちのゝかしははたけの事、大ほうをん寺よ

春日祭

りたうちや〔き脱〕うのよしかすめて御下ちをたまへり候ほとに候、これくせ事のよし、むろまちとのへ申され、やかて返しつけられ候所に、又ちけん候て、いけんのよし候、いかゝ候事候やらん、しせんれうし候てハ、たちまちふやくに御事かけ候へく候、せんそなとの時も、御とふらひをもたまへり候へてさんきん候、ちうきんのよしりんしをなされ候、いまもかすかまつりいしく〱のくしにしたかひ候、しせんかたのやうなるふりやう□ねいゝてハ□□、たちまち御事かけ候へく候、この旨申□□」たん（松田長秀）こによく申きかせ候て申候よし申せとて候、かしく、

（4ウ）

ひろハし中納言殿

菖蒲御輿

廿九日、丹後（松田長秀）及民〔昏〕色來云爲御使來云、すけ弘申間之事、昨日奉書之趣披露之処、飯尾近江（貞運）・治部河内（貞兼）被奉両人御尋之処、（×當）不知行ヲ當知行ト掠申尓依テ非▨成通奉書、昌蒲（菖蒲）御輿之時、就違乱被成御下知、何も當知行ニ就テ被成御下知由、両人申、然時者此奉書之趣、相違候欤、御糺明之事自然聊尓候テ被申候、不及御糺明ニ被仰付候事、惣別何事欤、事御糺明肝要之由、可然樣可披露由被仰下云々、

廣橋守光書状

祐弘申内野柏畠事、
昨昏之趣令　奏聞候之処、被尋聞食重可有由、勅答事重而被仰下之由候、其礼事、此旨可然樣可被申候也、□□□候也、

卅日　　　　　　　　　守光

松田丹後守殿（長秀）

次惡秡八足上、◯次寄懸御輪、」

室町殿茅輪

卅日、壬申、晴、今朝御卷數・御撫物如去月、申次伊左□、及民色（昏）室町□□（殿）御輪□□□、

（5オ）

主人（足利義尹）御出座、可爲東向□□由申、其由披露之処被□

余南面先ミ雜簀子、其後立八足、齋□□（藤）布衣・□□（狩カ）　次御莚□自庭上傳余請取之、敷御前、次傳贖

□（御カ）前方

散□（米カ）

之仰儀如前、取之、置御前則退、則進撤之、內ミ令散ミ米可給被申入、令散ミ米給

後撤之、其後有宣卿（土御門）（×在）進八足前南面、讀□□（秡詞カ）、小時讀早、秡令持參簀子

与余、同自地上傳御輪取添之、令◯持參御前置御輪於席上進御秡令取之

祓歌

賜、左御手、賜後延御輪、二陪シテ三所以帋拭結之、則解之、奉越者也、先是進御莚賜、奉三

度越、毎度有之、秡哥一首つゝ唱之、如元二陪押◯合而取添御秡退如元、通与之又進撤御莚、其間退、當代初

御祝奉行

參之間、以申次伊右、取迁御太刀、則有御對面、珎重ミミ、先刻齋上野介（齋藤時基）御祝奉行、以使者申送云、尤

霍亂

（5ウ）

可參勤之処、獲（霍）乱氣之間進五郎（齋藤）子也、可然樣可取合由申也、委細得其意由申早、前日有有

宣卿使、勸修寺（尚顯）在國間、御輪之事可及存知否、然者如常、蒙催可覺悟之間□□」報云、自

此方催事不覺悟、有先規哉、可注申由令返□処、其後無音、先公(廣橋兼顕)之御記ホ不見者也、
昨日廿七(マヽ)日於武家、齋藤上野介(時基)參會、內ゝ余相尋云、御輪之事有申沙汰哉、余可參分也、
有宣卿催事可存如何哉由申処、就御祝奉行申沙汰勿論也、有宣卿催之事、內ゝ將監(齋藤)及其
□(日カ)申送云ゝ、

串九
箭ノ如
□□ニテ
□
□之□
早、

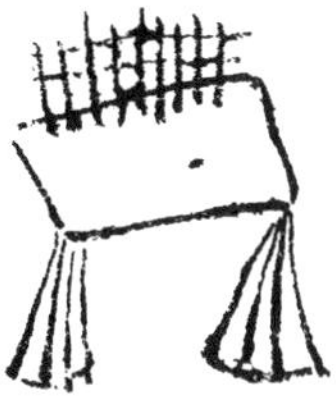

七月小

一日、癸酉、晴、依不具令(不脱カ)出頭、朔日之祝事、初秋之嘉瑞、每事可任心中、於地上遙拜・看經
ホ如每朔、所願成就、皆令滿足也、
二日、甲戌、齋、攝津守(攝津政親)・齋美濃兩(齋藤基雄)□□□(人御使カ)□□成　神宮□□文筥櫃□之間、可被出之由□
(6オ)
□」可書加之由也、記　神宮之□□指圖以下□聞処、被聞食由也、菅勝寺之
事同披露之処、□□、

朔日祝事

東坊城和長書狀
菅原氏始祖三代廟所

後柏原天皇女房奉書
菅原氏三代廟所千本菅勝寺分

三日、乙亥、霽、

菅氏始祖三代廟所（清公・是善・道眞）吉祥院本願清公卿（菅原）以下三代千本菅勝寺旧跡分事、爲當家代々墓所之處、近年号千□〔本〕□〔大〕報恩寺領一圓致押領、成田畠之地、古今廟石以下無正躰之間、自去々年度々對陽明〔養命〕坊相尋此子細處、一向不及返答之条、且者慮外候、所詮幾度雖相尋可爲同篇候歟、於菅勝寺分者、如先規東西一町餘、南北一町分無相違可被成御下知由、女房奉書被出候樣預御申沙汰候者、可畏存候、上古本路者應仁乱來爲拙〔堀カ〕之条、以北方同路爲本路之由令掠申候、曲事次第候、彼是可然樣急度室町殿（足利義尹）御□事□存候也、恐々謹言、」

六月二日　　和長（東坊城）

廣橋殿（守光）

（6ウ）

大くら卿（東坊城和長）申候、菅しのせんそ三代以下のへうしよ、千ほんかんせう寺（菅勝）ふんの事、千ほんの□□□〔大ほう〕をん寺より、ちかころゆへなくわうりやうのよし、かやうになけき申され候、まことにゐもんふのふきさし〔る脱カ〕つにもみえ候やうにまきれなく〔ヌき〕おほしめし候、ことにせいへうまての三代のへう、れき〳〵なる事にて□〔候カ〕、たゝうちのさい所にハあいか

傳奏奉書

朝倉貞景書狀幷に延德二年奉書案二通

（7オ）

ハり候事にて候ハんすれは、さういなくほ□(う　しカ)よをなされ候やうに、むろまちとの(足利義尹)□(へカ)
申□(され候へく候よし、カ)よく〳〵心えて申とて候、
ひろハし中納言殿(守光)

就大藏卿申菅勝寺事、女房奉書如此、可然樣可被披露之由、內〻被仰下候也、謹□(言)、
七月三日　守光(廣橋)
齋藤美濃守殿(基雄)

（7ウ）

四日、丙子、晴、菅勝寺事早朝申遣美濃(齋藤基雄)許、得其意由令返答、長秀(松田)來、山國庄(丹波國桑田郡)又四郎諫(款カ)狀幷伊勢(貞泰・貞遠)兩京亮申狀、正文前〻被入見參者也、同注文、失物正文、以上三通渡之、御料所越州川北庄(越前國足羽郡)、九月御八講前、別而可進上由可被成奉書事、御元服之時被成奉書、其儀可爲如何哉事、加增事、故彈正(朝倉貞景)左衞門狀・延德二年奉書案二通遣之、祐弘(堀川)申事可有御返事処、自大報恩寺捧申狀之間、一往之儀被相尋可被申由」內〻令申者也、法勝寺住持長老秀興令參　內、以前造營　綸旨之御礼事、御扇・引十帖持參、申次諸仲(五辻)云〻、尊勝院(光什)被申次事也、令同道令來賜、余百疋与之、

五日、丙〔丁〕丑、齋、丹後(松田長秀)來、一昨日之趣內々令披露処、一青(能登國鹿嶋郡)事當納事堅御佛事前可進上由、可被
仰候、就其私迄被仰下候、過分尓御免之事申以沙汰仕候方可被仰出事也、六借事者如此被
仰出、如何哉之由也、河北庄(越前國足羽郡)事可被仰出候、但只今當始候、御礼申樣候、使僧一昨日御
對面之事候、定以(×久　不)可有遲々候、聽而被仰出候、又山國事百姓申事入叡聞如此被申之事、
朝倉貞景書狀并に御下知案
一向無覺悟樣之由、条々被申、故朝倉彈正左衞門(貞景)狀・御下知案被返下、委細可　奏聞之
由申者也(令(×入　弖))、以局內(廣橋守子)々申入者也、當番之間令參□□〔勤〕、
六日、戊寅、齋、」
七夕立花
(8オ)
七日、己卯、齋、早朝參　室町□〔殿〕(足利義尹)、兩京□〔兆〕(細川高國・大內義興)・修理大□〔夫〕(畠山義元)〔　　〕弥重、先□草花二瓶御進上、則以
卿(姉小路濟子)內□〔侍〕令　奏聞□□□〔不〕相替可有御進上之由御返事、即以左京亮(藤堂景元)令申者也、毎事籾井相添
半井斷絶
藤原処、半井斷絶之間、伊左京(伊勢貞泰)・右京(伊勢貞遠)兩人相添侍由申者也、立阿聽而渡之、一兩日以前
立阿弥來、花之御催申者也、
八日、大報恩寺申事、祐弘申狀二通、折帋、以局令披露弖、良椿來申云、一昨日被召商人於開闔(飯尾貞運)、爲
兩人近江(飯尾貞運)・美濃、被問事子細、堅申明由申也、
九日、一昨日御花瓶・御盆被出之、則遣立阿許、如此請取有之、毎度先公(廣橋兼顕)之御所爲也、當

立阿彌書狀

時無花瓶間、於地下被借之云々、

七夕　禁裏江參御花瓶壹對、・御盆貳枚、只今返參候、請取□則可□披露候、可得御意候也、恐々謹言、

七月九日　　立阿判

藤堂修理亮（景永）殿

」

後柏原天皇女房奉書

紙公事

隱賣

（8ウ）

十日、遣丹後（松田長秀）許（マヽ）　安樂光院綸旨二通、自頭中將（正親町實胤）持來、使若□、

かミのくしの事、こその春くヽしく申され候へヽ、大しまあまりにしこうなく、ふさたもいたし候ほとに、御さいそく候へヽ、なにかと申入て、あけし□□〔やうカ〕□□〔かカ〕くし□〔うカ〕りつかまつり候ほとに、へちの御代くわんにおほせつけられ候へヽ、あけしやうをつかまつり候て、又たう代くわんもはたし候ヘす候、入候にもつおさへ候、せひもなくおほしめし候、さ候ほとにたう御代くわんちやうさう（定藏院）□□〔ゐんカ〕にわたし〔×くし〕候へと御下知をまいらせられ候へヽ、よろこひおほしめし候へく候よし、御心え候て申され候へく候よし申とて候、

」

（9オ）

十一日、当番、就經師□□（□〔立〕入加賀、）御□□長橋折帋之端如例加袖□□□□者也、於長橋、

也、□

紙公事催促

十二日、遣使者於丹後許、紙公事之事・催□〔促カ〕之処、昨日令披露之処、大嶋緩怠無是非思食、仍可被成御下知之由　上意之由申其由、以文所申入之也、良椿今度商人罷向奉行所、申子細可注進之由申□処、則持來□□間不及写、卷加書狀進長橋処、先來廿日御經□〔供〕養御

御經供養

願帋諷誦幷願文・法花一部以上百五十也、被仰云々、大報恩寺申事、〔依〕長塩喧嘩之事御返事遲々之趣、甘黃（甘露寺元長）被出御返事、烏丸舊跡理覺院境事召行事官（宗岡行賢）申攝津守也（×者）、・內宮申狀自頭弁（甘露寺伊長）被付、穢中之間、可爲如何哉由申返遣者也、

長鹽喧嘩

十三日、

燈籠

十四日、自南都燈呂〔籠〕京着、自室町殿御進上燈呂〔籠〕事自右京亮方申子細有之、入夜參室町殿、申付〔次〕大館刑部大輔（政信）〔少〕也、甚雨下、每年自右京大夫（細川高國）御進上之燈呂〔籠〕也、以卿內侍（姉小路濟子）局申入処、不相替御進上喜思食者也、殊當年之者面白思食由也、深雨之間不及・申（×御）御返事、先刻申次云、御返事之事者何にて可被申、今夜者不可參之由也、」

（9ウ）十五日、丁□〔亥〕、霽、早朝進右京（×上）・（藤堂景俊）於殿中、昨宵之御返事之趣、以申次大館、□□入処、叶時說御祝着候也、

承仕
後柏原天皇女房奉書

十六日、戊子、霽、御承仕之事、如此被仰出者也、大報恩寺申狀及昏被下、
御せうしの事、ふしミとの《邦高親王》へ申されて候へハ、廿日なとの御ようにハ中くとり申候
ほとに、ないく一条殿《冬良》へたつねまいらせられ候はんするとおほしめし候て、頭弁し
ておほ□《せ》られ候やう、御せうし御事かけ候につきて、せつけのにても、御むろ・しや
うれんゐんのにても、もちゐられ候へき、いかゝのよし、御たんかう申され候へハ、
きとハれいなと御かくこも候ハす候、さりなからいつれのせうしをもちいられ候と
も、ことに御寺の事にて、なにのしさゐ候ましきよしを申さ□□《れ候》ほとに、いつれにも
おほせられ候へきにて候、さりなか□《らカ》もとくきん中の御□く□□れ□□かやうの
□□、ほつ中のせうしも、□□御たつねまいらせられ候、□
たつね□、」

木造政宗落馬死去

(10オ)十七日、己丑、霽、連航軒《中山宣親、祐仕》令□《來カ》給、被□□木造《政宗》□去六日罷向國司《北畠材親》、於途中落馬八日死去□
□言語道斷之事也、仍贈官之事俊茂《木造》申上子細ホ之事也、雖持齋一盞動《勸カ》之、入輿早、

承仕

御承仕事申送尊勝院《光什》処、閣長講堂御承仕、他之承仕被《可》用事可有其例、但只今文書ホ被置
山上之間、被引勘重《可》被申候、御承□《仕》□先ゝ六人被召使処、當時一人奉公之間可被進云ゝ、

虎若鞍馬寺代官參詣

針屋逐電

紙公事

細川高國奉書

後柏原天皇女房奉書三嶋暦盜賣

申入此子細処、然者可被仰付云々、燈明・佛供以下百疋、御訪百疋、以上二百疋下行、
十八日、庚寅、霽、鞍馬寺代官參詣虎若、心中之所願皆令滿足、昨日持齋令落間、今日奉納
之、祈念無他、
十九日、辛卯、晴、良椿事文如斯、丹後(松田長秀)令祇候殿中之間、持(〻用)遣者也、委細□(令)披露処、被聞食由
也、於子細可參仕申由申云々、小時長秀(松田)來云、奉書之趣令申入処、被畏了、證人之事於出
來条々次第之儀有之事之間、其程之事可然樣可申入候、針屋逐電事者暫(〻奄)時之由申、始終
不罷上者、良精可爲造意之由被仰下云々、紙公事之事、爲御使丹後、罷出于右京大夫(細川高國)由、長
橋折帋遣之、令披露可罷向由申者也、右京大夫奉書事、當定藏院身奉書之事、何□
□進上云々、當身賜奉書事有子細由申、自然領主改易之時爲」(10ウ)御□、御代官間不可去
渡之由申間、可被請文之由申、但御料所之事者異于他之間、各別由申者也、
ミしまこよみぬすみうりの事、こそに候ヘん、きよのやうにおほしめし候つるを、ふ
しミ殿より、のちの四月候やらん、御申のやうりやうちんてんしよなき事を申候、御
きうめいあるへきよしにて候へは、すてにそのせう人くヽしく申あけて、ことすみ候
所に、なをはりやかちくてんの所につきて、御さたにをよひ候□、はりやちくてん

ハ三月の事にて候、しかしなからりやうせいさういの事候□へるすいりやうの事にて候、そのうへへちのせう人にて、ハやかくしうりの所ハ、とかくのさたにをよはれ候ましき事とおほしめし候、このやうをむろまちとのへ御心え候て申され候ハヽ、しかるへくおほしめし候よし申とて候、かしく、

ひろハし（守光）中納言殿

傳奏奉書

就良椿事女房奉書如此候、早ゝ可然樣可被申入□〔候カ〕也、

十九日　（廣橋守光）

飯尾（貞運）近江守殿

禁裏御所稲荷勸進猿樂

美濃國御卽位段錢

（11オ）

認折帋遣近江（飯尾貞運）許処、□□子□〔細〕□□付丹□〔後〕□及斜陽近江來爲御使、私迄□〔被〕仰下云、禁裏御所稲荷勸進猿樂之事　叡慮被聞食□□〔云々〕、然者□〔不〕可有相違之由被仰下、此由可存知云ゝ、山科後園也、□閣陣家可爲如何哉、内ゝ申入自是可申入由御返事申入畢、

早朝攝津守（攝津政親）・官務（大宮時元）來云、美濃園〔國〕御卽位段錢之事、松雲菴〔軒〕雜掌▨狀令披閲者也、毎事相違申事也、爲如何之、

月變異
占文
乙巳占
天文要錄
天地瑞祥志
稲荷勸進
勸進猿樂
紙御代官

廿日、壬辰、及晩雨下、月變異、在重朝臣（勘解由小路）持來、則令　奏聞者也、
今月十七日戌時、歳《サイ》星与月會、
乙巳占云、月与歳星同宿、其年疫癘、天文要錄云、月与歳星會女主愼、又云、強兵卒起、又云、歳星与月并出中國兵弱、天地瑞祥志云、歳星犯臣謀殺君、子逆敍父、又云、宮室火事、
永正九年七月廿日　左馬權頭賀茂朝臣在富（勘解由小路）
陰陽頭賀茂朝臣在重」

（11ウ）
廿一日、癸巳、及晩〔日脱カ〕風烈、時々雨下、早朝稲荷勸進事近江來、
廿二日、甲午、終雨下、早朝良椿申事、申遣丹後許者也、
廿三日、乙未、霽、爲御使近江來云、江戸〔荏〕（美濃國可児郡）事阿野（季時）證文御披見之処、朝恩之地樣候、今更可被召放事難叶思食者也、青蓮院（尊應）支證令謳哥、此由可然樣可　奏聞由被仰下、委細畏存由申入早、入夜則以文令申処、無御返事、入夜近江來、勸進猿樂之御返事也、強而非被申儀仰無豫儀思食者也、但不綷相調事御不審也、此由免可申由申□〔者カ〕也、定藏院紙御代官事遣奉書者也、今日丹後守（松田長秀）与上野介（齋藤時基）兩人罷向右京兆（細川高國）云々、當番不參、

木造政宗贈官位

廿四日、丙申、晴、木造贈官位間事、申送前内府（三條西實隆）者也、大報恩寺重而申状被下之、則召祐弘（堀川）可遣由所申入也、

（コノ間空白アリ）

（コノ間空白アリ）

(12オ)

法華八講

廿八日、局（廣橋守子）為御使令添給、御八講之事・祐弘事、

（コノ間空白アリ）

廿九日、

占文

天地瑞祥志

乙巳占

今月廿六日戊時、熒惑犯南斗第三星、相去一寸、所留經日也、熒惑者赤帝之子也、主南觀將軍、主歳成敗、司察妖孽禍乱所往有乱疫喪飢旱也、天地瑞祥志云、熒惑犯南斗、天子凶大臣愼、乙巳占云、火守南斗為乱為賊為喪為兵、守之、其國絶嗣、

(12ウ)

又云、天火下燒最室、

永正九年七月廿九日　左馬權頭賀茂朝臣在富

陰陽頭賀茂朝臣在重

神宮正印文書并に荒木田興光敍爵

神宮正印之文書并興光《荒木田》敍爵事、自頭弁到來、則令　奏聞、無御返事、

八月一日

公武御憑

一日、壬寅、晴、公武御憑如例年、祝着〻〻、依歡樂不能出頭、怖畏之事也、昨日令　奏聞正印文書等被返下、叙爵事　勅許也、則頭弁(甘露寺伊長)遣一通者也、自長野(尹藤)熨斗蚫千本・書狀等有之、

蓆公事
紙公事

二日、癸卯、自伯(白川雅業王)許有使、席〔蓆〕近江、公事之事・紙公事之越□〔度カ〕定藏院押之云〻、則相居之処□〔止〕其□〔綺〕由□□、

後柏原天皇女房奉書
公領

(13オ)

三日、甲辰、霽、松田對馬守(英致)來、□□□□□祈事也、□□、「

くりやう(公領)右衞門□〔府〕□□□〔申〕さ□〔たカ〕□□、やかて御返事申され候ハんするを、ないく大ほうをん寺より申候しさゐ候ほとに、さいわう御たつねの事にて候へハ、そのしちなき事ともにて□〔候カ〕□□事におほしめし候、かんよう、す百年たうちきやうの事にて、百しやうなとも大ほうをん寺へさたいたしたる事ハ、きゝもをよひ候ハぬよし、申され候へハ、たうちきやうにまかせられ候、くりやうをまつたうし神やくかやくけたい候ハぬやうに、御下ちをなされ候ハゝ、よろこひおほしめし候へく候よし御心侯

て、よく申され候へく候よし申せとて候、かしく、
ひろハしの中納言(守光)とのへ

四日、御祈日次九日・十一日間、御祈折紙到來、披露以後可申付之由申了、禁裏ヨリ六百疋、

後柏原天皇女房奉書公領

(13ウ)五日、早朝祐弘(堀川)申事、申遣丹後(松田長秀)許処、条々有申子細、仍改奉書參殿中」由申間持遣者也、

くりやう(公領)右衛門府かしわはたけの御きうめいの事、やかて御返事申され候するを、大ほうをん寺よりない〱申しさゐ候ほとにきこしめし候へハ、そのしちなきなとも□〔なカ〕され候へハ、かんよう、す百年たうちきやうの事にて、百姓な□〔とカ〕大ほうをん寺へさたいたしたる事ハ一からなきよし申候、たとひしさゐ候とも、右衛門府にハすけひろ(堀川祐弘)一人にてハ候ハす、しせんかやうのりつすいの地なとちかひ候てハ、四はうはいかするまて□いし〱たま〱あいのこり候、くしにも御ことかけ候ハんする事にて候へ□〔ハカ〕、たうちきやうのむねにまかせ、くりやうまつたう候ハゝ、よろこひ五日おほしめし候へく候、てうていれいらくにて、なに事も候ハぬとは申なから、ふとしたるちんのせん下ふせいも、く人一人も候ハねは、たちまち御事かけ候事にて、ゐかゝ候やうに申され候、このよし□□□、申され候へく候、かしく、

後柏原天皇女房奉書

一、大くら卿《東坊城和長》か申候、千ほん菅せう寺分の事、そのゝちに□ちうよりれんしよをなしてかやうになけき申候ほとに、かさねてむろまちとの《足利義尹》へ申され候ハんするを、大ほうおん

菅家三代

寺よりゑもんふにつきての申事御きうめ□《い》の事にて、これも□□かん家三たい《清公・是善・道眞》の

（14オ）

□□」年まつハたう□□しゆこけいはう□□ちん□□□もて□□□そのせうせきにも、もみゐな《籾井》□□《とカ》たし□□代くわんいたし候よしのせ候、しやうともまいり候、かやうに候時ハいつ比ちきやういたし候やらん、こすゐつな《阿野季綱》へかし候時たうち行さい□《所カ》ゆへなく申かすめ候事、おとろきおほしめし候、□《きカ》と申され候ハんすれとも、かへり候てめいわく□□を申いとはんとおほしめして、しさゐあ□□《るカ》にて候ハゝ、くハしく申入候へ、しやうれんゐ□《ん》□□へ申され候ハんすると、ないく〳〵ねんころにお□□《ほせ》られ候へハ、いかさましせうをいたして候□□《入カ》□《に》申候て、ふさた候ほと

（14ウ）

にたひ〳〵御さいそく□」にて候つれとも、つゐにまいり候ハす候つるに、いま□いかやうのせうもんにて申候やらん、御ふしんこの事□□《に候カ》ほとにかさねてこさゐ候、申され候、このよし□心え候て、むろまちとのへよく申され候へく候、

隱賣
變異御卷數
逆鱗
良椿反坐
岡殿奉行
般舟三昧院大破

ひろハし中納言とのへ

以正益〔家〕申遣処、近江直(飯尾貞運)聞之、此趣可披露由申者也、

蓮泉院(光盛)(速水)被來、荏戸(美濃國可兒郡江戸)事近江申候也、

十六日、晩頭丹後(松田長秀)來云、良椿事・隱賣事、就是□(非カ)有糺明者兩二人(マヽ)一人御罪科勿論、然者自他不便之間、先以後隱賣事堅申付、此度事者寛宥可然思食、就其者隱賣事良精知行之時良椿仕タル由申間、□(凡カ)［　］御糺明□□(被カ)仰下、□□□(委細可カ)存由申入㕝、」

(15オ)

十七日、午、時々小雨［　　］就無疑者也、

十八日、未、依當番八時分可參候、變異御卷數悉結之持參、申次卿内侍局(姉小路濟子)也、其後以局一(廣橋守子)昨日自　武家(足利義尹)被仰下良椿事申入処、以外逆鱗也、兩人一人御罪科之事勿論也、被遂御糺明□□(良椿カ)御罪科ニ就落居赦免ナト被申者、又其ニ就□(テカ)可有　勅答、又良椿反坐事ハ自業身不□(及)由被仰下者也、今月▨聞事中御門(宣秀)被申□路事、檀那院(證嚴)申子細之事、於長橋被仰子細□□申入所存之分㕝、

(15ウ)

十九日、岡殿御奉行之事、重而可御催促申□□、」於伏見　室町殿(足利義尹)御燒香事泉涌寺可然歟□□謂者雲龍院于被引墨(黑)戸御葬礼も於□□御沙汰之間、旁可然〔被〕思食者也、殊般舟三昧［

□以外及大破間、旁見苦敷思食、此由内□□〔〻カ〕以叡心之趣可申云々、安樂院談義□□〔光脱カ〕明日
雲龍院御受戒參懃之間、被尋聞□可有御返事云々、良椿事仰之趣罷請□〔前カ〕内府〔三條西實隆〕此子細申処、
隱賣
今度事自武家被申様、先御沙汰可然歟、以後隱賣事堅被仰付者可然之由□□□□、拙
(16オ)
者此子細内々□□入相通之様□□□申処、先此分□□有之、以某可被
□□良椿又其定□〔欤カ〕、此子細以局申入処、雖被前内府申、前々時宜難有御心得之間、昨
日〇〔可爲〕被仰下趣、但今所申ニ賛テ一廉〇〔於〕有之儀、其子□〔細カ〕可有　勅答云々、畏存由申入早、又
此子細向前内府令申者、軈而新中□□〔納言〕〔三條西公條〕可祗候間、此由申〔可〕入云々、新中納言令祗□□〔候〕前
内府所申令披露処、同篇之御□□也、此子細前内府折帋有之、」
紙公事
紙公事之事、定藏〇〔院可〕被相添上使之由以書□申上事、令　奏聞処、可相添上使〔被〕□不可叶
(16ウ)
皮蓆公事
候、就其蓆〔皮カ〕彼公事之事被仰下、又申子細□□〔有カ〕内宮申事可相尋大宮司事、先度〇〔以〕五万疋宛
假殿遷宮
□造營事□□〔可申〕沙汰事、又假殿迁宮事内宮一向不所□申如何、又同時事始事不承伏之
由申、此三ケ条□内々被尋聞者可然之由前内府被申〔又申〕間、此由申入処、□〔被〕聞食由也、則雜
掌之事、前内府ニ可召賜由□□早、
意見
齢阿彌生害さる
廿日、召丹後〔松田長秀〕□〔処〕、意見之由申不來、齢阿弥被生涯〔害〕云々、

岡殿奉行
盜賣
檀那院證嚴書狀
御懺法講
大原寺務

（17オ）

廿一日、自南都修南院(光慶)・東院(兼繼)、有返事□百疋宛愛子(廣橋兼秀)合力云々、珎重々々、

廿二日、丹後來、御燒香[　][　]□(一カ)青(能登國鹿島郡)事・川北(越前國足羽郡)事先度仰□内々申入処、泉誦〔涌〕寺[　][　][　][　]一青事堅雖被仰[　][　]、[　]川北事可談合伊勢[　][　]可申由被仰下、何も[　][　]、

廿三日、召丹後、良椿事・同岡殿御奉行事、　勅定之趣申入旱、良椿事不可及御糺明、寬宥事被申、以後之儀嚴密於被仰付者可然樣被計可(×可)申云々、以後良精盜賣仕者不及達上聞▨生涯〔害〕由爲良椿可申付□〔候カ〕由可□□□事、又良精ニハ被起□〔請〕文於書堅被仰付由申候、

來月於禁中三ケ日御懺法講事、就大原寺務之儀可令參懃之由被仰出候旨謹承候旱、不堪至極之上、雖每物不具候、涯分構得可應召之由存候、就中大原僧侶參懃事可令下知候之處、□乍不慮違乱子細候、此寺務事梶井宮(堯胤法親王)御管□〔領カ〕在所候、然處先師良證僧正大智(足利義視)院殿御時御□〔祈カ〕[　]以下、每事就存懇切之儀、依彼御擧達令拜[　]、其後毗沙門堂(忠承)無謂被申請候、雖然与地下有不□□錯乱之儀候ッ、隨而去延德之比、以異于他由緒爲□□〔梶カ〕井宮同武家被成安堵之御下知領知如元[　]、其以後大樹(足利義尹)就北國御下向、又毗沙門堂被申□[　]代官相語奈良修理亮(元吉)梶井宮御直書以[　]儀不□之条不及力候、仍去年十一月

（17ウ）

梶井宮以□□御申之上、任由緒御下知嚴重事候處、奈良号先寺務代官、以細川右京大(高國)
夫下知、寺務德分□(同)諸入免ホ、悉可令進退旨相調觸候、寺務□□(儀カ)共不能承引候之間、
十二月中旬之比、自大原令出京人馬百餘搦置候、其外雜物ホ彼修理亮奪取、人民愁歎
無極之□□大夫仁雖相□□(則去カ)事、□□四月爲　武□(命カ)□、」（18オ）大内左京大夫(義興)□
□行候、以事之次毗沙□□(門堂カ)□議子細ホ、左京□□(大夫カ)被仰分候、自　大智院殿以來
爲曇花院殿(祝溪聖壽)每□懇御事候之間御憐愍事候、今度御法事大原僧衆參勤之儀、無通路者一
向難叶子細候条、早〻以綸言室町殿(足利義尹)江被仰出候者、一段□御成敗候哉、此ホ之趣可然
樣令　奏聞給候者可爲本望候、恐惶謹言、
八月十九日　證嚴(檀那院)
中御門殿　」

公事盜賣落居

（18ウ）
廿四日、丹後來申云、良椿事良精尓以後不可仕由請文□事、可被仰付者、今度之公事盜
賣事落居之段也、就其□□被御罪科(猶)豫哉、於此段者難被仰付▨良椿方御下知事者以
□(後)□尙〻慥以證據可申由其時堅可有御成敗由、可然樣令申(ゝ可)□岡殿殿(マゝ)可被仰付齋藤上野(時基)
介由也、其次檀那院被申大□□(原カ)事先度遍□雖被申如斯申間、書狀被入見參、尙〻□□(猶カ)

紙公事
可被仰付由丹後申者也、明日可令披露由申㆑、□當番之間令祗候、紙公事・岡殿事・
同良椿事申入処、此武命難御心得条〻被《有》仰下旨、守光申云、先內□可有御談合由申入㆑、

知仁親王蘇合御傳授
今日親王（知仁親王、後ノ後奈良天皇）御方蕉合御傳□□（授カ）、

隱賣
廿五日、早朝向前內府（三條西實隆）、（×此）・以子細良椿事申処、於于今者雖《被》兎角申不可爲其（×有）▨肝要、以後良精
隱賣不可仕候、聽被仰居事肝要由□□□□令歸參申入処、其趣可申云〻、日野（內光）□□
（19オ）
事□□」年度千疋御經□□下間申中山（康親）可申狀□□申入㆑、

葩
廿六日、葩事申遣日野許処、他行由□（申）、

紙公事
紙公事之事条〻被仰下子細有之、

（コノ間空白アリ）

廿九日、丹後來、葩事令談合子細有之、內〻令申局葩□（事カ）、文明十四度注文求內〻注折帋遣
丹後、內〻參入江殿（椿性）御談□□（合カ）可申入由令申者也、

（コノ間空白アリ）」

葩
（19ウ）
卅日、庚（辛）未、晴、今日內〻愛子召具參室町殿、豫令談合伯□□時宜、御太刀金、進上、御折
五合・御柳五荷令進上、予分調之、申次伊勢□御盃頂戴、祝着此事也、御酌一色兵部大輔（尹泰）也、

則令退出□可祇候兩京兆（細川高國・大内義興）被召之間、可被下一盃由以伯被仰下間、□□（宮カ）入早、兩京兆歡樂、修理大夫（畠山義元）計祇候、及秉燭退出、沈醉滿□□（足此カ）事、

〔九月〕

九月一日、壬申、霽、昨日ヨリ令局（廣橋守子）來給、条々仰之事有之、第一□□事就被仰付良椿、故少納言良世法眼諸事良椿子々千代□（尓）可被仰付之、先此趣可申良椿云々、晩頭來間、則仰之趣被申聞□叡慮忝者也、但出頭之事急度難事行由申間、此言上□先畏存由可申由申含処、畏存由申間、則此由令申于局早、以外昨日之祝着、今日自方々賀來、沈醉無他、祝着々々此事也、」

(20オ)

□（三）日、飯尾下野（之秀）介（守）・同三郎左（飯尾爲完）□□（衛門）來、四条隆永卿敷地大館□□守跡同名（大館政重）刑部大輔拜領之処、其跡□□（相語カ）細川方不事□□□□云々、言語道（断脫カ）之事也、當時代官之事強（マヽ）方之儀堅制禁之処、如此之儀驚思食由上意無餘儀、此子細聽可申遣由申入早、

四日、四条（隆永）許江申遣此子細処、則令來給被申子細有之、書狀如此、

（コノ文書全體ヲ斜線ニテ抹消サル）
「就柳原敷地之儀爲　上意被仰下之旨、謹承旱、一向不□無事候、迷惑仕候、彼地代
官職之事、自故一位入道□晴〇□申付候、隆永每事無分別之事候間、至于今悉皆預置也、
□□仰之儀繹驚入存候間、彼代官召寄相尋候處、大□〔館〕□□、尤刑部大輔拜領之敷地事
令任御參集旨□□□違之由存之間、申付他人之間、不存緩怠由申行□□計也、一向無
之在所之間、不存知仕由申候、何□□□尒仕候由、以被仰下之旨、堅加折檻乍次申□

（20ウ）

□□」故一位入道被懸御目、細々祗候仕事、於心中者□□異于他存候、然上者、更以
不可存緩怠事候、此□□趣可然之樣御披露可畏入候、恐惶謹言、

九月四日　　　隆永

廣橋殿」

四條隆永書狀
柳原敷地

就柳原敷地之儀爲　上意被仰下之旨、謹承了、一向不存知事候、迷惑仕候、彼地代官
職之事、自故一位（四條隆量）入道□□川可申付候、隆永（四條）每事無別分之事候間、至于今悉皆□（預カ）置候、
彼者卒尒之儀仕候、隆永被官之儀候者、卽時令加成敗事候、他家へ罷出候間、不及力
一段迷惑仕候、堅可加折檻候、故一位入道□□子細□□仕事候、隆永依愚昧難

花山院政長書狀
御懺法講
中間狼藉
應仁亂後寺退轉

(21オ)

「□□」此寸之趣可然□□、
九月五□〔日〕　　　□□〔隆永〕
廣橋殿(守光)
此隆永書狀遣下野(飯尾之秀)許処、申合三郎左衞門(飯尾爲完)可披露云〻、

(21ウ)

御懺法講參仕事被仰下候、家領應仁乱後如形□沙汰之分、永正五年已來各無沙汰之間、難事行□□□〔迷惑無〕極候、殊富永庄(美濃國山縣郡)事、從往古當知行無相違之處、永正五年十二月十七日祥雲院構虛言御下知掠給候之間、同□廿四日御不不(衍)審之由被尋仰、卽注進及御糺明□□〔者カ〕落居之処、其間年貢押取之条、中間狼籍〔藉〕候、□□殊奉書不及加判之由、諏方(長俊)申候、就中請□□〔建仁カ〕寺古今度〻嚴密致請文、執沙汰候□□」八千五百疋令請口、四千疋仁減少之御下知申給□末代迄難堪次第候、前〻寺家侘言仕候時、□令免許候き、然而今度御下知申請事、無其□迷惑至極候、次花山院護法院事、爲當家隱居所進退候處、應仁乱後寺退轉之間、寺領□〔山〕科(山城國紀伊郡)厨子奥・伏見(山城國紀伊郡)公文名令知行處、被□□□已來三會院(臨川寺)申給之条歎存候、被仰出候樣□奏聞可爲祝着候也、謹言、

八月廿三日　判（花山院政長）

中御門中納（宣秀）□□（言　殿）

良椿書状

（22オ）五日、良椿書狀持來、前□□相調于良精由申付□□、

被仰付少納言法眼□□□□□（良　世カ）、

大鳥神社京神主職

一、和泉國大鳥京神〈主〉職事、

一、竹田（山城國紀伊郡）御塔御經田事、

大經師由緒の地

一、一条烏丸西頬屋敷事、

此外雖不知行、〈爲〉由緒之地所々在之、良世諸職御文言被成下者、連々可申上候、

九月五日　兵部卿法橋　良椿判

條々武家に申さるる事

（22ウ）

前內府（三條西實隆）書狀并折帋令　奏聞処、委細〈被〉聞食　勅裁事可□□（申　頭カ）中將由勅答也、

条々被申武家（足利義尹）事、

一、大原法事、檀那院（證嚴）申大原法中被明条被思食事、

一、御用脚事、于今不事行、可爲如何哉事□□、

一、花山院（政長）被申事、申狀有之、但諏方早出之間不申子細者也、

一、南禪寺栖眞院之衆僧宗西堂建長寺住持職事、功德成之事也、先々〈母〉如此御佛事時必被申間、無相違者、可〈被〉喜思食由被仰下者也、

一、上村事(丹波國桑田郡)、當納分事、　一、青事(能登國鹿嶋郡)、同、

此条々午之斜計以局(廣橋守子)被仰下、其子細則參武家之処、□□(於カ)路次丹後(松田長秀)花山院爲御使餘上野介(齋藤時基)兩人云々、相逢間申合此子細処、先可▨(▨參)由申間、相共參□□、申次伊右京亮(伊勢貞遠)也、条々申入処、大原之事御懇之　勅定畏思食由也、

御懺法

上村事御懺法以前可當納由堅被仰付右京大夫(細川高國)早、畏存由▨申、猶堅可被仰付事、一青事堅被仰付早、但近州□郡□□修理大夫(畠山義元)方江罷出者、二三十相留間珎事云々、宗西堂建長居典□(分カ)事被蔭(仰付)亮(凉)(東雲景岱)可被成御判事、則以丹後可被仰付事、何も可然様可披露之由丹後申者也、

葩

葩事□□▨被仰付□□□比可有□由被仰下由相語者也、

凡□□□疋次□、」

(23オ)

變異御祈紙公事

千疋請切

變異御祈正印□(文書カ)□□□午之時分可有御頂戴□□□以局被仰下、紙公事事定藏院□所務上使□□千疋請切事、此三ケ条之內、被仰下(可)被所存(尋下)之間、過分之在所千疋尓可請切事爲後證不可然、先有所務之分、可然之由申入早、上使是不叶事也、然者拙者可申付定藏院之由被仰下、前□□筋目而可被仰下由申入処、然者可被仰下、自守光□母如此之子細可申遣由申入早、

(コノ間空白アリ)

小番

廣橋家雜掌奉書禁裏御料所紙課役

變異御祈

後土御門天皇のため三七日御精進

六日、丁丑、雨下、及晩頭參小番者也、昨日之趣定藏院ニ有所務□□申遣之処、午陰之時分來、
爲有所務一兩月之事可執沙汰由、堅可□□折帋由申間令披露、依　勅定可書遣由申早、
定藏院申事□□　奏聞処、可書遣由勅答也、相番鷲(鷲尾隆康)実父代、(四辻季經)宿直御方御所諸仲(五辻)□□宿衣者
也、以外深雨下者也、

(23ウ)

七日、戊寅、早朝退出、定藏院折帋如此書遣之、御月宛之事者□□□申次之方可進上、此折帋
事者先勅許之間、書遣由申□□得其意之由申、
禁裏御料所紙課役事、自去月十一日荷物被□□云々、然者如請文毎月三百疋之旨可有執沙
汰処、被申馬□□之間、一兩月事者、先爲有所務嚴密可有□□候、然上者、依所納員
數重可被仰下候也候也(衍)、恐惶(謹言カ)□□、
九月七日　景俊(藤堂)
定藏院殿へ
午尅計持參　正印之文書於室町殿、今度變異之御祈也、則御頂戴、申次種村刑部大(少)輔(視久)、就其內宮之
正印文書ニ今度□□□(訴訟)裁之、此儀御不審者也、可相尋時元宿祢(大宮)由申入早、同廣田御卷數
御頂戴、其後有御酒、自明日奉爲先皇(後土御門天皇)三七日御精進也、仍兩中雖非思食□(日脱カ)也、數盃可

□〔預カ〕□□□〔仰下カ〕□□之、上意毎事參者也、□者也、沈醉難堪者也、

□、」

花山院懺法自訴

（24オ）

八日、己〔戊〕丑〔卯〕、召時元宿祢□令申奉行早、御祈正印□御祈禱之間、先進上仕由申□□〔者也〕、召□如斯□云々、相調折帋可進上由申者也、

花山院就御懺法自訴事、此一兩日申左近大夫〔諏方長俊〕処、遲々□□〔之儀カ〕相來間、彼書狀・折帋才渡之、仰之趣申処、則可披露云々、良椿綸旨事如此、御懇遣頭中將〔正親町實胤〕許、良椿□之者也、

後柏原天皇綸旨　御書所經師職

御書所經師職事被仰付早、故少納言良世法眼知行、和泉國大鳥京神主職・竹田御塔御經田・一□〔條〕烏丸西頬屋敷才事、任由緒子々千代一□同可存知者、

天氣如此、悉之以狀、

永正九年九月五日　―〔正親町實胤〕

大經師良椿法橋殿　」

傳奏奉書

（24ウ）

御書所經師職事、被仰付良椿早、□□□□〔故少納言カ〕良世跡事、任由緒子々千代同可存知候□〔由カ〕如此可被成　勅裁之由被仰下候、恐々謹言、

題菊叢競芳重陽の節

美濃國富永庄年貢未進

後柏原天皇女房奉書岡殿寺領丹波國佐伯

九月五日　　〻〻（廣橋守光）

頭中將殿　上表正親町（實胤）殿御方

（25オ）

九日、庚辰、晴、依不具不能出頭、今日之題菊叢競芳□（如カ）形綴之、備　叡覽奉懐帋者重陽之節之無事滿足□□、花山院被申事、昨日之武命如何之由相尋左（近カ）京大夫（諏方長俊）処、□□（可カ）申入処、

・昨日參詣因幡堂（平等寺）処、不慮酩（酩）酊于今遲〻自由之□（至カ）、仍富永庄（美濃國山縣郡）年貢未進之事、去年御下知以前之年貢□□申、惣別如此委細無之間、雖被仰出□□是又當時無運送間以□□於所納者堅可被仰出□□」重御返事可被申□□□先申送花山院処、□□先□□之事者、御□前被仰付様□□之□（取）□□（取カ）□返事也、難盡書狀間、未經　奏聞、聽昨日文龜三年御懺法、中御門大納言（宣胤）一卷返上之次之由、室町殿御返事□之子細、重而可申入由申入早、

十日、辛巳、入夜時雨、先度申請御次第兩卷疊本一、卷本一、加書写□□秉燭返納之、無返事、

おか（岡）殿の御寺りやうたんはのさいき（佐伯）（丹波國桑田郡）の事、一たんとかた□（くカ）おほせつけられ候て、まいらせられ候ハヽ、よろこひおほしめし候へく候、まめやかに候、この御寺りやうよりほかにハまいり候所も□□かやうに正たゐなく候てハ、ひめ宮（覺音）の御かためしまい□

ましきとおほしめし候、このほともしゆそうも□［　　］にんの事にて候ほとに、きと
おほせいたされ候て、［　　］このふんにてハ御寺もたいてんにをよひ候御事［　　］よ
しよくむろまち（足利義尹）とのへ申され候へく候、かしく、
」

傳奏奉書

(25ウ)
岡殿御寺領就丹波國佐伯事、女房奉□〔書〕□□可然樣可被申沙汰之由被仰下候也、謹言、
九月六日　　―（廣橋守光）
齋藤（時基）上野介殿

此女房奉書、去六日松殿（忠顯）持來、則卷添書狀進□□、
十一日、壬午、霽、自花山院有使、富永事上意之間可致堪忍□□其護法院事、叡慮之趣可・（〆被）申達
之由也、仍飯尾近江（貞運）奉□〔書カ〕案反古裏、・同避狀案可返納之由被命間、使杉岡平左衞□〔門カ〕渡之者也、
十二日、癸未、晴、護法院事、昨今催促之処、今朝申旨昨日三會院（臨川寺）相尋申狀進花山院云々、使
景元（藤堂）、□〔爲カ〕相博于山科（言綱）宿令勲厚者也、
(26オ)
十三日、甲申、室町殿爲御使［　　］之、花山院護法□〔院カ〕［　　］」今日□勸修寺早案〔草カ〕可□〔參〕
［　　］歡樂由申間、今日［　　］、

後柏原天皇女房奉書大内義興上階御禮

十四日、乙(×甲)酉、晴、四過程參長橋、豫左大丞(勸修寺尚顯)祗候、申次大典侍(廣橋守子)局也、条々被仰下事、兩人(勸修寺尚顯・廣橋守光)參室町殿、以松丹後守(松田長秀)申入処、御返事委細被仰下候、其子細□□歸參申入早、申次又局也、

武家申次伊兵庫(伊勢貞辰)□□御對面、

一、御聽聞三ケ日事、廿五日可有御參由也、

一、役所之事、堅可被仰付云々、

一、上村(丹波國桑田郡)事、五千疋可進納之由、只今申入程也、此由可然樣可申□、

一、一靑(能登國鹿島郡)事、近州無通路間、一向迷惑由申間、猶堅可被仰付□、

一、栗眞庄(伊勢國奄藝郡)事、明日浦山ﾆ被仰付云々、

一、御燒香事、可爲泉涌寺、廿七日可有渡御由也、

一、南禪寺仙館院僧禧(周禧)首主(座)諸山西堂事□、不遂秉拂僧之事、堅停止之由已被○成御判、

雖然被相尋重□、

(26ウ)

十五日、丙戌、晴、上階礼事可催促由被仰下、爲兩使前内□余靑□遣神代紀伊守(貞總)許申処、于今

遲々、失面目者也、一兩日中可進由申□、

さきやう(大内義興)の大大(衍)夫上かいの御れい、いまにまい□(り)□(候)へ□(てカ)ふさたかましき事にて候に、

よろつ□まきれ候て、かやうに候事候やらん、御申つ□〔き〕□れうしにもなり候事にて候ほとに、めてたくまいり候やうに、とゝけおほせられ候へく候、なを〳〵さい京のとりみたしなとにてうちまきれ候らんと申候事よく候、かしく、

ひろハし〔廣橋守光〕とのへまいらせ候

（27オ）

御懺法講中日御参

後柏原天皇女房奉書

後土御門天皇十三年忌

（27ウ）

早朝畠山〔順光〕式部少輔室町□〔殿〕□沙汰之処、一向難事行被失却□□□」可然様可　奏聞、先被□是も種〻被仰付伊勢〔伊勢貞陸〕□〔守〕□□由申者也、此由令　奏聞処、如此有　勅答、御諸□〔願〕□同中日御参可然之由被申、参室町殿、中次種村刑部少輔〔視久〕〇〔奉〕御□被聞食条〻被仰下子細有之、中日御参之事者重而可申入候、

御ようきやくない〳〵万疋まいり候、よろこひおほし□御れう所にも、思ひのほかにけふにまいり候ハぬほとに、よろつ御とかうも候ハぬに、御ねんころにおほ□〔せ〕つけられ候事、一しほなる御事にて候、まこと□御上らくの事、あさ夕まちまいらせられ候つる□御そいにて御十三ねん御申さた候とき□□〔たカ〕におほしめし候、返〻たう時よろつおほ□〔し〕めし候はかり候に、かやうの御沙汰文にも□されかたく候へく候、なを〳〵御心え候てよく申□□」よし申とて候、かしく、

ひろハしの中納言(守光)とのへ

可被進　禁裏御經日次事、昨日〇可申在重(勘解由小路)由以右京亮(伊勢貞遠)被仰下□□、日次事令申処、如此注進以伊勢
兵庫(貞辰)令披露処、兩人(廣橋守光・勸修寺尚顕)可□□由被仰下、則申勸修寺早、

禁裏御經日次勘文

可被進　禁裏御經日次、
今月十九日庚寅、
九月十四日治部卿在重

(28オ)

十六日、丁亥、陰晴不定、昨日自室町殿御進上御折帋万疋之内先□(五カ)千疋事、昨日先(×可)可有進上
候、委細者被仰〇(付)右京亮、終日相尋□□(之処カ)無其儀、(×早)今朝遣使者於右□□(京亮カ)許令申□(処カ)、□
□相待使者伊勢方江遣□必可〇(有)之上者、尚可相尋由□諏方左近大夫(長俊)
為□処、先御代知行(ホシイマヽ)之処□□(知行)之処、□重令□□(沙汰カ)之間可返付□(由カ)被返付□(之カ)年、
今日致所□(務カ)□□各者伏見殿(邦高親王)御押領丹波之内知行(寺領)者御沽却候、如形□□山科厨子奥計
候、雖然御誕生日年始歳末之音信□御檀那可分之由可(被)召放事如何由申候、如此候□時

御門役

(28ウ)

□□子細欤之間可被如何哉之由、可申入由被仰候□□、則可披□〔露カ〕由申入畢、
丹後守〔松田長秀〕來、周禧首主〔座〕諸山西堂事委細被仰下、未遂秉拂僧事者者〔出世之事爲〕ｏ學文〔問〕稽古可被成由被仰
定□爲仰出也、可然之由制法可被破事、可然之由申間、可然之樣可申□、
一、一青事、堅近州無通路間、於京都可奔波由堅□□、
一、上村事、旁以万疋可遣由、今日以右馬頭〔細川尹賢〕被仰付□、
一、御門役事、四足▨▨▨〔清淨夜前事〕者者可存知、余之御門之事□□、」
爲□□申、尚々堅被仰付畢、
入夜參　內、兩奉行〔松田長秀・松田英致〕申間事、內々令　奏聞処、□諸事此樣可被仰由也、申次卿內侍殿〔姉小路濟子〕、
丹後申事以局令　奏聞処、周禧首主〔座〕事□制法事無御存知由▨〔不知食間〕仰付被仰畢、殊學文〔問〕稽古
於□□門者不可及是非之由　勅答也、御料所之事、猶堅可被仰□□被仰下畢、先御進上
之御用脚事、右京亮・松田對□〔馬〕〔英致〕有申旨、相尋來、禁中內々申長橋〔東坊城松子〕三日之間被□者也、
十七日、御門役事、對馬〔松田英致〕來申旨有之、
入夜自對馬方有使、御用脚五千疋分、明日早々可渡由申、曉申長橋□令返答、廳而可□〔令カ〕」
申ｏ長橋、被成其意由也、

御要脚請取

生嶋子得度挨拶

(29オ)十八日、早朝式部少輔（畠山順光）□□今日可有進上由、則□□住持事不相置事、如何様之儀哉之□〔由カ〕□如何様可申入由申候、御用脚之事早朝申對馬□□請取持來之由申間、則兩人（速水家益・田口久秀）請取分遣□□御用脚人夫使以下申長橋処、田口弥（久秀）□□〔三郎〕□被相添之、則遣玉泉坊処、未到來、所納時□左右云〻、八時分申案内間、兩人罷向請□〔取カ〕物也、納長橋同御請取有之、松田對（英致）召雑□〔掌〕殿中、相殘五千疋分可渡之由如此有□請取之事申間、則書田口云〻、幾〔生〕嶋子御承仕之間、令得度間、礼來云〻、出納□□〔之カ〕候、」

(29ウ)「禁裏（コノ文書全體ヲ斜線ニテ抹消サル）

御進物八月合〔分カ〕、

合伍十貫□、

右且所請取如件、

御進上御佛事、

禁裏御進上之要脚、

合伍拾貫文者、

右万疋之内所請取如件、

永正九年壬申□

□」

廣橋家雑掌長橋局雑掌請取狀

（30オ）

請取申　玉泉□（坊カ）□（要カ）□

合五十貫文者、□□

右御進物之内且所請取如件、

永正九年九月十八日

廣橋家雑□（掌）
家益（速水）

長橋家雑掌（マヽ）
田口弥三郎
久秀

松田對馬守（英致）殿

室町幕府奉行人連署奉書

（30ウ）

赤松（義村）進納内五拾貫文可渡申傳　奏雑掌之狀如件、

九月十八日

英致（松田）

貞運（飯尾）

玉泉坊

廣橋家雑掌長橋局雑掌請取狀

請取申　要脚事

合伍十貫文但都合兩度万疋之內、

右爲御進物所請取如件、

永正九年九月十八日　家益

(田口)久秀

松田對馬守殿

（コノ間空白アリ）

後柏原天皇女房奉書

(31オ)

廿一日、申遣諏方□□□、

くわさんのゐ(花山院政長)□(ん)□□さんきん大きにつきて、こほう院事さりかたく申候、三ゑゐんよりも□事しさゐあるやうにハ候へとも、寺たいてんと申、かもん又ふりよくはうにすき候、そのほとの事おほせつけられ候やうにと又申候事にて候、なときにてもちきやうともてに入候ハヽ、もとのことく返しつけ候ハんするよし□□このよし御心

え候て申され候□□」よし申せとて候、かしく、

　　　ひろハしの中納言とのへ

（31ウ）

廿二日、

泉涌寺御經奉納

泉涌寺御經三千疋御奉納之事、御懇之由ニ□事、又御參　內事、天龍寺先住南禪寺居公帖分事、昌明（天岸）大和尚競望事□信濃國善應寺寺（衍カ）任〔住カ〕持也、善□□□別而可爲御佛事專一由申事・北口門役所開闔（飯尾貞運）存知畏申事・常□〔傳カ〕寺放免事　綸旨三通□□□□」条々仰之趣以□□□被仰下《と》畏存者也、□□□免事迷惑思食者也、南禪寺居公帖□□承申、何可有御尋由也、常傳寺事者有□□〔子細カ〕、奉行重而可申入之由也、左近大夫（諏方長俊）申花山院被申□□□〔護法院カ〕の事、當寺々社本所儀不可然思食候へ共、當□□懺法被申事可成御下知由御返了、

常傳寺放免

（コノ間空白アリ）

（32オ）

廿三日、

後柏原天皇女房奉書樂所輩連署

かく所のともから、れんしよして申候事、ふけよりいまたなにとも御返事申され□〔候カ〕ハす候やらん、かけのり（山井景範）一人にて候ハす□みなれんしよして申候事にて□□」これゆへみなまいり候ましきやうに申候□ちんし候たる事申入候、しかるへきや□〔う〕□

（32ウ）

御返事のやうをさいそく申され候□□よし申とて候、かしく、

ひろハしの中納言との へ

御懺法講初日

廿四日、景範（山井）申事、如此奉書入夜到來、今朝未明遣諏方左近大夫（長俊）許、則令披露可被成御下知之由以□（折カ）帋申送者也、今日御懺法講初日也、四時□（分カ）□□八時分始行、參仕之輩注別帋、左近大夫折帋如此、

室町幕府奉行人奉書

山井安藝守景範申美作國（勝田郡）梶並庄事、被成御下知候上者、可參懃御樂□□付候□□（可カ）被申□□出候、御意得可預披□（露カ）□□、

九月□（廿カ）□（日カ）□　□□（長　俊カ）（諏方長俊）

藤堂（景元）」

（33オ）

御懺法講中日

廿五日、御懺法講中日□（也カ）、□□尤可□□□□闕如召渡五条（爲學）、同令不參、且存公平故也、

大内義興上階御禮

今日左京大夫（大内義興）上階之御礼二千疋、轉法輪（轉法輪三條實香）雑掌沼（沼間敦定）右京亮・余雑掌納長橋（長橋局官女）、右京大夫請□拙者雑掌請取取替之、兩人罷歸者也、□□子細有之、委細沼狀有之、

御懺法講結願

廿六日、御懺法結願也、天氣晴、依不具不令參　內、□□此事也、入夜万里小路（秀房）三ケ日散狀持來、可披露□、・及（×人）夜陰間難披露由申送者也、以木阿弥於泉涌□（寺カ）□御番合役事被仰下、

御懺法記注之者也、
廿七日、□〔早カ〕朝持來散狀、則以左京〔藤堂景元〕令〔又可〕進処、申次□□〔伊勢〕兵庫也、御懺法無事無事〔衍カ〕結願、珎重思
食者□〔也カ〕、□□狀被聞食由也、」

居公帖

昌明居公帖事如此、使僧備之、內々披露之□□可被畏入、正文先年之儀蔭亮〔涼〕〔東雲景岱〕被仰下可
被注、十日廿日遲々□□不可苦候、正文就到來、先則可被仰付云々、
（コノ間空白アリ）

（33ウ）

善應寺雜掌申狀

善應寺雜掌僧謹言上、
右、昌明和尚天龍寺公帖事者、明應七年度□越中內々以神保越前〔長誠〕申入、忝被成下候、
案文如此候、正文者秘置國候間、可然之様預御披露□□〔候者カ〕□入存候、依御尋言上如
件、
永正九年九月　日

廿八日、晴、早朝着衣冠、冷泉宰相〔永宣〕□粧之、先參　室町殿、今日散狀持參、申次伊勢兵庫□御
本意思食由也、□」同道尊勝院〔光什〕參□、

（34オ）

禁裏御精進解

廿九日、禁裏御精進□〔解カ〕□□□、□□自□美物御進上云々、自　禁裏鯉一折拜領、忝者

也、今日沈醉、曉更之時分退出、
卅日、爲式部少輔承八時分可參由也、昨日依□□(餘醉カ)難參由申入者也、

十月

一日、壬庚〔寅〕、朔日珎重〻〻、毎朔看經無他事、書写經、代官□〔參〕詣ホ如毎月、心中所願成就無疑者也、

二日、癸卯、昨日自万里(萬里小路秀房)示送云、以前散狀相違之間爲彼代(足利義尹)□書改武家之儀、可爲如何樣哉由被尋送間、付賜□□可披露由申送処、今朝持來、則以景元(藤堂)進之処、□□被聞食、可被御祇候之時申、以前散重(狀カ)可被返下云〻、□□万里以使者申遣者也、

(34ウ)

三日、甲辱〔辰〕、齋、依召入夜參局(廣橋守子)、被仰下条〻事、一□□事今度御歡樂之由被申無御參事、就御參泉涌□□□之間、急度可被申何十合十荷可被進事、可爲如何□□被仰下、尤可然之樣由申入早、就其有被仰下之旨武命□難申入子細有之、爲如何之、

御歡樂

一、舊冬飛鳥井(雅俊)下向泉州、付尾張守入道(畠山尚慶)被下和哥集古今、是依數奇由申也、殊故左衛門督(畠山政長)別而

飛鳥井雅俊和泉國下向
畠山尚慶古今和歌集拜領

畠山尚慶法名卜山

(35オ)

毎〻御音信申入処、尾張守(畠山尚慶)未御礼申、就左衛門督好無何(數奇)被御床敷思食［　　］飛鳥井令
上洛言上之旨者、古今集拜領同［　　］□□〔集カ〕畏存、今度御行事前可御礼申入処、事始之間
來十日比□［　　］〔可カ〕仕、其後必御礼可申入由、飛鳥井方へ直札之狀也、御礼之次第尋申武
家、以其旨可申入云〻、法名卜山(畠山尚慶)也、此子細［　　］如何哉、武家之輩直御礼申［　　］
□□［　　］子細可被申否事［　　］申事［　　］奉存間、先上洛之□〔時〕［　　］不
定而可事云催［　　］、
一、栗眞庄(伊勢國奄藝郡)國司(北畠材親)近□〔年カ〕［　　］□□［　　］無了簡間、具足上事［　　］□旨一向□〔無カ〕［　　］難申
所存由申入処、明日御會明後日可被召勸修□〔寺〕□可祗候之由被仰、畏存由申入退出、
四日、乙巳、晴、爲日野(内光)使尾形來云、以前度〻申□□〔大覺カ〕院事［　　］条〻雖子細有之、往〻拙者懇
望之間、可□〔免カ〕［　　］進來芳志之由令申、驣而可參御礼由可申送由［　　］返答者也、
五日、定學(正)就歸寺事遣使者於尊(尊勝院光什)院、同蓮泉院(光盛)此子細申遣処、祝着□有返答、同正學(×覺)有座、祝着
由申之云〻、則正學來直預持□〔來カ〕、
六日、十合十荷被進上室町殿(足利義尹)、爲御使參者也、御祝着之由［　　］返事、同御參　内之事被
申被畏申由也、飛鳥(飛鳥井雅俊)・右大丞(烏丸冬光)［　　］□□可參由於　殿中被仰下、則可祗候者也、殊御

足利義尹御參内日次

後柏原天皇女房奉書良世法眼跡知行

□□鹿苑〔苑〕院（足利義満）依忌日欤、自然可有覺悟事也、以外大飲御酒□□御參　內、十旬日次之事、內〻可取進上由被仰下、弥重之由申□□之、次罷向局、內〻令申、以外沈醉者也、

（35ウ）

七日、御參　內日次事、申遣在重朝臣（勘解由小路）処、則來十七日儲日□□今日沈醉之間令不持參者也、

八日、

理阿弥爲御使來、御參　內日次事也、則可持參由申入早、仍日次□□条〻被仰下子細有之、令迷惑者也、申次一色兵部大輔（尹泰）也、□□□（十六日カ）必可有御參之由被仰下、則參長橋令奏聞処、十六日御參　內□（喜カ）思食、先必被待申由令歸參申入処、被聞食由也、有御酒、喜〔宜〕竹（景徐周麟）才被參、先刻令迷惑処、重〻御懇之仰令祝着早、秉燭時□令歸宅者也、

九日、庚戌（×申）、參會事條〻相觸者也、

（36オ）

仰　永正九　十　十一

少納言りやうせい（良世）ほうけんあと、ちきやういしくの事ゆいしよにつきて、□〔り〕□□ねゝちよにてほ□□事にて候へハ□□むろまち（足利義尹）との□候へ□□申やうに□□りやうきか事ハいた

つら物〔者〕の事にて候ほとに、きやうしよく□□御せうしをもめしはなされ候うへハ、□□□なとをかゝへ候ハんする事にて□〔候〕へく候、ゆゐ候ハす□、つゐてなから御心え候て申され候へく候よし、おなしく申とて候、

（コノ間空白アリ）」

亥子

（36ウ）十日、辛亥、御嚴重御使事令存知者也、秉燭時分持參、申次□□先御頂戴、其後右京大夫（細川高國）・左京（大内義興）・修理大夫（畠山義元）才□（令カ）參懃、御供衆悉□（著）、□□（公家カ）衆、余・左大弁（勧修寺尚顕）・右大弁（烏丸冬光）・右中辨（萬里小路秀房）・頭中將（正親町三條公兄）・飛鳥井中將（雅綱）・阿野（季時）才也、

衞士

十二日、當番、大藏卿（東坊城和長）被申衞士事、

後柏原天皇女房奉書衞士給田

十三日、衞士事被仰下子細有之、重被申間、文如此被出之、則申遣□□□（丹後カ）、

ゐしきうてんの事につきて、さへもんふのねんよ以下の申しやうにや□□（うカ）ことに候、これハあさ夕ほうこうい（×の）たし候ハて、□（かカ）なゐ候ハぬ事にて候、い□のきうてんさうい候てハ一かうに御事かけ候へく候ほとに、いそきおほせつけられ候、□□御心え候て、むろまちとのへ申されよし、御さんたいにも御申候へき事にて候□□申せとて候、

ひろハし中納言殿（守光）

十四日、以伯(白川雅業王)內々有召、午陰時分令祇候処、御一獻也、內々明日御酒□□之由沙汰有之、令祝着者也、餔時時分退出、以外沈醉□、

(コノ間空白アリ)

足利義尹參內

(37オ)

十六日、丁巳、晴、八時分御參內也、御參會人數、飛鳥井中納言(雅俊)・大藏卿(萬里小路秀房)・新中納言(三條西公條)・左大弁宰相(勸修寺尚顕)・中山(康親)□□□□・內藏頭(山科言綱)・源中將(白川雅業王)藏人弁・藤□□」、

參會不參之輩、□□□□露寺(甘)(元長)□□□(罷カ)・右大弁宰相(烏丸冬光)犬死、・權右辨(日野內光)□未拜賀、・頭中將三条、未拜賀、・□□・藏人右少辨(葉室頼繼)未拜賀、・柳原(資定)、在國、

鳥襻

余今日依申沙汰、長橋南西攘御簾、御裝束□□(奉 粧)之、永家(高倉)□□(御 指カ)貫鳥也、(マヽ)此事今度可然由有沙汰、條々御談合一条殿(冬良)、但被任御氣可(色脫カ)由被申云々、可有御參歟由□□披露処、被召御前被仰下云、▨年始者三獻目御酌相定事▨々御參之時者、近臣各祇候之輩被下、令御酒凝時者又御酌御沙汰之事也、慈照院殿(足利義政)度々此定也、此由內々可令申之由(×申)被仰下間、則令祇候直申入処、畏□□(被カ)由御返事也、則御參也、三

(37ウ)

獻目御酌各參懃、第一□□府歟、御相伴之間、不見及之、第二四辻大納言(季經)也、近臣□(沙カ)汰之輩、五条▨外▨可給四辻宰相(公音)・冷泉宰相(永宣)・內□□(藏 頭カ)・」鷲尾中將(隆康)・高倉侍從(範久)・諸仲(五辻)・以緒(薄)才也、及曉□□飲御酒也、豫伏見殿(邦高親王)御參、天明之後御退出、依御沈醉□長橋無御

酒者也、時宜快然、弥重〻〻、

十七日、戊午、晴、早朝理阿弥爲御使來云、早〻令祗候、昨日之儀□祝着之由可申入、自然御《預》使者可爲迷惑之由被仰下間、畏存由申入早、則參長橋申入早、遮而爲御使《被》喜思食者也、〇《雖然》何風情御參喜思食　勅答也、則馳參殿中此子細種村刑部少輔(親久)申入早、御沈醉每事無御正躰思食者也、時宜弥重□□御滿足之由被仰下者也、

十八日、未、當番《令》懃厚者也、衛士申船岡給田事大藏卿被申趣令　奏聞早、明日可有御返事由也、

十九日、衛士▨□〔給カ〕田大藏□□申《冷》▨被▨有之□□、」

(38オ)廿日、有丹後(松田長秀)使、衛士事□□可賜使者由申送間、則召□□相添使者□□奉書到來、此由令奏聞処、喜思食由也、左衛門府□□如此被畏申者也、

先度申入候衛士給田、船岡田地、藤《齋》甲斐守(貞船)□□松田丹後守(長秀)早速令申沙汰、御下知今日到來候、祝□〔著カ〕至候、弥可致勤厚之奉公旨可申付、此旨可然樣可預御披露候也、恐〻謹言、

十月廿日　　和長(東坊城)

廣橋殿(守光)

東坊城和長書狀
衛士給田船岡田地

一條冬良春日社參
一條冬良書狀

（38ウ）

一條殿（冬良）春日御參社事如斯被申、則令披露畢、
爲果多年之宿願、以堅固密々儀、明□□參　春日社候、暫時之儀雖不申及□□
内々儀達　天聽候哉、諸事歸洛之時可□也、謹言、
十月廿日　判（一條冬良）
廣橋中納言（守光）殿

一昨日就松相公（松殿忠顯）身上被申桃花（一條冬良）事、則令祗候申入之処、更非其儀、就御立願御參社也、巨細不及注之、即御返事□令申処、先安堵之儀也、申次丹後守（松田長秀）也、

廿二日、癸亥、晴、御嚴重秉燭之時分先參　禁裏、則□□祝着此事也、右大丞（烏丸冬光）令同道參　室町殿、御食□御使之事右大丞也、先夜於殿中申請畢、參仕大概如前自分頂戴、殊被加祝詞、祝着餘□者也、先小生（廣橋兼秀）□忝者也、今夜御失念□酌□由被

（39オ）

仰下、則頂戴□、
廿三日、甲子、晴、一牛齋（紹鐵）召具披□被下時頂□在國々中之儀被相談子細等有之、羞一盞、入興畢、

田粥等張行

廿四日、乙丑、晩頭令尊院（尊勝院光什）來賜、田粥才賬（張）行、一牛・備後・宮内少輔（半井明孝）・内藤藏人・安藝・五郎才越中□（出）張、令凝一盞□（人カ）□、當時冷泉前宰相（永宣）〻博、

廿五日、昨日餘味難忘間、朝飡申付之、一身及數盃□（歟カ）、不被分散、輕忽〻〻、

（コノ間空白アリ）

犬産穢

廿七日、犬産、不慮障碍也、三日可爲穢也、灰方（山城國乙訓郡）事被仰下□□（子細カ）有之、於門外四辻宰相中將（公音）面謁、愚存分申入早、

（コノ間空白アリ）

卅日、昨日書写經才如毎月令凝祈念、□荒神代□（官カ）□□、□返視若、今月迄三ケ月也、所願成就也、毎事滿足〻〻、」

（39ウ）

十一月

愛染堂代官

一日、壬申、晴、看經如毎旬、愛染堂代官如去月□事□、心中祈念所願成就無疑者也、朔朝幸甚〻〻、

長摩御料人正誕生日
子講
辨財天行法
山國地下人商賣材木

二日、癸酉、晴、御局(廣橋守子)令入來賜、申付朝飡、今夜御逗留也、
三日、甲戌、晴、晝時分御局令歸賜也、
四日、乙亥、長摩御料人正誕生也、如例年書写經𛂦奉納于御靈社、珎重々々、主計允爲內□〔檢〕
下嶋(丹後國與謝郡稻富位田)、
五日、丙(×丁)子・今夜子講也、尊院(尊勝院光什)令來賜、令祭之賜、同□□令凝之賜者也、祝着々々、万事
所願成就滿足也、
六日、丁丑、晴、尊院令抑留、辨天令凝行法賜者也、當番不參、
七日、戊寅、晴、晝時分令歸院給□□御料所〔方〕□□□二百疋被下師象(押小路)朝臣、祝□□□、
(40オ)八日、己卯、晴、未尅計丹後(松田長秀)□□□使者奉処、山國(丹波國桑田郡)之事也、六□□□〔間カ〕以面□□
謁云、於山國失物事伊勢左京亮(貞泰)・右京亮(伊勢貞遠)申間之事、地下人緩怠之間、山國地下人商賣・材(×材)木
可被相留之、於失物者聊不可有聊尓由堅可被仰付、此由內々先可□□□被仰下畏存由申入早、
內々申云、此事可爲如何哉、被□□商買〔賣〕事尤欤、但御料所可爲・障碍欤、注文具足分者
□渡遣、相殘分者不存知由山國中、以起請文申之、可爲無事樣被仰付者、可然欤由令申候
処、丹後同心、如何樣明也、祗候□任躰、守光(廣橋)申入分、先可披露仕之由申早、則四(×辻)亞相(季經)・□

□使者申処、被罷出花山院（政長）由申旱（×間）、齋藤美濃守（基雄）來、□□堂被下知之事□（先カ）支證可被御覽之由被仰下間申入候可□□□同委細奉之由申旱、」

（40ウ）

禁裏御田樂

九日、庚辰、晴、早朝遣使者於四亞相、昨日委細令□□可申由返答也、則田口筑後子來、条々申子細□（有カ）之、□如斯申旱、其後愚狀案之事被申間令故障旱、□□罷上者也、

十日、辛巳、始雪及寸、綴一首、同書写經ホ奉納、北野社一□□神慮如何、輕忽々々、禁裏御田樂事女中・男衆申沙汰□□依歡樂不參、

十一日、壬午、晴、松殿（忠顯）來談、岡殿（大慈光院）事被談合、愚存分令申旱、入夜局（廣橋守子）令來賜、是大上（廣橋綱光室、攝津滿親女）依御歡樂也、就其養母□□被仰下子細有之、

酒麹役

押小路師象書狀

十二日、癸未、晴、師象朝臣來、酒麹役事申子細有之、則□□□（被カ）出奉書、珎重々々、

酒麹役本司分事、近年号諸役免除令□□（於カ）繁多候之條、於此役者不混諸役免除之子細度々就申上　室町（足利義尹）□□（殿）□去七月□□御下知候、雖然□□」旨□其間□

（41オ）

催促候之処、不能□□剰以□（開カ）□□可申上之由返答仕候、言語道斷之次第、□□ホ雖申上之儀候、□（云カ）先儀云今度之御下知、□可致沙汰之旨、堅被仰出候之樣爲　□□（禁　裏カ）被申室町殿候者可畏存候、件課□（役）之外於師象當時無　朝恩之地候、此儀無正躰候者、一流

朝恩の地

之奉公忽可及斷〔絶カ〕給候、□□〔所詮カ〕公武共以被加御憐愍候者、可□□存候、此才之趣申沙汰
可爲祝着、□□〔師象カ〕□、
十一月十二日」
□

後柏原天皇女房奉書
酒麹役朝要分
（41ウ）

小舍人幷に雑色
（42オ）

しゆきくやくてうようふんほ□□事、このなかほとしよやくめんちよ□から□
□いんのさい所ともおほせ――、このふん□□りやうしよやく□〔め〕んちよにこんし候
ハぬ、し□ハうもんのむねいつしやう申され候につきて、せんてうの御下儀と□され
よろこひおほしめし候へく候□、ことねり・さうしきとも其後とかく申候ほとに、
すきし七月の御下知のむねにまかせて、□□〔もろ〕象朝臣□さいそくの□」□
□いさひ事申候
ハん□□〔するカ〕事申とて、かやうになけき申候、もろ象朝臣ハたしして御心のけかた申して、
たゝ一人其分□のは物にて候へは、このやくの事、りうんにまかせて已後御下知候や
うに、むろまち〔足利義尹〕とのへ申され候へく候、かしく、

ひろハし中納言（守光）とのへ

傳奏奉書
酒麹役

（42ウ）

就
酒麹役事如此女房奉候、□□様可被申沙汰之由、内□〔〻カ〕□」被仰下候也、謹言、

十一月十二日　守光

諏方左近大夫（長俊）殿

如此巻加之、遣外記許者也、

四辻季經書狀
丹波國山國惣荘商賣
材木御月次幷に御廚諸公事物

（43オ）

就伊勢左・右京亮申具足之儀、山國惣庄（丹波國桑田郡）可止商賣之由、内〻仰之趣奉候、雖先度事旧候、庄又四郎如□〔元カ〕同申狀兩方相違之条、互被召出、可守神□□言上仕候間、無私曲候歟、只今重而仰□□尚堅可申付候、但不存知之旨、定而可爲同遍□□候、殊彼在所致商賣、材木御月次・御廚諸公事物□致其沙汰之外、古來御□□在所□□賣停止者御料□□」□一向可存□□□□□」、此間種〻廻調法□可□□□由雖申□□令落居者難召進之由申候、殊今度又□大訴候者、弥可致難澁候歟、彼是不事届候へハ、相似之由令緩怠候、不運至迷□〔惑〕此事候、此ホ之趣可然之様御披露奉

□□□無心候、定彼物置具足之事者、猶可申洩之事如何、以御心得可然之様可有御披露候也、恐々謹言、

霜月十二日　季經(四辻)

廣橋殿(守光)

佛頂堂領

(43ウ)

以正益(速水)遣丹後許(松田長秀)、他行之由□〔申〕［　　］有美濃使(齋藤基雄)、佛頂堂領事可(×令)令披露［　　］各無之間、此□□計旨如何之由、□〔以カ〕［　　］様令披露処、可成御下知被仰下云々、

(コノ間空白アリ)

十三日、

後柏原天皇女房奉書
岡殿御寺領

(44オ)

たひ〳〵申され候おか殿(大慈光院)御寺りやうの事、おねんころにおほせいたされ候、［　　］かやうに申され候へハ、いかゝにて候［　　］この廿三日□〔にカ〕ひめ宮(覺音)の御かたなしまいらせられ候へんするふんにて候、さりな□〔かカ〕□□御寺りやうにて［　　］にてはかやう［　　］御寺たいてんの事に□□〔候カ〕へんす□〔るカ〕ほと□〔にカ〕なしまいらせられ候へも、いかゝにて候、廿三日□□□〔事カ〕□かたく右京大夫(細川高國)におほせつけられ、わた□〔くカ〕し□まいらせ候やう

に候ハゝ、よろこひおほしめし候へく候、けに〳〵せういん（承引）申候ハぬにつきてハ、中〱まへにもまいらせられ候ましく候か、一みちの御へんしを右京大夫に申候やうに□き□むろまちとのへ御しこう候て［　　］よし申とて候、かしく、

ひろハし中納言殿」

傳奏奉書
岡殿御寺領

（44ウ）

岡（岳）殿御寺領事、如此（重）女房［　　］（〔奉書カ〕）尤祇候仕可申入候処、今日［　　］以參仕之躰披露候者、可爲祝着□（〔候カ〕）、謹言、

十一月十三日　○コノアタリ「守光」「守」ト幾ツモ書カレシモ、抹消セラル、

齋藤上野介（時基）殿」

後柏原天皇女房奉書
酒麴役
雑色小舎人

（45オ）

十八日、己丑、晴、酒麴（文）奉書事、師象朝臣申間、令奏聞処［　　］、

（コノ間空白アリ）

十九日、庚寅、晴、条々被仰下有子細、

仰永正九　十一　十九

一日申され候しゆきくやくの事、うちく〳〵御返事のおもむききこしめし候、さうしき・ことねりとも申候ふん御心えありかたく候、もとより右京大夫ひくわんの事ハ（×も）さ

たし候ハんするハもちろんにて候、このほともさいそくいたし候へとも、とかくなんしうし候事にて候、きと御□〔下〕ちを□〔も〕なされ、又かたく申つけ候へきよし□〔右〕京大□〔夫〕にもおほせいたされ候へく候、いつ□〔れにもこの〕やくの事ハしよやくめんちよにこんし□〔候ハねハ〕、」公人さたし候うへにてハけんかのひ□〔くわんもいらん〕申候ましき事にて候ほとに、□〔さうしき〕・ことねりともまつさたさせられ候やうに、かさ□〔ね〕て申され候へく候よし申とて候、かしく、

ひろハし中納言とのへ

○本文書、『小西家所蔵文書圖録』所収原文書ニヨリ虫損部ヲ補訂ス、

（45ウ）

後柏原天皇女房奉書 護法院領

（46オ）

仰永正九 十一 十九

くわさんの院（花山院政長）申され候つるこほうゐんりやうの事、きしんふんの事を□□たいてん候、つきてハあつかり申され候ハん□〔す〕□〔るカ〕事にて候へ、このうちふしミ（山城國紀伊郡）のくもんミやうの事ハふしみとの（邦高親王）ゝ御ゆいしよにて、御しんたゐ候へきよし、むろまちとのへも、申され候つるよし□つる□中□□めし候□□」よし、むろまち□□申とて候、かしく、

ひろハし中納言とのへ

某書状
護法院領伏見
公文名

護法院領伏見（山城國紀伊郡）公文名事被仰出候、全爲伏見殿（邦高親王）非御寄附候、從普明國師（春屋妙葩）令□□□院于今
當知行無相違候、傳々之上者、御違乱無其謂候哉、家門領永正五年已來悉□〔皆〕知行之間、
本借之程申請事候へく候、依申□御違乱之儀候者、所詮可返寺付□〔家〕候、爲□□殿護法
（46ウ）院江於御寄附者、尤任叡□□様　奏聞可爲祝着候也、謹言、
十一月十九日　□□
廣橋中納言（守光）殿

（コノ間空白アリ）

後柏原天皇女
房奉書
護法院領伏見
公文名

廿三日、以使遣美濃許、自早朝出仕云々、奏者伊勢□、
くわさんの院申され候つるこほうゐん□□□〔りやう〕の事、きしんふんの事をこそ□□□
につきてハあつかり申され候□□する事□このうちふしミのくもんミやうの事ハふし
（47オ）ミとのゝ御ゆいしよにて、□□ん□い候へき□□□申され候、い□□□申さ
れ候、かしく、
ひろ□□〔ハし〕□□

岡殿丹波御寺領

齋藤上野介爲御使來云、岡殿丹後〔波〕御寺領事、今日御入室前堅被仰出右京大夫〔細川高國〕処、堅可申付之由御返事被申、此間連々三十計者年貢令進上者、今更□打置儀無之、內々可然樣可披露云々、委細奉畢、則可奏聞由申入畢、

糸引
酒麴役

自錦織寺糸引上、師象朝臣來云、酒麴役事令披露□〔処カ〕、右京大夫披〔被〕官小舍人・雜色才可堅被仰付云々、仍諏取〔方〕〔長俊〕左近大夫許□遣使者、朝要分事可然樣憑入由申送畢、本司分申沙汰之間、賜狀□申沙汰之由申間、如此調遣者也、

廣橋守光書狀

酒麴役　朝要分無沙汰輩本司同前候、□□〔可然カ〕樣申沙汰□可爲祝着候、謹言、

十一月廿四日

諏取〔方〕左近大夫□殿殿〔衍カ〕

(47ウ)

廿四日、未、終日終夜下、當番令參懃者也、自去月末歡樂□□、今日令懃厚者也、相番季經〔四辻〕卿代〔四辻〕公音卿・雅業王〔白川〕・諸仲〔五辻〕才也、以局被仰下□□粟□□〔眞カ〕〔伊勢國奄藝郡〕、一昨日被召黃〔甘〕〔甘露寺元長〕・新黃〔勧修寺尚顯〕御談合之処、先上使可然之由被申云々、

能登國御料所

能州御料所催促□〔事カ〕□□可有催促、被申事　武家猶豫可然事▨〔先日諏方〕〔長俊〕申入酒麴事、同令披露処、□□、

皮莚公事

廿五日、時々雨下、岡殿被出文三十計進上之由、內々雖□□彼〔皮カ〕莚公事內々被下折帋、

後柏原天皇女房奉書岡殿御寺領

可執沙汰由定藏院申間、可書遣□□、
おか殿御寺りやうの事、右京大夫□□《かた》く申つけ□《候カ》ハんするよし申候ふん、御返事申さ
れ候、まつよろこひおほしめし候、なほ〳〵かたくおほ□《せ》つけられ候て、きとさりわ
たさせられ候、しかる□□《へくカ》おほしめし候、かやうの事ともに御入しつ廿三日もゐんい
ん候て、廿八日もけち候て□□□にて候、このよし□□なし□い□申され候へく候よ
し□《申カ》□□、
ひろはし□□

御元服要脚

岡殿文加銘遣齋藤上野□、」
(48オ)御元服要脚殘六千□□□・得《ㇾ可》其意可申沙汰□□□□□叙爵事□□勅許也、卽

傳奏奉書河鰭季富敍從五位下

書遣職事由被仰下□旱、
藤原季富《河鰭》宜叙從五位下可令　宣下給之由被仰下候也、恐〻謹言、
十一月廿三日　　藏□
藏人辨殿《萬里小路秀房》

廣橋家雑掌奉書
禁裏御料所紙公事内皮莚課役

禁裏御料所紙▨▨（公事皮）内彼莚〻公事（課役）□事□□（嚴密）同可有執沙汰、廣橋中納言（守光）殿御奉行所候也、仍執□□（達如）件、仍執達如件、

十一月廿三日　□

定藏院殿

變異占文

昨日變異占文賀家（勘解由小路在富・在重）連署令　奏聞了、」

廣橋家雑掌奉書
商人問丸

（48ウ）

廿六日、

禁裏御料所紙駄別相付皮□□□（莚課役カ）如先〻爲商人問丸ハ如先〻役□事（公事錢之事）、可有取沙汰由（旨）所候也、（×可）仍執達如件、

八月十日　景俊（藤堂）（花押影）

定藏院殿

占文

廿七日、陰覆不定、

今月廿六日戌時、歳星与熒惑迫犯、相去二尺三寸歟、

天文要錄

天文要錄云、熒惑者主万物之集精所往兵乱□、

乙巳占

乙巳占云、熒惑ト□□（歳星カ）迫□（犯カ）□□役内不□、

又云、熒惑与□□（歳星カ）□、」

晋書天文志

（49オ）

又云、熒惑与□〔歳カ〕□□、

又云、熒惑与歳□〔星カ〕迫犯□□□赴□、

晋書天文志云、惠帝大安三年正月木与火相□則君臣有愼、又云、熒惑与歳星迫犯去五穀ホ生万□飢死、

永正九年十一月廿七日　　従二位有宣（土御門）

近衛尚通書狀　神宮造進

就神宮造進之事、連々雖執申□□途之儀不被仰出候、於假殿儀者、宮司（大中臣廣長）□同心之由正印文書既到來之□〔上カ〕者、重□□不及御尋候□、雖然被仰出候處、重□□□申候段、

（49ウ）

猶以不可然候哉、肝□□□兩宮共無事之儀申沙汰□□出候、猶委細忠綱（進藤）□申令祝□〔着カ〕□□、

霜月廿七日　　御判（近衛尚通）

廣橋殿

後柏原天皇女房奉書

廿八日、

文のやうひろうして候やう□□□内宮の事ない〳〵とり申され候、これハふけ（足利義尹）にて

（50オ）

も色く〳〵かたく□をよひ候□□て□□□い［　　］［　　］ほとに［　　］［　　］したい［　　］［　　］
のとき□□の［　　］［　　］する□とおほしめし候とて申され候へく候、かしく、
（コノ間空白アリ）

（50ウ）

〔十二月〕

十二月一日、朔朝弥重ゝゝ、

御服要脚

二日、壬寅、自武家（足利義尹）御使松田丹後（長秀）・齋藤（時基）［　　］（上野カ）［　　］御服要脚事、去年未進事、堅雖□（被カ）仰付□□（不カ）事行間、毎事所□、可失面目也、御腰物□（新カ）身［　　］四郎赤藤作月ノキスハマ□余、勸修寺（尚顕）与余質物置之、可□□被仰下条ゝ子細共、有御服要脚御使、勸也、（勧修寺尚顕）此子細□□両人（勧修寺尚顕・廣橋守光）・令（×可）祗候令奏聞処、御懇之御沙汰不及［　　］以此分不事足間、可返進由被仰下間、勸修寺両人□□蓬屋召両▨（松田長秀・齋藤時基）奉行、申子細、令返弁上者也、

占文

四日、甲辰、
今月一日、戌時歳星与熒惑相合、相去一尺□、

天文要録

天文要録云、歳星与熒惑□□〔其カ〕國貴人愼□、

又云、火与木同宿□□有□□□〔爲カ〕□、

又云、木与火合□天地□、

後圓融天皇綸旨

（51オ）

三日、癸卯、時元〔大宮〕宿□〔禰〕□下支證、難申　武家由□□也、□爲□□、

播磨國恒吉〔揖保郡〕・香山〔揖保郡〕兩保如元可被知行者、

天氣如此、仍執達如件、

永和二年八月廿五日　　頭左中弁仲□〔廣橋〕〔光〕

中辨（花押影）

新大夫史殿〔大宮光夏〕

後圓融天皇綸旨

（51ウ）

播磨國恒吉・香□〔山〕□」先雑掌違亂事□之處、嚴密致其沙汰□□□〔可被全カ〕所務者、

天氣如此、仍□〔執〕達如□〔件〕、

九月八日　　中辨〔廣橋仲光〕

新大夫史殿

（コノ間空白アリ）

變異御祈日次
占文

（52オ）

六日、丙午、對馬來（松田英致）［　　］、

變異御□□□（祈日次）［　　］、

開白　今月八日戊申、十一日辛亥也、□□□、

結願　十五日乙卯□行、十七日丁巳、

十二月六日　陰陽頭（勘解由小路在重）

轉法輪三條實
香書狀

（52ウ）

日次事如此、可爲如何哉由以使者□□□［　　］儲日可然歟之由申送間、令披露□□□［　　］

令返答者也、內府（轉法輪三條實香）轉法輪、隆（四條）□□□（繼朝臣カ）家□□□（領カ）雖不存寄之題目候、隆繼朝臣□□□［　　］播州

移（穗）積（賀茂郡）余田之儀、國人申［　　］［　　］令一流、今般無正躰之樣候、次［　　］、［　　］

補御料所御代官職、被仰［　　］［　　］自當年可致執沙汰之由申［　　］［　　］前後無案內尤雖斟

酌候、執□□內〻可令　奏聞給候者、□□納［　　］□（師）象（押小路）朝□（臣）令申候也、謹言、

十二月三日　□□□□（轉法輪三條實香）

廣橋中納言（守光）殿

追而申、

（53オ）

望申輩執沙汰□〔又カ〕前年隆繼朝臣□□下知案［　　］、
時元〔大宮〕宿祢申［　　］支證先返遣□□□〔処カ〕［　］、

御入室記

七日、當番懃厚、御入室記□□一巻自［　　］到來、則令披露了、申次卿内侍局〔姉小路濟子〕、条々被仰
□□、
一、御入室御供事、　一、衣冠□之間事、不□□藤□□事、
一、御入室事、○可被申武家事、可爲廿五日事、來□聊□□□□、
一、隆繼朝臣家領轉法輪被申事、子細□□□□□有之、
一、辻弥二郎〔秀盛〕申間之事被申岡〔實乗院〕可事、
一、丹〔波〕後盛直〔錦小路〕可官□〔加カ〕級事、左馬權頭□□〔従五〕位□□〔上〕、故秀直〔錦小路〕以□申間□□□□、

錦小路盛直加級

（53ウ）

傳奏奉書
錦小路盛直叙正五位下

刑部少輔丹〔波〕後盛直□〔宣カ〕［　］□〔左〕馬權頭從五位上、同［　　　］宜叙正五位下、可令
［　　］被仰下候也、恐々謹言、
十二月八日　□□〔守　光カ〕
藏人弁〔萬里小路秀房〕殿

大宮時元書狀
御齋會幷に眞言太元法料所

御齋會幷眞言太元法料所□〔播〕□〔磨〕□〔香〕山〔播磨國揖保郡〕□□恒吉〔播磨國揖保郡〕東方ホ事、時元宿祢代々相傳知行□□之處、去文明年中守護披〔被〕官人□伊□□成　御下知故赤松左京大夫〔政則〕嚴重雖令□〔遵カ〕行如□〔何カ〕致抑留候、又延德年中度々雖被仰付□□人、明石藤次、于今不去渡候、於太元法塗壇・香水ホ□者至當年以□力□□□□□之至候□□時元代々旨任□□御〔×甲〕沙汰可畏□□、

十月□□

□□

（54オ）

後柏原天皇女
房奉書

大けんのほうれう所□□の□□から山〔播磨國揖保郡〕の事、時もとのしゆくねかやう□〔に〕□〔な〕□〔け〕□〔き〕申候、ねんし第一の御いのりにて□〔候〕、□や□□かたくおほせつけられ候ハヽ、めて□〔た〕□〔く〕おほ□〔し〕めし候へく候よし□□□心え候て申され候へく候、

ひろハしの中納言〔守光〕とのへ

（54ウ）

傳奏奉書
太元法料所

時元宿祢申〔就〕太元法料所事、▨□□□〔女〕□〔房カ〕奉書候、〔如此〕忩〔可脱カ〕被申沙汰之由、內□□、謹言、

十二月八日　　□□（守光カ）

齋藤（基雄）美濃守殿

後柏原天皇綸旨
常林寺領検斷

九日、

常林寺領検斷以下任先例可□□旨、

天氣所候也、以此□（旨）□□入仁和（覚道法親王）□（寺）□（宮カ）給、仍上啓如□（件）、

三月□□　　□□

謹上　眞光（尊海）□（院カ）□□

（55オ）

先度綸旨

追上啓、

於先度　綸旨者可□□□之由被仰下候也、

三月□□

眞光院尊海書状

（55ウ）

被仰下旨召承了、□□検斷事任先規可有其□□□綸旨替可仰職事由被仰□□、

□任候、於延文　勅裁者不被□□上者、不可及被取返由、其□□可令披露

趣、礼節無之、不□□、

十一月廿四日

此文書自眞光院(尊海)殿來間、今日□□知行分播州香山保事、今日奉□□人□□候之處、被裁許候、偏　天憐忝存候、則□□段無疑候、以御次内々可然之樣□□畏入存候由可預御披露候、恐々謹言、

十二月九日　□□(時元カ)

藤堂右京亮(景俊)殿

(コノ間空白アリ)」

(コノ間空白アリ)

(56オ)

十三日、癸丑、當番懃厚、季經(四辻)卿□□□□(代隆康朝カ)臣・雅業(白川)□□諸仲(五辻)不參、於御學文(問)所条々被仰下子細有□□以新大典侍殿(勧修寺藤子)申入条々□(青)蓮□(院)□□□□□(青蓮院尊應)自尊院(尊勝院光什)被注送一帋、時元宿祢香山保□□尊勝院(光什)轉任正事、天台法務事、□□□□□□所望也、□□、実治(河鰭)卿侍從所望事、下毛野武□(經)□□(調子)　勅答　入道法親王兩拜可被任本家由被仰下□□各　勅許、於山國(丹波國桑田郡)失物注文右京亮(伊勢貞遠)持送一帋□□、

十四日、甲寅、正〔昌〕明〔和〕（天岸昌明）尚公帖事、御佛事前被申□□〔公カ〕帖正文事被仰下間、則使僧罷下御□□」

（56ウ）携之、則以新大典侍令披露処、□〔如〕此被□□送持之、明日可披露由申者也、

後柏原天皇女房奉書

仰永正九　十二　十四

いせ□〔んカ〕申され候せんおう寺ち□□なんせん寺か事□□の□□てんりう寺の御はんの□□まいり候、めてたく候へゝ□□事にて候へん十一日□され候へく候、□□□□まかりの□□〔ほり〕□□、

ひろ□□〔へし〕□□」

傳奏奉書

（57オ）從三位藤〔原〕（河鰭）□□〔實治〕□□給之由被仰下□□〔候也カ〕、恐□□□〔々謹言カ〕、

十二月十四□〔日〕

□□〔守光カ〕

藏人辨殿

傳奏奉書

下毛野武經宜任式部丞□□被仰候也、恐々謹言、

十二月十四日

□□〔守光カ〕

藏人辨殿

權僧正光什（尊勝院）宜知行法務事同光□可令□□、

十五日、乙卯、明日新中納言（勸修寺尚顯）与余爲御使可參□□畏存由申入者也、伯（白川雅業王）申事令奏聞処、

（57ウ）

□□」三宮（後ノ青蓮院入道尊鎮親王）御方御供事被仰下、有子細□□□□□（忠富卿カ）記正記、時元宿祢（大宮）持來、圓滿院（仁悟法親王）御得度□□内々令祗候歟、此□□非着座歟、▨□□□役歟、条々被申子細有之、難疑□者□、

忠富卿記

圓滿院仁悟法親王得度

忠富卿記 明應七 六月

圓滿院（仁尊、後ノ仁悟法親王）御得度着座公卿、勸修寺（政顯）□□□□（中納言カ）▨宗康、御戒師聖護院（道興）准后、先□獻有□□、三宮（仁尊、後ノ仁悟法親王）御方・聖護院准后・花山院（政長）□□□予（白川忠富王）三獻之後予則退□（出カ）、剃□□於□□不座之故也、

甘露寺伊長書狀

（58オ）

十六日、昌明居公帖□□丹後□□自頭弁（甘露寺伊長）正印□□到來、

神宮奉□□、恐惶謹□（言）、

十二月□

廣橋殿（守光）

（コノ間空白アリ）

後柏原天皇女房奉書
酒麹役

(58ウ)
廿日、庚申、煤拂、祢重〻〻、
しゆきくやくの事、たひ〳〵申され［候所に、けんてうに］（細川高國）右京大夫なとにもおほせつけられ［候、よろこひおほしめし候］、それにつ□［き］て一日も申され候やう［に、さうしき・こと］ねりともの事、いかにもとく［けんみつにさたを］いたし候へきよしかさねて［御下ちをなされ候］［て］おほせつけられ候へ［き事、かんようにて候、すきし］七月に御下地［知］をなされ候［事にて候つ］［るを、公人の事］としてとか［くなんしうし候により候て、昨日］けふさうし［きと申て、又いら］［んのさい所いてき候］とて候、このふ［んにて候へは、いよいよしたもなき事］にて候、［その］［ほかなにかと申て、いまたさたし候はぬ］(59オ)」さい所三十［か所にあまり候なる、この月のちか］［きほと、このやくけんせうし候事ハ］いてき候ゆへ［にてそ］［候ハカ］□□□［ん］［の事いつれの］さい所へもかたく［おほせ［つ脱カ］けられ候やうに心え候て］、むろまちとのへ申さ［れ候へく候よし申とて］［候、かしく］、

ひろハしの中［納］［言］と［の］［へ］

○本文書、『小西家所藏文書圖録』所収原文書ニヨリ虫損部ヲ補訂ス、

（コノ間空白アリ）

(59ウ)
廿二日、

」

某請取状
去年八月於丹波山國失却□、
腹巻
一、腹巻黒革袖、上〔揚〕巻無之、壹領　一、甲□
打刀　寶幢脛楯
一、打刀壹　一、ホウトウ
喉輪　脇引
一、ノトヘ・脇引アケノケン、　一、ヨ□
以上、
此分先請取□、
十二月□〔廿カ〕二日　判
入江殿
」

（60オ）
御服要脚
爲御使參□被仰下云、神□可爲來廿五日□□□、
御服用脚万〔足脱カ〕被令□巨細□仰下、不能記之、即□參□御傳之由申入
処、有御對面被□祢重思食者也、灰方〔山城國乙訓郡〕之事□何以無御所在融也、可有御蒙
□御盃及數盃、昏色罷返之□、殊御餞法之時万疋御進上候、折帋□
（60ウ）
質物
御質物被置之、御進上之、自對□〔馬カ〕□由式部少輔〔畠山順光〕申之、定可有御礼□」此子細即

申入処、喜思食由也、□□飛黄（飛鳥井雅俊）・伯・右馬頭（細川尹賢）・一色兵（尹泰）・式□□□（部少輔カ）ホ也、御機嫌快然、
殊十月廿二日御□□今日始而出頭、及六十日非（無）□□、

（61オ）
廿三日、（癸）壬亥、晴、早朝以理阿弥美□（物カ）□可被下処、御沈酔之間、御無□□被下由
也、忝由申入処、御礼□□旨申間殊畏存□▨不申入間、（令）参内□□
之、内々□令談合、何以□間□仍一条殿（冬良）□□」驚毎事御
□丹後許令□□、
廿四日、権大僧（正カ）□光□俊紹権正（僧正カ）僧事□勅許□神宮以下之事子細、
廿四日、
（コノ間空白アリ）」

（61ウ）

三宮青蓮院入室

廿五日、（乙）甲丑、晴、（マヽ）申沙汰□□今日三宮（青蓮院入道尊鎮親王）新大典侍御腹、御入室也、御迎□□法寺・勝（尊）
院侍法師・本願寺（實如）ホ□□御輿ハリ輿於紫野（山城國愛宕郡）（勧修寺藤子）可借□（分カ）云々、御供奉□□□内藏頭（山科言綱）・藏人弁（萬里小路秀房）万里、
ホ□□笠持被召具之、自唐門□□之、乗輿御服□（御カ）□各沈酔也、無□
□定法寺四方□免□□甘黄（甘露寺元長）有□（所カ）□座次御盃□□可進品○（於）有□

（62オ）
□」当番之間□、

御佛事要脚

長橋局請取状

廣橋守光袖書

(62ウ)

廿六日、〔丙〕乙寅、晴、□□有之、第一□□岡殿(大慈光院)御敷地重□買得□□□賜候下以地催□□遣齋藤上野介(時基)許□□□今日早朝御佛事用脚□□、□□、

廿七日、丙卯、灰方事請取□□青侍一人四辻大納言(季經)青侍□□景元(藤堂)朮也、

御せんほうようきや□〔くカ〕□まいり候、たしかにこし□□めてたく一兩日□

ゑい正九年十二月□□□〔廿五日カ〕

(東坊城松子)長橋局御請取如斯、

永正九年十二月廿五日　(廣橋守光)(花押)

廿七日、隆繼朝臣知行播州□□□被申子細□被退御料所□□□難申之、条々載書狀今日□□旨有之、先以子細□□内府(轉法輪三條實香)云々、委細見于奉□□則□□間隆繼狀不□写□〔遣カ〕□□□者也、

廿八日、松殿(忠顯)來□□事□□早、迷惑之者□〔也カ〕□□内々令申之、仍女□□、

○原本、1オ〜6ウノ間、錯簡アリ、日次順ニ配列ス、

守光本年四十三歲、權中納言、正三位、神宮傳奏、武家傳奏

「（原表紙）
（蟲損）
癸酉
四月□□（蟲損）
豐□〔田四郎カ〕左衛門
長澤三郎左衛門

（6オ）

某書狀

涼風漸□□□〔來　候カ〕　疎懶□□□□□〔打　過　候カ〕
一喜一懼此事候、
□
□

（6ウ）

法務

法務事
觀勒百濟國人、推古天皇卅二年四月、

天台法務始

法眼遍昭〔照〕延暦寺、貞觀十一年二月補、天台法務始也、

正法務

正法務
僧正□〔眞カ〕雅

東寺法務始

東□□〔寺　法カ〕務始也、自今以後長者、

□□□〔僧カ〕□爲□□務、

（蟲損）」

（3オ）

（蟲損）」

□□今□□云々、

□□、

□□右京兆〔細川高國〕賀來、

足利義尹より嘉例御扇拜受

□〔三〕日、癸酉、天霽、風和也、珎重也、□〔自〕□□〔室町カ〕殿〔足利義尹〕嘉例御扇拜受、□〔御カ〕使古阿弥也、不令出頭間不

能面慶、忝存由申入之旱、□□〔進〕左京〔藤堂景元〕、參賀之間可然樣可申入由申〔×申〕送処、他行之間、鮭一尾

嘉例の美物鮭雁

遣之者也、一日早朝自伊勢守〔伊勢貞陸〕方嘉例之美物鮭・雁、兩種持〔×送物〕送之、畏存由可然樣可披露之由申含

使旱、滿足、

後柏原天皇より嘉例御扇拜受

四日、甲戌、自　禁裏嘉例御扇拜受、殊御懇被仰下、忝□、」

（3ウ）

守光誕生日

五日、乙亥、晴、誕生日也、令凝祈念、御靈代官才若、滿足〻〻、

六日、丙子、晴、右大丞〔烏丸冬光〕賀來、令面慶一盞〔勸〕動之、万春之祝詞□□〔賜〕之者也、珎重〻〻、長野与次〔尹藤〕

郎雜掌召具神〔加〕田二郎左衞門來、□御料所之事申子細有之、

七日、丁丑、霽、如毎朝令行水、下地上別而令凝祈念、弥重〻〻、

□□〔八日〕、戊寅、晴、尊勝院（光什）・法輪院（猷靜）ホ賀來、令面慶令凝祝事、法輪院□□哉云〻、實父伊勢左京亮（貞泰）、猶子事旧冬被謁之、旁□□之間、令□□（斟酌）之処、已被召具上者不存是非、爲□□□□□欤□□□□〔之カ〕、

（蟲損）

（蟲損）」

（4オ）

占文

□□□〔永正十〕年正月八日

左□□□〔馬權頭カ〕賀茂在富（勘解由小路）

陰陽頭賀茂在重（勘解由小路）

禁裏御歳暮

九日、己卯、霽、爲御使古阿弥來、直可申由申間、雖不能出頭奉□旧冬禁裏御歳暮之事可被申欤、可爲如何之由勸修寺□□（尚顯）御失念也、然者可申驚事欤、自然御失念、有拙者可申入欤之由被仰下候、委細之旨畏奉候、尤失念欤、但毎事新中納言（勸修寺尚顯）申沙汰之間、相定儀不及言上、迷惑之由令申御返事者也、一盞賜之、八時分松田丹後守（長秀）賀來、申云、去〻年御服要脚五千八百疋、自上野介（齋藤時基）方運上千疋、自御倉（立入宗康）進納由也、六千二百疋也（〻八）、此未下、明日御參內以前、以御質物被仰付者也、去〻年」申沙汰齋藤上野（時基）候之間、定而可言上、於殿中召間言

御服要脚

御倉より進納

（4ウ）

請取加判

秘密經書寫

後柏原天皇御德日神宮南門等燒失により廢朝三ケ日

上由申、尤珎重由也、則可申長橋(東坊城松子)由令返答、小時上野介使小嶋、來云、去〻年御服要脚三千二百疋未下、以御質物今日可被進上、於要脚者自松田對馬方(英致)可有進納、可然之樣□入御參　內以前可被下御請取、可披露之由申間、御懇之武命則可申長橋由令返答者也、則以左京(藤堂景元)・可申(〆令)長橋□(処)目出度由有御返事、田口右京亮(久秀)与左京兩人向對馬方(松田英致)□□(折カ)帋丹後・上野介兩三人判也、取彼加判、被向加立入賀守(宗康)□□(野洲カ)彈正兩人此用脚令奉行云〻、亘細兩人存知□□□□□先爲□□被請取者也、雜掌□

(5オ)

(蟲損)

(蟲損)

□之則□□申□(次カ)□□□九条□□入道守被出之、則進桃□(花カ)□□事

自是云〻、

□□□(十二日)、壬午、奉書写秘密經、臨時、淸水寺代官孫四郎、心中之所願皆令滿足無疑者也、南都修(光慶)南院・東院(兼繼)賀書到來、如例年、多幸、自桃花(一條冬良)昨日御申詞如此、則可令　奏聞処□(自カ)十六日可爲廢朝三ケ日、今日御德日之間、明日可申頭中將(正親町三條公兄)由被□(仰カ)下旱、奉書別續置之、就太神宮南門等燒失、可被行廢朝之由承之、敬信之　叡情最以珎重、仍十五日以後神宴

消息宣下

守株

長暦幷に寛治度神宮寶殿顚倒により廢朝三ケ日

唯識三十頌

神宮傳奏奉書

以前有沙汰之条、得便宜之由存之、消息　宣下事、陵遅之儀不可然、陣儀於不被行者、任　八幡宮炎上時、近例可有其沙汰歟、段〔於カ〕」大節不可守株之謂也、抑廢朝日限事文簿之所載五ケ日、先例兩端也、案事之輕重今度三ケ日可叶〔時脱カ〕宜哉、長暦幷寛治度神宮宝殿顚倒廢朝三ケ日由所見候、任此ホ之往跡宜被計行乎、

（５ウ）

十三日、癸未、晴、南都使今朝罷下早、明後日十五日ヨリ、七ケ日代官社參之事申遣若宮、一殿同書写三十頌去年以來、奉納之、悉願□令滿足、可爲今春、多幸ゝゝ、廢朝事如此遣一通早、□□〔太カ〕神宮南門幷玉垣ホ炎上事、自來十六日□□□□□□〔可爲廢朝三ケ日カ〕可□〔令カ〕計　宣□〔下カ〕□由被仰□〔下〕候也、

（蟲損）」

（２オ）

（蟲損）

□候□進□□〔酌カ〕□□〔盃カ〕拜受滿足ゝゝ、□□□〔宮カ〕御方御盃拜受□□〔祝著〕□

□〔被カ〕□□、

□〔十〕六日、丙戌、晴、餘醉、終日不□□看經爲如何之、

□〔十〕七日、丁亥、雨下、及晩晴、持齋讀經書□□朝令凝祈念外無他事、

十六日より廢朝
三毬打

□□□〔十八日〕、戊□〔子〕、霽、早朝 清水寺代官才若、自十二月十七日至正月十六日毎朝書写經□□心中所願皆令滿足、多幸〻〻、十五日就出仕取乱間、今日用藏主入來、如形令凝寸志㕝、

自十六日依廢朝今日三毬丁〔毬打〕延引、可爲明日之由有風聞、

十九日、己丑、晴、當番之間、午陰時分令參 相番季經卿(四辻)代隆康朝臣(鷲尾)、・雅業王(白川)・諸仲(五辻)・余也、內、於御學文所暫拜 龍顏、御卽位〻事種〻被仰下、當年者就是非可被行由申入㕝、七時分三(マヽ)〔問〕被拍子㕝、

雪見酒

(2ウ)
廿日、庚寅、□〔深カ〕雪、禁庭催其興処、前內府(三條西實隆)御雪酒申沙汰、去冬一向不降、」去十五日薄雪降、各女中衆申沙汰云〻、其時有故障之子細、不參間、今日參候云〻、昨日之番衆各進上御銚子、於常御所及數盃、□〔有〕天酌、及申剋退出、沈醉無他事、大上(廣橋綱光室、攝津滿親女)嘉例之御振舞、御局(廣橋守子)御入㫖重〻、

御會始

今日御會始也、題霞添山色、懷帋付送甘露寺(元長)許、依沈醉如此、怖畏此事也、

廿一日、辛卯、晴、依餘醉昨今不及看經、可恐〻〻、至社參今日結願也、□□無障碍間、心中之所願成就無疑者也、一昨日新藥師奥家統書□、同御卷數・煙〔撫〕物・火着〔箸〕〻如例年到來、祝着〻〻、卽遣返事㕝、

□〔廿〕二日、壬辰、晴、兩三ケ日看經未進、終日令□□□〔㕝〕、遣使者於頭中將、廢朝□□〔符〕府案令所望

後柏原天皇宣旨

後柏原天皇女房奉書

御沙汰始

者也、上□〔卿〕□卿□、
□□年正月十六□〔日〕
（蟲損）」
（1オ）
（蟲損）
□會云々、□
□□令申局（廣橋守子）処袖□面□□〔処カ〕□由也、
□□□出之、明日□□、
□〔廿〕七日、丁酉、霽、昨□□□加銘遣丹後（松田長秀）許、
□〔しカ〕ん田（山城國乙訓郡）の事□□ん□□かり□□□〔へカ〕つけ候へともま□□く申□候ハぬほ□□くせ
事にて候、いかさまにも□□□候、めしの□〔ほカ〕せられ候て、こゝにてかたく□〔お〕
□〔ほ〕せ□〔つ〕けられ候やうに候ハて□にて候、このよし心え候てまつうちくふきやうにお
ほせきかせられ候へく候よし申せとて候、
ひろハし□〔のカ〕中（守光）納言とのへ
（1ウ）
丹後守返事　奉書畏承、新田事旧冬者無餘日、當年〻度間、」無沙汰驚存、未無御沙汰始

御神樂延引

荒神參詣

間內ゝ可申入、可然之樣可　奏聞由、令言上者也、則申入処、兎角遲ゝ不可然、急度披露事不叶者、以奉行以後可申付之由被仰下、爲如何之、此月中者可有猶豫事候歟、御神樂延引、可爲晦日由被仰下、旧冬御服要脚□□□〔可〕賜由申云ゝ、一向不立御用云ゝ、珎事之事也、□□□坊賀來、

□〔廿〕八日、戊戌、入夜風雹甚、□〔早カ〕朝荒神參詣、所願成就祝着ゝゝ（〆滿足也）、

□〔廿〕九日、己亥、時ゝ雪下、□〔理カ〕阿弥爲御使鶴一□□□〔悉カ〕被下之、則令面謁、御□□可祇候之由被□〔仰〕下□度、□□面目之至御懇之次第也、□□終日令〔雖〕酒宴□退□□□〔可カ〕然樣可被申入之由令謁者也、

（蟲損）

□□代□歡□□□自今□□□ケ月令立願者也、」

〔二　月〕

（7オ）

依瑞上院（廣橋顕子）十三廻、局（廣橋守子）令來給、

廣橋顯子十三回正忌

山門禮拜講

後柏原天皇女房奉書

三日、癸卯、霽、故御局（廣橋顯子）十三廻正忌也、於専（惠カ）聖院（聖慶）方如形有法事、午陰時分□□令來給、室町殿（足利義尹）爲御使齋藤美濃守（基雄）・松田對馬守（英致）兩人來云、山門礼拜講御位署之様可尋申由被仰下云々、補任長押見于兩人者也、猶相尋外記可注進之由令申者也、靜（可）注下由申退出、灰方（山城國乙訓郡）事如此被仰下者也、同別又被仰下子細有之也、

「□（はいかたしカ）（山城國乙訓郡）□（ん）田の事、こその御下ちのゝちたひく下し□□□く□つしもよし
□も申きかせ候へん□□□□にうの□□　□□、」

（蟲損）

□□（別）□（而カ）□□（凝カ）祈念□□□□（北カ）畠彈正來□□

（7ウ）

（蟲損）

□（五日）、

□（室）□（町カ）殿令書御位署者也、□（此カ）□□（相カ）尋余之□（由カ）□雖仰下□□□（沙）汰進事勿論之間、此所存□□（也）、□定間可写進事歟、但可有遠慮如此召間、外記令書者也、

征夷大將軍從二位行權大納言源朝臣義｜（足利義尹）尹

小高檀紙令書之、以同紙褁之者也、

初午稲荷社代官参詣

六日、丙午、陰晴不定、初午也、各家中會之事有之、所願成就満足此事也、未明代官令參詣于（入夜風雨甚、）
稲荷社者也、
以景元（藤堂）持送昨日之御位署於齋藤美濃守許処、他行云々、前両日日次如何之間、早朝調進
□中可然様可申入旨申含了、」

別殿行幸

齋籠

（8オ）
七日、〔丁〕乙未、當番之間七時分令祗候者也、今日別殿也、行幸記録所庇間御也、天酌有之、祝着
々々、相番高倉侍従（範久）・諸仲（五辻）朝臣也、伯（白川雅業王）齋籠云々、

紙公事御沙汰始

八日、戊申、時々小雨下、早朝紙公事之事・同灰方新田事、御沙汰始如何之由丹後守（松田長秀）申、条々
申入其子細処、一段緩怠思食間、御沙汰始以前可申沙汰仕由、堅可申由被仰下間、畏存
由申入了、御申次、始者新大典侍殿（勧修寺藤子）、後卿内侍殿（姉小路濟子）也、此趣令申丹後（松田長秀）、先日之文取返、又
返□□（仕カ）者也、栗眞事（伊勢國奄藝郡）召二郎左衛門（加田）於局、
九日、己酉、齋、早朝丹後申子細言上之処如此、又被出文、則遣丹後許処、今日□□申者
也、

後柏原天皇女房奉書

はいかたしん田の事、御下ちのち、〔の脱カ〕たひくさいそく候へ□□□申きかせ□□
を申して□□まいり□□□き（以下蟲損）

（蟲損）」

（蟲損）

□□鐘□□、

□□違存候也、謹言、

□月□（八カ）日　（〆守光）（花押）　表書判也

大傳法院（根來寺）衆徒御中

廣橋守光書状　（8ウ）

十日、庚戌、霽、

灰方新田事遣使者於丹後許処、右京大夫（細川高國）堅可申付之由被仰下、但昨日罷向内藤宿祢留守之間、今日可罷向之由令返事者也、殊一人歡樂仕間、今日各談合子細有之、於其席申合可罷向、可然樣令披露由令申者也、則令申長橋局（東坊城松子）者也、御返事有之、」

神宮奏事目録　（9オ）

十一日、辛亥、霽、一昨日自頭中將（正親町三條公兄）神宮　奏事目録以青侍所被付送也、今日内々令披露者也、尤可持參処、未拜賀之間、旁令猶豫者也、

廣橋守光消息

神宮そうしのもく六《はしめ》まいり候、めてたくそんし候、もと（も脱カ）持參仕候へき事にて候へとも、いかゝ存奉候程に、ない〳〵（〆ち）申入候、例のことくの仰にて候へんすらん（〆れ）、返し下され

候て、その趣□□候へく候、このよし御心え候て御ひろう候へく候、
□□□〔侍カ〕との□□〔局カ〕へ

神宮奏事目録

□□□〔公兄カ〕奏
□□□□事
（蟲損）
（蟲損）
恐□□□〔惶謹言〕、
□〔二カ〕月十一日　　公兄〔正親町三条〕
廣橋殿〔守光〕

正親町三条公兄書状

（9ウ）

神宮奏事目録

奏事目録
永正十年二月十一日公兄　奏　廣橋中納言
祭主伊忠〔大中臣〕卿申造替事、
仰□〔早カ〕可有申沙汰由□□□□〔可申武家カ〕、

（10オ）

神領再興事、
仰同前、
大中臣清祝申神祇權少副事、
仰可　宣下、

三日（マヽ）、□□令披露者也、去七日目錄案付給之、但□□□□奏□存□□□（処今度カ）□

彼是今日所□□此□、

（蟲損）

「

（10ウ）

（蟲損）

□□□□□□□□□□□御神事□

□□之者可參□□存由令申者也、令沈醉、

禁中觸穢

十八日、己（戊）午、□□□□（齋藤カ）□（美）濃守・松田對馬兩人爲御□□門外云、禁中觸穢云々、來□
□講前御神事之間、不可參　武家（足利義尹）、但有御用者可參御門戶、各自然可參輩此由可示送
由被仰下間、畏存由申入畢、

歡樂により當番不參

十九日、依歡樂當番不參、

春日祭

廿日、庚申、自晩頭霽、禁中雖穢中　春日祭、上卿三條（三條西公條）中納言參行云々、申・沙・汰（×頭弁）頭弁伊長朝臣（甘露寺）也、

廿一日、辛酉、霽、三十頌不及書写、去十七日令持參、持齋如毎月果行之者也、代官才若也、

唯識三十頌

早朝遣丹後許、使者於灰方事（山城國乙訓郡）・越前川北事（足羽郡）ホ也、

（11オ）廿二日、壬戌、霽、木邊上洛、於東隣（高辻章長）各有參會、及沈醉爲宿之、

廿三日、癸亥、晴、木邊僧（光什）爲礼罷向尊勝院、添遣景元（藤堂）者也、

（コノ間空白アリ）

伊勢國栗眞御年貢

廿四日、雨下、二郎左衞門（加田）來云、栗眞御年貢（伊勢國奄藝郡）五千疋運送之由申、則令申長橋処、旧冬五千疋、以上万疋由可披露由有返答者也、此占文一昨日到來、今日令披露者也、

占文

今月廿日戌時、太白与熒惑相犯、相去五寸所、

天文要録

天文要録云、太白与熒惑合、大將軍愼、

又云、熒惑与太白同宿、其國兵革速、

又云、□□（太白カ）□合　大人憂、

荊州占

□（荊）州□（占）□□（闘カ）諸侯有哀□□有內、

□（賊カ）民□□

司馬□□

（蟲損）
（蟲損）

（11ウ）

□□令□所□被仰□□事、山國事□□賀茂眞〔神〕光院喧〔嘩〕□□〔事カ〕、大内〔義興〕上階事、
同哥才事、条々被述懐申事也、難□□山國今度庄彈正以下、鳥居二郎□□〔左衛カ〕門・同□
才□□□□事
□〔太郎カ〕追捕事發端之儀、彼才鳥居修理生涯〔害〕事、依露顯如斯被仰付云々、
廿七日、早朝、以新内侍〔水無瀬具子〕被仰下云、外様小番可有結改、西園寺宰相中將〔實宣〕・頼孝〔飛鳥井〕才小番可被
召加之、其旨令存知可結改云々、畏存由申入畢、尊勝院申六波〔羅脫〕蜜寺本尊閉帳綸旨事、同
申入処、無　勅許相違者也、室町殿渡御右京大夫〔細川高國〕許云々、松囃申沙汰云々、正親町一位〔公兼、祥空〕禪
門・世尊寺新三位〔行季〕・錦織寺才相伴、參詣于清水寺、所願悉皆令滿足也、

○以下、宮内廳書陵部所藏本第一巻ニ續ク、

賀茂神光院喧嘩
大内義興上階
鳥居修理生害
外様小番結改
六波羅蜜寺本尊閉帳綸旨
足利義尹細川高國邸へ渡御
松囃子

○以下、宮内廳書陵部本（四一五―三三五）第一卷ヲ以テ底本トス、

（題簽）
「守光公記　永正十年三月―八月（上）　一」

（1オ）

傳奏奉書
六波羅蜜寺本尊閉帳

六波羅蜜寺本尊閉帳事、可書遣〈被調〉　勅裁於寺務〈別當〉之由被仰下候也、恐々謹言、

二月廿六日　守光（廣橋）

藏人弁殿（萬里小路秀房）

（1ウ）

後柏原天皇綸旨
六波羅蜜寺本尊閉帳

六波羅蜜寺本尊閉帳事、被聞食了、弥勸貴賤之結緣、可専修造之旨、可被下知之由、

者、依

天氣上啓如件、

永□（正）□（十）年二月廿六日　左中辨判（甘露寺伊長）」

尊勝（光什）□（院）御房

上所令失念、縱案雖無沙汰、不載之事如何、

勅裁

此勅裁事、二月一日以安藝法師申遣万里、(萬里小路秀房)一結自寺家礼云々、則到來、珎重々々、

○コノ二日ノ記事ハ三月一日ノ後ニ續ク、

七條時宗上人號

二日、畠山式部少輔(順光)有使、七条(金光寺)時宗上人号事、□□只今相替間、綸旨申請度内々武命由申送者也、毎度□(他カ)阿上人云々、行阿弥同來申者、則可披露之由申旱、

後土御門天皇綸旨

宜奉祈國家安全・寶祚延長者、
天氣如此、仍執達如件、
明應六年六月七日　右少弁(勸修寺尚顯)在判
他阿上人(知蓮)御房

某書狀蠟燭

蠟燭二百挺給候、□(悦カ)入候也、敬白、
五月廿三日
他阿上人

尊勝院光什書狀

(2オ)

六波羅蜜寺本尊閉帳事、被入聞食被成下　綸旨□(仰カ)畏存候、弥相勸貴賤結縁、可令專興

隆候、併　聖運安□〔泰カ〕之基、可爲御祈禱之事一存候、此寸之趣、尤以忝候、雖申入御礼

□行有子細之間、先捧愚札可然之樣、御取合賴存候、恐惶謹言、

三月二日　　光什（尊勝院）

（コノ間空白アリ）

（2ウ）

三　月

月朔祝事

一日、午（マヽ）、雨下、月朔祝事每事滿足〻〻、

愛染堂・歡喜天代官木邊、所願成就此事也、召外記、家領之事如此調遣者也、

廣橋守光書狀

家領當國（播磨國神崎郡）高岡南庄領家職事、此間恒屋御代官執沙汰無□□（相違カ）之処、自去年中村大和守違乱之由候、子細仰事哉、於此在所先無□他家領事間、恒屋如元可執沙汰由被仰付者、可爲祝着候、恐〻謹言、

三月朔日　　判（廣橋守光）

赤松兵部少輔（義村）殿　上表名字

桃花節

○三日、今日御慶、毎事爲滿足、殊終日沈醉、桃花節珎重〻〻、

（朱書、紙繼目）

上人號

（3オ）

四日、上人号之事、明應六年綸旨者有越中間、前〻綸裁如此之由申、二通入袋、入見參、則勅許如此也、

後柏原天皇女房奉書

七条のたうちやう上人からの事、むろまち殿（足利義尹）より御しつそうにて申され候、せんれいのことくちよくさいなされ候へく候よし、おほせられ候、かしく、

右中弁（萬里小路秀房）とのへ

後小松天皇綸旨

宜奉祈國家安全・寶祚延長者、天氣如此、仍執達如件、

應〔永〕十九年四月七日　　左中辨家俊（清閑寺）

他阿（太空）上人御房

稱光天皇綸旨

（3ウ）

可被致天下安全御祈禱由、被仰下候狀如件、

（應永二十七年）後正月廿二日　　右兵衞權佐判

明應の日記

廣橋家雜掌請取状

上人號御禮

美濃御料所

他阿(尊恵)上人御房

女房奉書并　勅裁二通遣藏人弁(萬里小路秀房)許、委細令申処、可得其意㕝、今日當番之間、明日可書与　勅裁由返答間、則遣使者於式部少輔(畠山順光)許、此子細令申処、祝着之由令返答者也、公方(足利義尹)御礼之事無之云々、明應之日記ニも不見之云々、

五日、

四時分時宗弁式部少輔使來、則三百疋持來、古來絹三疋云々、申次礼如此、軄事御礼香筥・杉原一束、則可令持參云々、相添使者　勅裁被渡遣者也、」

上人号御礼、申次爲本所分、絹三疋所請取如件、

三月五日　廣橋家雜掌

景元(藤堂)

(4オ)

六日、奉書到來、美濃御料所事、如此可申遣美濃守(齋藤基雄)、此案勸修寺(尚顕)調之、

不相違儀可申下由、被仰下間、只一人可然之由申入㕝、

禁裏御料所多藝庄(美濃國多藝郡)事、爲嚴重之御月宛処、御代官齋藤四郎御公用連年一向無沙汰、就御退屈可被申付別人由、以持明院(基規)被仰下候之処、于今無一途在國以外次第候、今度小四郎幸沒落之間、彼御公用事、如先規被申付御進納者、尤可爲忠節候、兼又伊自良庄(美濃國山縣郡)事、齋藤右兵衛尉無沙汰同前候、是又可致嚴重之沙汰由、堅可被申付候者、可然候、早々可申

旨被仰下云々、

小番結改番文

今朝早々小番結改、番文凡調入見參、則料帋二枚被下間、遣世尊寺（行季）者也、一番々頭冷泉（下冷泉政爲）大納言、

則以折紙遣觸遣者也、二番小倉（季種）大納言同觸遣之者也、」

七条雑掌時□〔宗カ〕來云、昨日　勅裁宝祚之字作字也、可被改下由申間、則申遣者也、

（4ウ）

後柏原天皇綸旨

七日、丙子、霽、早朝執遣　勅裁処、如此、

宜奉祈國家安全・寶祚延長者、

天氣如此、仍執達如件、

永正十年三月四日　　右中辨（萬里小路秀房）判　　表書名字、

他阿（意樂）上人御房

蓮泉院光盛、携一桶來臨、經明院・中坊・五郎朴齋來、勸一盞、其後四辻宰相中將（公音）光臨、一荷三色隨身、不存寄煩令迷惑者也、山國（丹波國桑田郡）之事、少々談合之子細有之、難述是非事欤、同召明孝（半井）及秉燭大飲也、

速水宗益十三回忌
小番結改番文
國代官
男女花事申沙汰
禮拜講
女中年始振舞
公家衆
法中

八日、丁丑、晴、餘酌(醉カ)散〻事也、宗益(速水)十三廻也、各沙汰進時候間、御局(廣橋守子)御入、依沈醉不能面謁、
秉燭程歸參、
九日、(戊)己寅、入夜雨下、小番明後日ヨリ結改、今日番文自世尊寺(行季)到來、(二通)則令　奏聞、一枚被
返下、聽而遣一番〻頭許、」

(5オ)

嶋庄(丹後國與謝郡稻富位田)請文補任吉曜之間遣之、國代官伊佐三郎左衞門・杉本新三郎兩人也、丹後守(松田長秀)內狀三通、
十日、(己)戊卯、男女花事申沙汰也、於小御所有一獻、龜大夫申曲者也、
十二日、東隣(高辻章長)罷向者也、三荷二色令隨身、是先日腰刀之礼也、
十三日、以伊勢右京亮(貞遠)被仰下云、昨日礼拜講無事御遂行之間、明日面〻御供衆、明後近
習・外樣各可令進上御太刀、公家惣次之御礼十五日・六日之間重可被仰、早〻可相催之
由以使者申間、委細奉㕝、聊令沈醉間、重可言上之由申入㕝、
今日女中御年始之御振舞也、珎重〻〻、
十四日、早朝遣使者於右京亮(伊勢貞遠)処、令出仕云〻、則自殿中使來云、公家衆御礼可爲明日処可
被觸云〻、勸修寺遣使者相尋処、自伊勢方(貞遠)申送間、公家大概相觸云〻、珎重㕝、法中此分
相解(觸カ)、此外可相觸云〻、円滿院(仁悟法親王)・實相院(義桓)・聖護院(道增)・三宝院(義堯)・毘沙門堂(忠承)・隨心(×身)院(忠嚴)・岡崎(實乘院桓興)ホ

也、余可相觸輩、靑蓮院(尊應)門徒中・仁和寺宮(覺道法親王)・同大學寺(覺)(性守)、可爲此分由申送処、於大學寺(覺)申
二条殿(尹房)、於仁和寺可申中院(通世)云々、仁和寺・大學寺(覺)才者進折紙者也、於靑蓮院者尊勝院(光什)□(江カ)以
使者可有演說之由申送者也、

禮拜講

十五日霽早朝自禁裏礼拜講無事御遂行珎重思食、就其者此間不慮依觸躰御□々可申事、御
床敷サ被難申盡候、不図ο有御參內可喜思食由也、申次畠山宮內(基延)大(少)輔也、則有御對面□被聞
食之、御懇之仰畏思食由也、」其後被下御盃、當年頂戴之始也、滿足、御酒半、蔭(凉)亮(東雲景岱)被參

(5ウ)

者也、及數盃、當番之間、可如何由申入処、則可退出之由被仰下間令祝着者也、此由令
歸參申入早、當番之間於局改直垂令祗候者也、

廣橋守光書狀

室町殿(足利義尹)礼拜講御神事、無事御遂行候、仍明日于朝各可有參賀之由、內々被仰下候、此
旨可得御意候、同御門徒中如例可被觸仰候、▨(×円滿院殿・實相院殿・聖護院殿・毘沙門)又中院殿▨此由申度候堅固內々折紙了、
及致▨▨(堂殿・隨心院殿・岡崎)候間、如何事候哉、▨▨▨、

十四日　守光(廣橋)

御太刀金、必可有御持參候、同可得御意候也、

眞光院殿(尊海)

十五日、不明令退出、參　室町殿者也、近衞殿(尚通)御參、此外攝家・凡家不參、法中、竹裏宮(良鎭)・

（6オ）

大學寺(覺)、此外宮門跡不參、尾州入道(畠山尚慶)先御對面、今日申次伊兵庫(伊勢貞辰)也、其後冷泉禪門(上冷泉爲廣)・飛黃(飛鳥井
門雅俊)・余・三黃(三條西公條)・新黃(勸修寺尚顯)・〇(冷泉宰相(永宣)・)中山相公(康親)羽林・頭弁(甘露寺伊長)・頭中將(正親町三條公兄)・新中將等也、此次奉公山□等令
祗候者也、次西衆・護持僧等也、次少〻不參、御太刀新黃門(勸修寺尚顯)尓人〻相付之間持參、申次
〇可□折帋之由申間、則被染筆、法中別帋也、此事有不審方、於攝家・宮・凡家者、雖不
參可付進之欤、諸臣付進傳　奏事如何、不參之時、前〻不及進御太刀由大槪所爲也、今
度不參內、小河坊城(俊名)・中院・持明院(基春)外不見、
八時分松田丹後守(長秀)・飯尾近江守(貞運)、灰方(山城國乙訓郡)事被仰付右京大夫(細川高國)処、召下司・公文、堅申付処、
此新田事、殊善峯寺度〻致合戰令忠節、御代官事旧冬被補任于善峯寺由、風聞之時分、
關白(九條尚經)御寺之事之間、可被還補之由有」沙汰、則還補由申間、不及是非者欤、非申合儀之
由申間不審、爲香川美作善峯寺申次之間、以彼者令相尋処、如此正文兩通自善峯寺返答
如斯、於此上者下司・公文無緩怠、可然樣可申入由右京大夫令言上、此事可然樣可披露
由、被仰下者也、畏存由申旱、此正文相留可写進由　武命候間、於　奏者所近江(飯尾貞運)写之、
見正文、案文渡余者也、

九條家女房奉書

仰 永正九 十 十七
しんてんの事けんふ(還補)のうへハ、寺けとしてもとのことくりやうち候へき事、めてたく

おほしめし候よし申され候へと申とて候、かしく、
さへもん（石井在利）の大夫とのへ

石井在利副状

就新田之儀、被成内書如此被仰出候、然間〔令〕領知、弥弥（衍カ）御祈禱可爲肝要者也、
（永正九年）十月十七日　　石井左衞門大輔〔夫〕
在利　在判
善峯寺雑掌

榮堅書狀

就新田之儀、預御尋候、去永正三年迄當知行之處、従今度之砌、灰方令押領候間、關白（九條尚經）殿様御寺」之事候之條、去年又取御申候て、如元以御内書寺家江被返付、自去年知行仕、
（6ウ）
天下安全令致御祈禱事、御屋形様（細川高國）江此旨可然様仁預御披露者〔へ〕、可畏入候、恐々謹言、
三月十〔五〕五日　　榮堅　在判
香川美作守殿　御宿所

甚だ逆鱗

馳參長橋（東坊城松子）以兩人（廣橋守子）大典侍・（姉小路濟子）卿内侍、武命融（通カ）令　奏聞処、甚　逆鱗也、尤々、一往被相尋關白重可被申、
近來驚思食由　勅答也、此催則申遣丹後許計者也、

觸穢

足利義尹逐電の風聞

御留守御所

（7オ）

十六日、乙酉、霽、就灰方事、女房奉書到來、有御會御沙汰、御返事自私可申入者也、

十七日、丙戌、霽、早朝昨日御返事申入了、持齋看經如去月、每事如意悉願成就無疑者也、觸穢昨日迄也、今日於庭上遙拜如每朝、珍重也、

十八日、丁亥、霽、四時分　大樹(足利義尹)御逐電之風聞令騷動者也、則馳參処、申次伊左京亮(伊勢貞泰)也、無御座由申者也、仰天此事、伯(白川雅業王)蜜(密)〻語云、被書置御內書、自然落所雖有之(不脫カ)、楚忽可參由有之云〻、小時伯令同道退出、直參長橋、此子細申入処、御仰天不尋常、種〻有御談合、先被仰遣(×出)伊勢守(伊勢貞陸)者可然之由、申入了、」此子細者兩京兆(細川高國・大內義興)江直可被仰事如何之間、各雖不可存所在、早〻尋求御在所可致奏聞、就其可有御調法由伊勢守・兩京兆可申傳之由、今日可然歟由申入処、各同心也、則被出文於勸修寺、但兩人(廣橋守光・勸修寺尚顯)以靑侍遣処他行云〻、文宛所之事可爲余由、雖被仰旁令故障、被書出勸方(勸修寺尚顯)、長橋・甘(甘露寺元長)黃(東坊城和長)・大府卿卞有此席、及昏伊勢六郎左衞門(貞久)爲使來云、先剋御懇之　勅定畏存者也、只今向右京大夫(細川高國)、不及御返事、令迷惑者也、明日於修理大夫(畠山義元)許有談合、御奉書持向此席、仰之趣令申、重可言上之由申送者也、委細奉了、則可　奏聞由申了、此旨以文申入了、

十九日、己(戊)子、霽、右大丞(烏丸冬光)令同道參御留守　御所、豫伯・永家(高倉)卞有座、式部少輔召寄樽・肴勸

一盞、外様番衆・其外奉公之輩也、及數盃退出、又令同道參　曇華院殿（祝渓聖壽）、則構見參、永家同自道令相伴參者也、卽退出、右大丞有所用逗留、相伴永家令歸宅𠀋、今日於畠山修理大夫（義元）許、右京兆・尾州入道有談合云々、及晩伊六郎（伊勢貞久）左衛門爲伊勢守使來▨、昨日奉書各申聞処、忝存如何様相尋落所各可（ㇵ申）申入、可然様可　奏聞云々、内々各申事者、楚忽被立御使事不可然、兩三人（細川高國・畠山義元・畠山尚慶）所申不叶者、其時可申入由内々私迄申由令命者也、委細」奉之由申𠀋、入夜參局以兩人勾當・局、申入𠀋、

足利義尹御歸洛事談合

廿日、戊〔己〕丑、霜、當番之間、午陰之時分令參候者也、▨官務（大宮時元）召局内々被仰、伊勢守事有之、非殊儀楚忽不可進御使由申、尤候、乍去内々以私之青侍可遣文事、可爲如何哉之由也、尤可然之由申入𠀋、新中納言（勸修寺尚顯）祇候長橋、彼文之間事有御談合、使家〔井家〕（顯家）上左衛門大夫治定𠀋、▨以仰拙者無器用間令斟酌𠀋、右京大夫（細川尹賢）以右馬頭兩三人申合御歸洛事、令談合最中也、不事行者、其時　勅使事可申入、先楚忽不可被進由申云々、

（7ウ）

鞍馬寺并に清水寺代官參詣

廿一日、庚寅、霽、早朝令退出者也、看經別所作、鞍馬寺・清水寺代官參詣事孫四郎、書写經奉納之、悉願如意滿足々々、遣使者於式部少輔、可罷下否事以廣澤十郎令申処、懇令返答、祝着々々、

廿二日、辛卯、右大丞、吹田十郎差下□申送之間、言傳書狀之由申送処、内ゝ意見之子細有之
間、則遣書狀於伯許令談合処、今度自鹿苑院(宗山等貴)被下人之次、各書狀一もゝ《不》可進之由、被仰
下之間、自然不申屆様可被思食候之間、不可然之由被申間、此由申烏(烏丸冬光)略了、」
(朱書、紙繼目)○
則天明之程一睡了、

足利義尹歸洛祈禱の月待

(8オ)
廿三日、壬辰、甚終日雨下、 室町殿爲御祈一身待月者也、終夜深雨下間、不月出不鳥《聞》鐘間、

御神樂

廿四日、癸巳、及晩齋、今夜御神樂也、天晴希有此事欤、及晩問田掃部(興之)爲使來云、今度時宜驚
存、則可申入処、毎事廢亡仕、于今遲ゝ令迷惑者也、不可有殊儀、涯分御歸洛事可申沙
汰、申合右京大夫(細川高國)、可然様可披露之由謁者也、則令面謁可 奏聞之由令返答歸了、以景(藤堂)
元内ゝ自局申入処、喜思食由也、

後柏原天皇女房奉書

(8ウ)
廿五日、甲午、齋、如此奉書到來、則遣問田許了、令出仕由申、奏者村井又太郎、
むろまち殿御いての事につきて、左京大夫ねんころに申入候、よろこひおほしめし候、
いまに御とはう(途方)もいらせをへしまし候へす候、まことにしん中もをしへかりおほしめ
し候、一日もいそき〳〵」御きらくの事申さた候やうに、なを〳〵心え候て申つかは

されへく候よし申とて候、かしく、

御留守御所

八時分相伴右大丞、參御留守御所、有一盞、今日右馬頭(細川尹賢)進御棰云々、已後參　入江殿、今(足利義尚女)御所構見參、被下御盃、祝着々々、今日畠山式部少輔・一色兵部大夫〔輔〕(尹泰)兩人罷下甲賀(近江國甲賀郡)云々、

一條兼良三十三回忌御經供養

廿六日、來月二日後成恩寺殿(一條兼良)三十三廻御經供養御導師事被仰尊勝院、仍条々尋申処、如斯可注給、

一、忌日佛事、虚空藏菩薩像一躰、於此方被仰付候、

一、御作善目六未定事候之間、重而可被注申候、

一、御願文草出來候者、可被写之、

一、幡・花鬘被尋出候者、可被懸之、

後小松院以下後土御門院四代聖主に仕ふ七十二歲にて出家

(9オ)

一、聖主事、後小松院・稱光院・後花園院・」後土御門院令仕四代聖主給候也、

一、御落髮事、文明五年於南都落飾、七十二歲、

一、御參時尅事、四時分可被參候、

一、御本尊事、尺〔釋〕迦可然之由思給候、可被用旧像候、可有御拜察候、

廿七日、晴、錦織寺迎昨日上洛、仍今日今陰之時分、罷下者也、珎重々々、自　禁裏女房

烏丸にて汁講

奉書御返事、種村三郎未着之間、式部少輔可馳下之由申間、其時可披露之由申云〻、自
伯方相尋之間、内〻令尋局者也、
廿八日、變異御卷數、自所〻到來、
廿九日、參詣北野、烏丸相伴者也、歸路於烏丸有汁、早朝御卷數十九本遣松田對馬守(英致)、他行云〻、
禁裏御卷數廿五本以局令進者也、畠式(畠山順光)・一色兵(尹泰)、今日大津(近江國滋賀郡)迄罷上云〻、」

(9ウ)

四月大

一日、戊〔己〕亥、朔日幸甚〻〻、明日後成恩寺殿(一條兼良)奉爲卅三廻、有御懺、禪衆可參之由被仰下間、
自早朝令祗候者也、中黄(中御門宣秀)・大府卿(東坊城和長)・余・中山宰相(康親)・松宰相(松殿忠顯)・大内記(五條爲學)也、二荷二色
令進上者也、

一條兼良三十三回忌御經供養

二日、庚子、四時分尊院(尊勝院光什)令來給、今日於一条殿(冬良)御經養(供脫)導師也、午〻四時分被參懃者也、題名蓮向(×者)
院、諷誦願文大府卿、御書中御門大納言禪門乘光(宣胤)也、御布施三百疋、自 禁裏被下候、
盆・香合被下御導師、任應永之例、御布施自御簾之內被出之云〻、甚深雨下、則尊院令

歸河東給者也、

三日、辛卯、雨下、遣使者於式部少輔(畠山順光)、一昨日令上洛、御返事趣先可然間、可安堵由申送者也、今日於右京大夫(細川高國)宿所、御返事樣各可申聞之由令返答者也、

（10オ）

四日、壬寅、時々雨下、一色兵部大輔(尹泰)・畠山式部少輔(順光)以使者申云、今度之御返事勸兩所(勸修寺尚顯・廣橋守光)之間、於何方可申哉之由申送間、相尋勸修(勸修寺尚顯)・可返答由答之、即遣使者令申処、幸便路間、余在所可然由被申間、此由申送処、各必可來由也、九時分勸黃(勸修寺尚顯)令來、少時相改処、八時分兩人(一色尹泰・畠山順光)來云、御進退之事御懇之仰趣、忝畏思食者也、今度」更無別子細、各被仰付事、一向不承引仕、殊　勅定之儀、何も不相屆御間就退屈、如此所被相計也、可被御暇申処、如此題目急度難申入間、更非緩怠、可然樣可披露、又私迄被仰下、可被立　勅使由風聞、一向不思儀〔議〕之在所、自然就被差下者、可爲御迷惑候、且　叡慮輕不可然思食者也、能々兩人(勸修寺尚顯・廣橋守光)可申留、万一被相向　勅使、可被恨思食由、堅被仰下云々、則可奏聞旨各被申者也、可爲取乱、軈爲御歸洛、爲祝事勸一盞畢、則參　長橋、此子細申入処、條々被仰下事有之、所詮先又以奉書可被申云々、則向前內府(三條西實隆)令談合、案認令進上、明日可被出之由　勅答也、於長橋有一盞、綷御沙汰由也、先日文案如此、

後柏原天皇女房奉書

仰
永正十 三 廿四
おほしめしより候ハぬ御いて、おとろきおほしめし候、よろつ一かう御とはう(途方)いらせをハしまし候ハす候、ことにこのほとハ御さい所さへきこしめし候ハて、うかくと御入候つるに、まつきこえさせをハしまし候て、かつ御あんとにて候、あまりにおほつかなくおほしめし候て、かやうに申され候、かさねて御つかひをもまいらせられ候て御申へく(候脱カ)候、返々これにつくされかたく候、御さい所きこえ候まゝ、まつ申され候の□□(よしカ)御心え候て、むろまちとの(足利義尹)へ申され候よし申せとて候、かしく、」

くハんしゆ寺とのへ(勸修寺尚顕)

(10ウ)

五日、癸卯、時々雨下、早朝有勸使(勸修寺尚顕)、三宅、今日申遣兩所一兵(一色尹泰)・処、畠式(畠山順光)・処、各御出候事者、過分之間可罷上由申云々、命拙者云、定而可爲取亂候之間、重而可相向被仰遣候者、可然之由令申、則此趣令申処、御出過分之間、毎事取亂最中也、於殿中可奉、・然者今晩欤、明日早朝欤之由申云々、明日の未明可然由命使者候也、

六日、甲辰、入夜風雨降、早朝罷向式部少輔許、勸傳奉書於式部少輔者也、召▨(遣)一色兵部少輔(大カ)、小時相待者也、無殊儀子細見于奉書、各畏存、今晩可下向之間、具可披露之由令申者也、勸黄計參長橋、此返事被申者也、余自路次歡樂氣之間、不能・▨(×免)祗候、式部少輔申云、藥

藥玉進上

玉御進上之事、遠路之間、可申留云々、又護持僧御卷數事、於京師祈念可爲肝要、此由各可申云々、以式部少輔使申云、只今來臨恐存者也、尤可參処毎事取亂間、如此儀恐存、爲其先以使者申云々、又自(爲)要以景元(藤堂)条々兩人方へ(一色尹泰・畠山順光)申遣処、懇有返答、祝着々々、

(11オ)

七日、乙巳、霽、廣田御卷數筥遣松田對馬守(英致)許者也、今日松田丹後(長秀)・齋藤上野介(時基)依召參甲賀(近江國甲賀郡)云々、忝遣使者、御前時宜憑入由申遣早、藏人右少弁(葉室賴繼)御教書到來、如此神宮一社一同」不審者也、

神宮一社一同不審

大樹(足利義尹)御歸洛事、別而一七ケ日抽丹誠、一社一同可奉祈之由、可令下知神宮給者、依
天氣言上如件、賴繼(葉室)謹言、

四月五日　右少辨賴繼奉

進上　廣橋中納言(守光)殿

後柏原天皇綸旨足利義尹歸洛を神宮に祈らしむ

室町殿(足利義尹)御歸洛御祈事、如此御教書到來候、可被計下知候、頭中將(正親町三條公兄)他行間、內々令給候也、

(11ウ)

七日　丶丶(廣橋守光)

傳奏奉書

四位史(大宮時元)殿

一社一同可爲如何候哉、拜見候後、可返賜候也、

書進(大宮)時元宿祢処、昨日上洛云々、然者可相觸頭中將条召返折帋畢、

傳奏奉書

八日、丙午、陰晴不定、

大樹御歸洛御祈事、一七ケ日殊可抽丹誠之由、可被下知　神宮給之旨、被仰下候也、

恐々謹言、

四月五日　守光(廣橋)

頭中將殿　表書　三條殿(正親町三條公兄)御方

(12オ)

如職事雖可書遣一社一同、不審之間先如斯、」得所見重而可改者也、頭中將有使、御祈事聽而令下知早、可然樣可得其意云々、

後柏原天皇女房奉書公領

仰　永正十　四　二

御れう所(九條尚經)しふかハ(澁河)(上野國群馬郡)の事、たにことなる御くりやう(公領)の事にて候に、せいひつ候ハゝいそきさうこくにたんから候て、とりさた申候ハゝ、めてたくおほしめし候へく候、おな

しくあひる（上總國畔蒜郡）の御れう所もとに、ひさしき御れう所にて候へハ、さためてくにゝかくれも候ましく候、これもしかるへきやうに申つけ候へハ、神へうによろこひおほしめし候へく候、又ほつせう寺さうゑいの事、すてに」りんしをなされ候うへハ、さうゑ（い脱カ）候やうにおなしく申さた候ハゝ、いつれもよろこひおほしめし候へく候よし、神こん寺（神護寺）によく申くたされ候へく候よし、うちく申とて候、かしく、

法勝寺造營　（12ウ）

ひろハし中納言（守光）とのへ

禁裏御料所澁井□阿蒜□□如斯女房奉書□□可然様□□

如斯」

（コノ間空白アリ）」

傳奏奉書　禁裏御料所　（14オ）（13オ・ウ）

就　禁裏御料所澁河（澁河）・畔蒜并法勝寺再造營事、女房奉書如斯候、可然様可被申早雲庵之（宗瑞、伊勢盛時）由、内々被仰下候也、恐々謹言、

四月二日　判（廣橋守光）

神護寺▨　表書　有名字、

九日、丁未、自尊院有使、仍女房奉書・拙者書狀如此調遣者也、今月二日吉日之間、日付如此、

汁講張行

（コノ間空白アリ）

(14ウ)十一日、戊(癸)酉、雨下、右大丞(烏丸冬光)・松相(松殿忠顯)・山内(山科言綱)・明孝朝臣(半井)晩汁可令張行者也、

十二日、庚戌、風雨下、明日伯(白川雅業王)下向甲賀之由有書狀、則三種二荷令隨身罷向者也、今度書狀之一帋不可下之由内々被仰下、青侍一人可召進、可然樣披露可爲祝着之由令申処、領狀之間、祝着千万也、有一盞、及數盃令歸宅者也、右京亮(伊勢貞遠)・友貞朮有座、

十三日、辛亥、陰晴不定、及晩晴、早朝向山内、令相伴伯許、罷向即面謁、小時退□在云々、自坂本(近江國滋賀郡)守山(近江國野洲郡)一宿云々、天氣屬晴、奇特事也、

山田三方朝餉新關

十四日、壬子、晴、早朝爲　神宮奏事參長橋(東坊城松子)、於勢州山田(度會郡)三方之内朝餉新關事、叙爵事也、叙爵　勅許也、關事者條々□有被仰□(下カ)旨、何可有□被仰下者也、

後柏原天皇消息

昨日以伯明日如此被送　勅書云々、

そのうちへやかて人をもまいらせられたく候つれとも、なにとやらんうちく申され候ほとに、いまにうちすきて候、たゝいま雅業(白川)まいり候よし申候ほとに、くハしく申候やうにとおほせふくめられ候事にて、京都の事あまりに御たよりもなきやうに、一日もとくいかやうにも御入洛をと、ねんしおほしめし候」(15オ)ハかりにて候、何事も文に

つくされかたく□□□、かしく、

むろまちとのへ

安樂光院佛前談義

安樂光院於佛前談義事、去年十月寺僧心等、申旨令　奏聞処、被相尋本寺、不可苦之由依申被聞食早、東蓮社令歡樂間延引、此□中可法談由重申驚間、　奏聞処如此被仰下者也、文ハ十五日早朝被出之者也、

後柏原天皇女房奉書安樂光院本尊

仰（永正十 四 十五）

あんらく光ゐんの本そん、たにことなるにつきて、けちゑんのため、とうれんしやたんき沙汰候ハんするよし、きこしめし候よし、心えて申とて候、かしく、

ひろハし中納言とのへ

十五日、癸丑、陰晴不定、當番之間宿令勲厚者也、

足利義尹歡樂

十六日、甲寅、朝間雨下、自甲賀家益（速水）罷上早、伯書狀、召進雜掌喜思食由也、但十四日自晩頭俄御歡樂之間、浮沈由也、上池院（坂龍護）被召下程也云々、所々遣家益者也、丹後（松田長俊）返事、態被召進雜掌可然存者也、今度就御上洛可被如何之由被尋下間、各以起請申入間、於此段不可有別事、就被疑思食者、何以可被正事哉之由、」（15ウ）不顧生涯（害）申入処、被直御氣色忩申伊勢守（伊勢貞陸）可執日次由被仰下、卽申上処、來廿一日之由注進、當時面目至由申者也、

辨財天行法汁講

所願成就により赤飯を供ふ

足利義尹甲賀に於て死去の說あり

今朝の說眞實浮說

大内義興許に參會談合せしむ

十七日、乙卯(×甲)、霽、淸水寺別所作、持齋如去月、代官孫四郞、

十八日、丙辰、霽、晩頭尊院令來給、自▨今夕三□弁在(財)行法事、令申許也、於東隣(高辻章長)有▨汁烏丸(冬光)令來給、參曇(華脫カ)院殿(祝溪聖壽)、有頭弁(甘露寺伊長)申沙汰、▨〔東隣〕有酒、坊(坊城俊名)・烏(烏丸冬光)・余有汁、

十九日、丁巳、霽、早朝赤飯奉備(供)之、所願成就此事也、

廿日、己午(戊)、雨下、蓮泉院(光盛)・中坊・宮內少輔(半井明孝)・丹後朝飡申付候也、以外沈醉、無正躰〻〻、

廿一日、戊未(庚)、霽、飯後尊院令歸給、栂尾自十八日令來、今日歸坊、謳哥說有之、室町(殿脫カ)於甲賀有御事由申馳走、仰天此事也、晝時分東坊(東坊城和長)令來給、相伴向中山有一盞、赴右大丞(烏丸冬光)処、一色兵部大輔只今上洛之間罷向云〻、今朝之說眞實浮說云〻、一色兵部大輔上洛、昨夕七時分罷上、於大津一宿、今朝五時分京着也、其子細者以外御煩御間可如何哉、御養姓(生)於國可有御沙汰歟、又縱尙〻御煩候共、水以下田舍如何之間、二・三日ニも可有御上洛始之由面〻▨(×可)尋申、依告申▨▨〻樣、其〔可有〕御進退之由談合罷上云〻、於大内(義興)許面〻令參會談合云〻、先此說悅耳、」(16オ)大慶此事也、當番之間卽令參候者也、

▨昨日廿日、伯許ヨリ有狀、御祈事事諸社・諸寺ニ可申事也、今朝之狀則到來者也、仍今日日次事事(衍カ)尋左右可申下処他行云〻、小時以使者日次事、廿三日始行、結願廿九日之

由注申者也、今朝於大内許〇有朝飯、今朝浮説驚存、昨夕七時分注進も無殊事由云々、又
令悦耳者也、
於御學問所種々被仰下、浮説驚思食由也、

變異御祈禱

廿二日、(庚)甲申、霽、去月十七日被仰下變異御祈禱事、昨日晩頭正印文書到來、行水不便之間、
今朝可持來由申合者也、昨日以青侍、自頭中將不及一通被付之、如何、仍今朝孫四郎持來間、於局令行水、以勾當令
披露者也、惣別内宮迁宮之事、申所存不可致祈禱之由□□□申間、恐怖之処、今朝和与、

内宮遷宮

自内宮同到來之間、珎重々々、
御祈事今日所々相觸者也、去六日以一色兵部大輔・畠山式(部脱カ)少輔(順光)被進甲賀奉書之案、勸(勸修寺)御
使之間、只今所望如斯、」

後柏原天皇女房奉書

(16ウ)

仰　永正十　四　五

むろまち殿御かへりことのやう、兩人(一色尹泰・畠山順光)申候よしきこしめし候、よろつ御こと一日にを
しハかりおほしめし候、まついかやうにて少々御かへりわたらせをハしまして、なに
事もおほせつけられ候ハゝ、そうへつの御ためしかるへく候、とく人をもまいらせら
れたく候へとも、御つかひ申むね候とて候ほとに、まつかさねてとこそこしめ□□れ
候へ、よろつ御とはう(ヾう)も候ハぬ事にて候へは、一日もとく宮この御事をこしおほしめ

し候、このよしよく申やうかやうに兩人におほせきかせ候て候へく候よし申せとて候、
かしく、
新中納言(勸修寺尚顯)とのへ

足利義尹歸洛祈禱の月待

廿三日、爲　室町殿御祈禱月待也、所願成就無疑者也、
廿四日、壬戌、
(コノ間空白アリ)
」

後柏原天皇女房奉書

(17オ)
廿六日、甲子、今日齋藤美濃(基雄)・飯尾近江(貞運)・松田對馬守(英致)ホ罷向云々、藤兵衞佐(高倉永家)下向云々、昨日書狀言傳伯許者也、
たかつく(四條隆繼)の朝臣かりやうひろうの事、内ふ(轉法輪三條實香)よりとり申され候、藤田か申事、おほつかなくおほしめし候ことも、いそきまかりのほり候て、申ひらき候へとおほせられ候つれとも、いそきのほり候へて、とかく申候事へくせ事にて候、又かやうにたかつくのあそん申候、この月うちにものほり候て、申とゝのへ候へゝ、それまて返しつけられ候ましく候、この月うちもすき候へゝ、のちへなにとも候て、てにへ入候へすとも、御はんなといたし候物の事にて候へく候、□□□をよはれす返しつけられ候へく候と

□〔おカ〕り、このよしきと內ふへ申され候へく候、しやうなともかへしつかはされ候事、よろつ御心よからぬおりふしにて、御返事ちゝ返ゝすちなきやうにおほしめし候ほとに、申とて候よし申候へく候、かしく、

ひろハし中納言とのへ

(四條)隆繼朝臣書狀以下、遣外記許処他行云々、(翌日)廿七日自內府(轉法輪三條實香)使、仰之趣やかて可申下、只今月之事無餘日候間、來月十日比迄者可然樣可申沙汰云々、委細承之由令申候了、」

(17ウ)
廿七日、乙(×甲)丑、勸黃(勸修寺尚顯)專修事內々仰候旨被申間、所存之融〔通〕□〔忩カ〕令申旱、豐田四郎右衞門・長澤三郎衞門、右京大夫(細川高國)爲使來云、山國(丹波國桑田郡)御代官鳥居修理・三善越後半分契約仕処、種々申調処、藪(四辻季經)無存知由被申間、追失処重入使段不及覺悟、然者前々契約事必可賜候、但代官被相替於不及是非由內々申勸修寺間、可然樣可免之由、委細□〔已カ〕室町殿甲賀(近江國甲賀郡)御座之間之事、無披露事可□□有如何樣令談合于勸修寺、重可申由申旱、

廿八日、丙寅、齋、今日看經、代官參詣無懈怠、如心中所願每事無他事、大幸々々、自勸修寺有使、山國之事也、

足利義尹誕生日により上御靈社參詣

廿九日、丁(×乙)卯、齋、　室町殿御誕生日也、下御靈之由申間、參詣之処、上御靈云々、就山國事

勸修寺ニ遣使者、當番之間今夜可參、於長橋可談合、仍秉燭之時分參長橋、勸(勸修寺尚顯)被申入云、右京大夫(細川高國)使戸〔豐〕井田四郎右衛門・長澤三郎左衛門爲兩使云、山國之御代官鳥居修理・三善越後ヘ半分契約之処、此子細申藪殿処、一向無御存知由被仰、已修理(鳥居)逐電云〻、然上ハ隨見合可生涯〔害〕之由有一行、其上者不及是非処、又立却而爲御代官入部、言語道斷之事也、然者▨隨見合可遂生涯〔害〕之処、此子細度〻雖申藪無返答、然者御代官被相替者、契約之事堅申披露」不相替者、半分事者前〻任契狀可賜、更不可有緩怠、肝要御代官就被相替者堅可申付申云〻、此子細以長橋兩人(勸修寺尚顯・廣橋守光)申処、勅答無披露分爲兩人申哉、但被聞食而於可然事者、幸上姿間勸修寺可參御前云〻、兩人申云、先被聞食、於其上御返事樣者可爲仰之由申入処、則被召勸修寺、小時勸來云、條〻被仰右京大夫事、不申屆間不及勅答歟、但又被相尋藪前件、子細可被仰下歟由被仰下、前件時宜被仰出者可然歟、殊今明日事者、御上洛公私御沙汰事之間、未能披露由可申、其由內〻御談合可然之由申入而退出、於局有一盞、右大丞(勸修寺尚顯)有座、

今日伊勢守(伊勢貞陸)・同右京亮(貞遠)・同左京亮(貞泰)江東江下向云〻、

去廿一日到來新關事、

神宮雜掌言上狀
伊勢國宮川新關
伊勢國宮川役所

神宮雜掌謹言上、
右被尋下宮川(伊勢國度會郡)、同於道中新關事、
一、於宮河役所事、往古以來無其例、雖然被成御教書而先以奉應叡慮、相待時剋申者也、
可被永立置事、神役人各歎存候趣致言上早、
一、道中新關事、十七ケ年以來之儀、被立置在所、自去々年爲國司(北畠材親)停廢之、如斯次第宜須
御　奏聞彼新關事御停止之者、弥(弥カ)可奉抽御祈禱丹誠者也、」仍言上如件、
永正十年四月□

(18ウ)

神宮傳奏奉書
內侍所供神物料所

內侍所供神物料所高嶋(近江國高嶋郡)關事、所被引移勢州宮河邊也、可令存知其旨之由、可令下知
神宮給旨被仰下候也、謹言、
永正三
後(永正三年)十一月廿五日　宣胤(中御門)
頭弁殿(勸修寺尚顯)□□□

卅日、戊辰、霽、午陰之時分、自伯方有書狀、御迎可參歟之由內々伺之処、可爲大儀間、於京
都可待申由也、御仁恕之至也、同勸修寺尓母此子細申通云々、日野(內光)先日可參由被申間、弥

重之由被返答処、同窺申処、不可參由被仰下、以狀雖可申取納間、則可傳達□、則遣書狀申遣処、□□(已用カ)意間可如何哉由也、以山形(光秀カ)被申云、今日伯狀以不見分、已用意之間可參、右大丞(烏丸冬光)被參哉由申遣間、御參尤可然、右大丞者不可參由奉內通之返答早、進藤筑後(長泰)爲御使來、聖護院(道增)御卷數事也、御誕生日御卷數月次相替間、不可談□□由也、勸黄(勸修寺尚顯)被申云々、」

(19オ)

五月

足利義尹歸洛祈念

一日、己巳、夕立午陰時分頻下、朔朝祝事諸事如意、看經如每朝、別所作、大樹(足利義尹)爲御歸洛別而令祈念、所願成就無疑者也、今日右京大夫(細川高國)參御迎、騎馬十三騎云々、乘輿云々、自勸黄(勸修寺尚顯)有使、伯(白川雅業王)狀被持遣、昨日狀同前、松(松殿忠顯)相被賀來、則令面慶者也、

細川高國出迎

足利義尹甲賀より東寺へ渡御

二日、庚午、霽、室町殿(足利義尹)昨日自甲可(賀)(近江國甲賀郡)渡御東寺、則六角(高賴)馳參云々、今日三井寺渡御香常院云々、右大丞(烏丸冬光)超(招)請、武(武者小路緣光)前黄・余・世(世尊寺行季)三・山(山科言綱)內・宮內少輔(半井明孝)、及昏歸宅、御上洛且令歡喜者也、爲御祈禱、清水寺代官御小經奉納之、

小經

御留守御所

三日、辛未、早朝相伴右大丞參御留守御所、右京亮(伊勢貞遠)・兵庫(伊勢貞辰)・吉見・木阿朩祇候、公家勸黄・右

足利義尹京著

大丞(日野内光)・權右(正親町三條公兄)・頭中・余才也、八時分御京着、板輿、則御對面、進御太刀、今日參仕御共輩、御留守當番以下悉令進上、弥重々々、飛黄(飛鳥井雅俊)・伯・藤兵(高倉永家)・藏新少自甲〔賀〕可御共也、同御太刀進也、參曇華院殿(祝溪聖壽)、則構見參、大幸々々、一兵(一色尹泰)・畠式(畠山順光)・伯許各罷向者也、今日御不例、御卷數可進事、內々令披露処、明後日五日之由被仰下者也、當番之間、入夜令宿直者也、

四日、壬申、齋、於御學問所、山國(丹波國桑田郡)事先日右京大夫申旨、相違事条々被仰下者也、

(19ウ)
五日、癸酉、早朝參　室町殿、構見參、御烏帽子也、希有御本復也、右京大夫・」修理大夫(畠山義元)・左京大夫(大内義興)、御供衆右馬頭(細川尹賢)・大館刑部大輔(政信)〔少〕・一色兵部大輔(尹泰)・畠山式部少輔(順光)・勢州(伊勢貞陸)・左京亮(伊勢貞泰)、申次也、其外濟々有之、

續命縷

續命縷御使勸黄也、御太刀三日晚景勸黄持參云々、

六日、甲戌、齋、伯許有朝飡、冷大(下冷泉政爲)・四大(四辻季經)・余・勸黄・三黄(三條西公條)・姉相(姉小路濟繼)・中相(中山康親)・山內・庭中(庭田重親)・諸仲(五辻)・以緒(薄)・時元宿祢(大宮)・賴量朝臣(錦小路)、及大飲令歸宅畢、

今宮神輿行願寺に臨幸

七日、乙亥、今宮臨幸川〔革〕堂(行願寺)內云々、聊雨下、右大丞自武家退出之次、令立寄給、暫閑談、散蒙鬱畢、昨日早朝參長橋、勸兩人也(勸修寺尚顯・廣橋守光)、申次、勾當(東坊城松子)・大典侍也(廣橋守子)、先度右京大夫內々□〔執カ〕申、山國(丹波國桑田郡)事、三好越後・取〔鳥〕居修理入道半分契狀事有委細、在京中之由載之歟、所詮正文可召進、

又随見合生涯(害)之事、同一行可召進、就其可被經御沙汰、兼又鳥居・庄事、度々雖被仰下、一通不加成敗事以外也、緩怠之由間(×間)急度被(×可)加成敗可喜思食也、於隣郷許容不可然之由、先度使兩人召仰可申由被仰下、畏存由申入者也、無殊義間、以兩使今日申旱、長澤三郎左衞門・鳥井(豐)田四郎左衞門有右京兆(細川高國)、則對面令申処、今日參會之事有之、令披露重而可申由也、

八日、丙子、晴、來十四日先考(廣橋兼顯)正忌也、別而令凝寸志者也、

(コノ間空白アリ)」

守光足利義尹より美物兩種拜受

(20オ)
九日、丁丑、霽、入夜雨下、自　室町殿美物兩種拜受、御使古阿弥也、御入洛以後數度也、祝着不過之、則令面謁、畏存之由申入者也、一盞勸之、即令祗候、畏存之由以申次右京亮申入処、(不可有)祗候迄処、早速祗候御祝着、今度さそ迷惑仕つらんの由被仰下候、上意忝存非言上之限候、可然樣可被申入由令申処、即右京亮申入処、猶以次可被下一盃、尤可有御對面処、未御言語分明由、可然之樣可申云々、無忝事無物尓喩、大幸、於右大丞有夕飡、勸黄(日野内光)・日權(正親町三條公兄)・三頭・余・山内・伊兵(伊勢貞辰)・一色・右馬頭等也、及乱舞、酩酊無他事、入夜歸畢、

足利義尹未だ言語分明せず

十日、戊寅、陰晴不定、別所作、念誦無他事、晩頭右大丞光儀、參　室町殿次云々、長橋局(東坊城松子)事

別殿行幸
新關
近江國高嶋關
甘露寺元長賀茂傳奏等辭退し蟄居の風聞
御連句御會
廣橋兼顯正忌

也、八時分可有行幸、可參之由頻內々雖被申、昨日餘醉、旁令故障、一荷兩種送者也、
十一日、己卯、時々雨下、
旬看經・書写才事無他事、
十二日、庚辰、新關事、先度兩通以卿內侍(姉小路濟子)令披露処、番代(正親町實胤)之間、明朝可被仰下由　勅答也、
然以大典侍被仰下旨委細被聞食㕝、然者高嶋(近江國高嶋郡)關事可爲沙汰哉之由、被仰下之間、此子細
被仰下清兼(濱嶋)、可有興行欤由被仰□間令言上処、然者召清兼可申付之由、同停廢事申可被
申　武家欤由也、當時未不被聞食、雜訴次、內々尋議可申入由申入㕝、可下知國司(北畠材親)之由
可申頭中將(正親町三條公兄)之由仰下㕝、畏存由」令言上㕝、於長橋余与右大丞有一盞、
(20ウ)
甘露寺中納言(元長)專修寺弃破　綸旨事以外令腹立、一靑(能登國鹿嶋郡)申次・御會催事・賀茂傳奏才事令辭
退、可蟄居由風聞云々、驚存者也、
十三日、辛巳、雨下、早朝退出、御連句御會云々、
十四日、壬午、齋、先公(廣橋兼顯)正忌也、用藏主令招請凝寸志者也、早召遣清兼入道者在國、清兼者無正
躰令歡樂之間、不可來由申者也、
十五日、癸未、入夜雨下、當番之間令參　內者也、仍清兼召処申歡樂由不來、可爲如何哉事、

伊勢國宮川新關停廢伺事披露始

新關停廢事內〻可被申武家、御蒙氣之後伺事有之哉由相尋処、去九日披露始、就吉日三ケ条有之由申時、此返事了、山國事ホ於御學問所条〻被仰下子細有之、直言上御參　內事、爲武家可被申歟之処、依御蒙氣御無沙汰歟、然者遮而可被申事可然歟由申入処、聞食之由被仰下者也、

伊勢國宮川新關停廢

十六日、甲申、早朝退出、山國事者庄・鳥居事可然樣仕由御返事也、此御使勾當也、新關停廢事、可然樣可申武家由被仰下間、淸兼依歡樂不來者、遣使者可申哉由被仰下、以上兩条局(廣橋守子)御使也、畏存之由申入早、早朝遣使者於秀長(長 秀カ)(松田長秀)許、宮川(伊勢國度會郡)新關事▨▨以正印嚴重申間、被(21オ)弃破早、就其高嶋關事連〻被仰付者」可然由、內〻可披露間、御參有　內事御□仰□□思食□□急度可被申処、御本復之樣、慥無御存知之間、可有如何哉、先內〻申議御會可然者、可被申之由令申者也、以御機嫌可披露由言上仕者也、

祇園社に於て家內男女少々千度祓小經奉納

十七日、乙酉、晴、於祇園社家內男女少〻千度、小經奉納之、淸水別所作如例、悉願滿足無疑者也、新關停廢一通書遣頭中將(正親町三條公兄)者也、別雖注御教書如斯、

傳奏奉書

就勢州宮川朝餉新關事、　神宮次第拜令　奏聞候之処、雖有子細被引移之、神訴異于他間、停廢事被聞食早、早可加下知之旨、可被成　勅裁於北畠(材親)大納言入道之由被仰下

候也、恐々謹言、

五月十六日

頭中將殿

以正益（速水）遣処、委細得其意得由也、九時分丹後（松田長秀）來、爲御使申云、新關停廢事、尤可然思食者也、可然樣可披露由也、前々有子細、□〔去カ〕年度々以上野介（齋藤時基）爲武家被申子細有之、停廢事爲

(21ウ)

武家可有御下知事歟、是者內々武命也、□」就天下御祈禱者、尤可然由御返事也、御參內事御懇仰畏思食者也、尤最前可有參　內処、未御所勞非御本復、御言語御煩敷之間、有御養生、重而可有言上、先可然樣可申入間、委細可　奏聞由令返答申者也、甲可〔賀〕後丹後參會初度也、□山申事少々相談早、則申入早、及昏色右京大夫（細川高國）使登〔豐〕井田四郎右衞門・長澤三郎左衞門兩人來云、先度山國事、早々御　奏聞畏存、仍案文二通進勸修寺殿、可然樣可披露由令申、他行間令返答了、

十八日、向勸修寺、右大丞（烏丸冬光）・▨▨▨三頭（正親町三條公兄）・日權（日野內光）・山內（山科言綱）・万弁（萬里小路秀房）・明孝（半井）・松田丹後（長秀）・諏方左近（長俊）大夫・甲入道・余寸也、朝飡之後數盃有之、及晚分散、昨夕右京大夫使申旨令申処、年号月日無之間、返遣返答也、然間不及　奏聞者也、

世尊寺行季逐電

廿日、及暮天自親王（知仁親王、後ノ後奈良天皇）御方雖有召、他行之間不能祗候者也、

廿一日、當番之間、早〻令祗候者也、先參親王御方処、則御出座、行季卿（世尊寺）逐電、驚思食者也、仍可被召返事条〻被仰下者也、入夜參勸修寺直垂、參御方御所、彼逐電之事也、条〻子細有、難盡禿筆者也、相向龍安寺由風聞也、就親泥（昵）被遣師象朝臣（押小路）、可被相尋由也、尤可然由申㕝、於御學問所条〻山國事被仰下子細繁多也、勸黄門内〻令祗候申入処、相違之事由也、」

御月次回文

（22オ）廿二日、早朝御□不事申入処、可□□（以下カ）由也、御月次廻文事被仰下、此間甘露寺申沙汰也、尤專修寺事、執筆始也、内〻被出文、大藏卿（東坊城和長）令調法最中之間、御會催事可有御猶豫欤之由再三申入処、相定御月次也、毎事甘露寺申事無御覺悟、雖然當時之事毎事御堪忍也、御月次事、先早〻可相伴被仰下、人數・題等染震（宸）筆被下之間、畏存由申㕝相調進上㕝、

夏雨　夏山

夏衣

右題、來廿五日可令詠進給由、被仰下候也、

五月廿一日　守光

占文
天文要錄
海中占
郗萌

(22ウ)

冷泉(下冷泉政爲)大納言殿　四辻(季經)大納言殿　小倉(季種)大納言殿　按察(綾小路俊量)殿　兵部卿(田向重治)殿　中御門(宣秀)中納言殿
飛鳥井(雅俊)中納言殿　大藏卿殿　三条(三條西公條)中納言殿　新(勧修寺尚顯)中納言殿　姉小路(濟繼)宰相殿　四辻(公音)宰相中
將殿　右大辨(烏丸冬光)宰相殿　中山(康親)宰相中將殿　正親町(實胤)宰相中將殿　頭弁(甘露寺伊長)殿　大内記(五條爲學)殿　鷲尾
(隆康)中將殿　頭中將(正親町三條公兄)殿　冷泉(上冷泉爲和)中將殿　伯(白川雅業王)殿　内藏頭(山科言綱)殿　飛鳥井(雅綱)中將殿　庭田(重親)少將殿　藏人(萬里小
路秀房)弁殿　□□□□(中御門少將)(松木宗藤)殿」
自陰陽頭(勘解由小路在重)許占文到來、
今月九日戊時、塡星入月中貫、
天文要錄云、塡星入月中、臣賊其□不出三年、又云、塡星貫月其分内乱不出五年、又
云、塡星入月中、不出二月其邦土劫事貴人死、奸臣在宮中殺貴人不出三年、
同十九日戊時、太白与辰星相犯、相去二尺所、
天文要錄云、金与水愼出地有兵、又云、辰星守太白主人愼、又云、辰星与太白合天下
兵大戰期一年、海中占云、辰星与太白合爲變謀爲内乱、郗萌云、金与水合邊有兵也、
永正十年五月廿二日　左馬權頭賀茂(勘解由小路)在富
陰陽頭賀茂(勘解由小路)在重

足利義尹帰洛祈禱の月待結願

廿三日、辛卯、時々雨下、室町殿渡御甲可則〔賀〕三ケ月、御入洛事爲祈精〔請〕月待三ケ月、今月結願、所願成就祝着也、殊雖陰及曉天奉拜、祝着無他者也、明日欤、被召右府（鷹司兼輔）御先途事也、賜御申狀可」申沙汰由申入処、則今日付渡早、

鷹司兼輔申状

（23オ）
右大臣（鷹司兼輔）先途事、奏當職慶其以後可申請之由、種々雖致調法、逐年無力過法候條、于今不構得候、如今者此儘可沈淪之条歎思只此事候、所詮被優累家之餘慶、被指置一流者爲朝家可謂潤色候、無一度之拜趨居萬機之重任之條、云例云儀、雖不可然澆季之作法、無力此事候、更不可足後比候、勅許無子細候者、當職相兼早々可致拜賀候、此趣可然樣得　奏達候者可爲本望候、謹言、

五月廿三日　判（鷹司兼輔）

廣橋中納言殿（守光）」

勧修寺尚顕御月次懐紙　中御門宣秀并に飛鳥井雅俊御月次懐紙

（23ウ）
廿四日、壬辰、甚雨下、勧黄懷帋（勧修寺尚顕）被付送者也、南都下人者也、

廿五日、癸巳、深雨也、中黄門（中御門宣秀）・飛黄門（飛鳥井雅俊）懷紙被付送、及晩令進入、此外懷帋直令（×可）進者欤、

下御所

廿六日、甲午、陰晴不定、就山國事有勧修寺使、家上〔井家〕（顕家）、及晩景有伯使、明日五時分自　室町殿十合十荷可有御進上、爲御使參下　御所由仰下云々、畏存由申早、

足利義尹より十合十荷進上

廿七日、乙未、陰晴不定、早朝參　室町殿、申次種村刑部少輔（視久）、則御對面、十合十荷被進、可然之様可申入由被仰下、畏存由令申退出、於御次間畠（畠山順光）式申云、只今禁中可人相付進由申者也、參長橋、則以勾當申入処、十合十荷參喜思食者也、殊今度一入御宿願之由□□可

足利義尹髻崩す間對面なし

申入候、令歸參以式部少輔（畠山順光）申入処、委細被聞食早、被御本鳥〔髻〕崩之間、無御對面丶丶、由可申入由、被仰下者也、無事珎重ゝゝ、及晩當番令懃厚者也、於御三間有一獻、今日御進上故也、中務卿親王（伏見宮貞敦親王）・前内府（三條西實隆）・新中納言（勧修寺尚顯）・殿上人少ゝ參候也、頗及大飲、珎重ゝゝ、

廿八日、丙申、晴、早朝退出、川端侍従三位（河鰭實治）一桶隨身、明孝（半井）來、同大府卿（東坊城和長）來賜、及數盃者也、」

汁講

(24オ)
廿九日、丁酉、晴、今日汁事也、新黄（勧修寺尚顯）・右大丞（烏丸冬光）・○権蘭台（日野内光）・頭羽林（正親町三條公兄）・内羽林（山科言綱）・在重朝臣（勘解由小路）・明孝朝臣・上野兵部少輔卞也、飯後凝乱舞、一身沈醉之間、各早速分散、無人ゝゝ、今月無事珎重ゝゝ、

六月

一日、戊戌、晴、依餘醉、不及看經、爲如何之、局（廣橋守子）及晩令歸參賜、夜入宮内賀來（半井明孝）、勸一盞者也、

（コノ間空白アリ）

看經汁講
一續亂舞
後柏原天皇御不例
鱸賞翫し大飲
祇園會
占文

四日、辛丑、霽、當番相博事、正親町宰相羽林(實胤)兼而令申者也、
五日、壬寅、看經、如每朝、殊別所作令凝之、於日蘭臺(日野内光)有汁事、今日云御方事云精進、旁以難注也、雖然各領狀之由再往被申送間、不及力罷出者也、新黃(勸修寺尚顯)・余・右大丞(烏丸冬光)・山内(山科言綱)・頭羽林(正親町三條公兄)・新羽林(飛鳥井)賴孝、・藤武衞(高倉永家)・上野兵・伊兵(伊勢貞辰)・吉見・陰陽頭(勘解由小路在重)・宮内少輔(半井明孝)・物川(物加波懷古)・齋藤美濃(基雄)・諏方左近(長俊)・齋藤甲斐(貞船)・金丸ホ欤、有一續、不及披講者也、□(飯カ)後及乱舞、八時分向大府卿(東坊城和長)、改直垂可參宮御方(知仁親王、後ノ後奈良天皇)用意処、俄主上(後柏原天皇)御不例、已參明孝(半井)御脈云〻、延引可爲明日由、自局被申送者也、御不例無殊事、暑氣御煩云〻、定而不可有御煩間、先」令安堵者也、明孝令誘引間、相伴大府卿罷向者也、鱸令賞翫及大飲者也、

(24ウ)

六日、癸卯、

(コノ間空白アリ)

七日、甲辰、晴、祇園會、鉾・臨幸以下無事云〻、小生(廣橋兼秀)・東隣(高辻章長)・女中衆令相伴、罷座敷棧(棧敷)者也、女中留守間携一壺向隣、已兩人及數盃者也、入夜正親町(正親町實胤)令懃厚者也、今日占文到來、去月廿九日流星、今月三日太白犯月、兩條以外御愼也、以局令披露者也、不及写、爲如何之、相伴頭蘭(甘露寺伊長)・源羽林(田向重治)重、ホ也、

三好越後契約狀

八日、乙酉(巳)、晴、早朝被召仰新黃、仍一昨日令奏聞三好越後契約狀之事、以長橋(東坊城松子)被仰下云、余(廣橋守光・勸修寺尚顯)兩人、此契約狀田口筑後案文事不可然、正文早〻可進、就其可經御沙汰、爲私內〻可申此由、內〻被相尋筑後(田口)処、一向不存知以前越後ホ(マヽ)筑後相付仕、文者相替如何哉、所詮不捧正文者重不可披露之由被仰下、又庄・修理(鳥居)最所仕契約狀事、不可入之由申云〻、是元文之間、同可召進之事、又就▨官鳥居・庄兩人成敗事、公家披露間、成敗事者不可申付、今度夜▨之時兩人(不)存知由申川征」進事、涯分以前被(以)仰出筋目申付者也、兩人成敗事不披露、同不可申付由申入歟、所詮公家雖(爲)披露、重加成敗者、可(×被　可)被喜思食由被仰下者也、再往之義有之、此事右京大夫(細川高國)申新中納言(勸修寺尚顯)者也、拙者相添計也、畏存由申入早、山科(言綱)番衆

占文御祈

(25オ)

事尙爲兩人可申山科云〻、就占文御祈事、御料所一向無運送、同以折紙二百疋、先可申歟、可相尋之由被仰下者也、御使局、畏存令申者也、(雖)爲衣冠向大府卿(東坊城和長)、令同道向烏(烏丸冬光)終日閑談、殊有一盞迎陰〔蔭〕(東雲景岱)凉令歸宅者也、

後小松院宸翰

九日、丙午、霽、就占文御祈事申遣処、同先日　後小松院震〔宸〕翰許一覽、今日持遣処向右京大夫(細川高國)所云〻、四大納言(四辻季經)有使、□(北カ)門宿直事也、

十日、丁未、陰陽頭(勘解由小路在重)有使、昨日之震〔宸〕翰慥請取云〻、仍御祈事被仰下早(×申)、來(×仍)十三日吉曜也、仍

日次勘文
變異御祈日次

日次進由申者也、
變異御祈日次
開白
今月十三日庚戌、
結願
十九日丙辰、
六月十日　陰陽頭賀茂(勘解由小路)在重

晩立
朝餉關務停廢
綸旨

(25ウ)
十一日、戊申、霽、及晩々立下、祭主(大中臣伊忠)雜掌藤波、來、朝餉關務停廢　綸旨事也、則添遣使者於頭中將(正親町三條公兄)処、被渡
綸旨云々、案如斯、

後柏原天皇綸旨

朝餉料關所事、有子細雖被引移勢州(伊勢國度會郡)宮川、　神宮訴申之条難被弃捐之間令停廢了、早
存其旨可令下知給由
天氣所候也、仍言上如件、
五月十六日　右中將(正親町三條公兄)
進上　北畠大納言(材親)入道殿

内外宮和與

攝津守(攝津政親)・齋藤美濃守兩人來、內外宮和与事也、內々右存樣令申㞢、勸一盞㞢、」

世尊寺行季進退

(26オ)
十二日、己酉、晴、師象(押小路)朝臣來、行季(世尊寺)進退事也、披露事難治乍迷惑令預狀㞢、

世尊寺行季書狀

今度就身上、不慮之儀出來、併失面目候、然間出家之儀存企候、不及力之次第候、仍
當家相續始被渡下候、箱二合返上仕候、此子細先日以書狀雖令付申勸修寺黄門(尚顯)候、既
經數日遂不能披露、剰被返送候之間、令迷惑候、雖然非可打置之子細間、以御　奏事
之便宜、可然樣預計御披露候者、可爲本望候也、恐惶謹言、

六月十日　　　行季

廣橋殿(守光)　」

綸旨案并に行季書狀披露

變異御祈御撫物

(26ウ)
十三日、庚子(戌)、齋、綸旨案并行季卿狀、堅固內々令披露処、勅答之給、行季卿進退事驚思
食、所詮可然樣可計▨沙汰仕由被▨仰爲□之、以師象朝臣內々相談姉方(姉小路濟繼)、流星昇月全變異
御祈・御撫物內々申認者也、

(コノ間空白アリ)

廣橋兼顯室正忌

十五日、壬子、齋、先室正忌也、令招請尊藏主、如形之令凝寸志、持齋也、

勝各相賦

先妣十三回忌により斷酒

十六日、癸丑、齋、如例年勝各相賦者也、先妣(町廣光室、園基有女)十三廻來廿四日也、仍自十一日雖斷酒表嘉例

嘉定

勸修寺尚顕痰病

世尊寺行季進退

萬一押して出家致さば洛中御禁制

令凝嘉定、滿足〻〻、
十七日、甲寅、霽、別所作持齋・代官如每月、心中所願皆令滿足、無疑者也、栂尾昨夕出京、
朝飡以後歸院、自右京大夫有使、問田(豐)四郎右衞門・長澤三郎左衞門也、山國(丹波國桑田郡)事也、以前
之案就相違者、此方案可見由者也、
「言上一段曲事也、各罷上云〻、然者以兩使(豐田四郎右衞門・長澤三郎左衞門)答可被仰下分明有之、不可下由被仰付処、罷下
云〻、以外之次第、忩可召上由被仰下処、勸修寺痰病以外也云〻、然者以青侍兩判之折帋
可被召上、其旨可覺悟由被仰下、相判之事雖故障申、堅被仰下間、畏存之由申入旱、嚴
各不可□□由、如此以起請言上仕、又如此申処、□事由被仰下、以前起請文被覽者也、
仰尤由令申退出、四辛(四辻公音)相中將被申旨有之、」
(27オ)十八日、乙卯、晴、八時分、就行季卿進退事向前內府(三條西實隆)、則面謁、就着烏帽子者不及是非、先例
又可有之由被申者也、此子細令參　內、以長橋申入処、彼進退驚思食者也、於有子細者
致堪忍可申入処、楚忽之儀申事思食者也、但當時一人も斷絕事歎思食、如何樣罷歸可致
奉公、此上万一押而致出家者、洛中可有御禁制、此由能〻可申含由被仰下者也、畏存由
申入旱、又山國事、以局被仰下、今度以連署三ケ条地下ヨリ令言上、可令爲何樣儀各被

仰出、委細申付処、如斯」

大心院和漢會

十九日、丙辰、霽、召象（師）朝臣昨日仰之趣申含（×可）、今日者於大心院和漢會有之、明日可然由申、勸

駕輿丁

朝湌者也、自局可進靑侍之由有文、則家益（速水）召進処、加輿丁（駕）之事也、則申遣時元（大宮）宿祢者也、

廿日、丁巳、晴、自勸修寺御使、山國事、條々自地下申子細令言上処、悉皆令許容由被仰下間、

每事退屈也、如此案文被申可進折帋由被仰下間、調進者也、可加相判之由被申間、則調

遣者也、使□者左衞門大夫（諏方長俊）也、

勸修寺家廣橋家雜掌奉書

「今度當庄奉行儀訴申条、言語道斷無謂次第也、就其可致（被カ）仰出委細候間、可致在京之由、

堅被仰、仰付候処、申御請被罷下候、曲事旨被仰出候、急度可被爲參候由所候也、仍

狀如件、

六月廿日　　勸修寺家雜掌　顯家（井家）

　　　　　　廣橋家雜掌　景俊（藤堂）」

山國庄

沙汰人名主百姓中

（27ウ）

師象朝臣來、未明向龍安寺世尊寺（行季）処、仰之趣畏存、但今度近邊每事楚忽之儀令□□□但

諸事堪忍難叶間、以次被下御暇、心安法中囉御番仕候□可申入由、内ゝ令申、惣別罷歸、片時之居中無之、又一日之無堪忍間、於後其外由被申云ゝ、不便ゝゝ、則内ゝ以文申入者也、伊治（大宮）・時元（大宮）宿祢爲使來、加輿（駕）丁事、堅申付由令言上者也、伯（白川雅業王）黒塩相送賜者也、

黒塩

去十七日右京兆（細川高國）使兩人方（長澤三郎左衛門・豐田四郎右衛門）江爲兩所遣人、此方案可拜見由被申如何哉、肝要正文無之、不可奏聞由被仰下之間、難披露由申遣処、長澤他行、問（豐）田同他行、四郎右衛門（豐田）被官中村尓申置云ゝ、世尊寺事如斯被仰出者也、

後柏原天皇女房奉書

（28オ）
ゆきすゑ（世尊寺行季）の卿申候とをりきこしめし候、よろつたいくつにて候ほとに、このつゐてに御いとまをと申候、御心えありかたく候、たうしの事一にちにかきらすおほしめし」つかり（あ脱カ）候へとも、いまにてもこそかんにん候つる事にて候ほとに、すきしさきのやうにてほうこういたし候へく候、御れう所まいり候て、しせんかたのことくやうなる事ハ、おほせつけられ候へく候、かやうにおほせられ候に、しゆつけつかまつり候ハゝ、らく中をハ御きんせい□このよし御心候て申とて候、かしく、

行季出家致さば洛中御禁制

ひろハし（廣橋守光）とのへ」

（28ウ）
廿一日、午（マヽ）、霽、行季卿自龍安寺令歸給、師象朝臣相伴之者、仍不思儀（議）夕飡申付、今日御

御衰日

衰日之間、明日可相伴由申㕝、

世尊寺行季書狀
行季進退

行季進退之儀以□(御カ)狀ヲ被召返候、忝存候、就其鬢髪事、當座雖引乱候、眞實不及切候、可然之樣一行御意候也、恐惶謹言、

六月廿二日　　行季

廣橋殿

守光斷酒

廿二日、霽、一色兵部大輔(尹泰)有使、午時分可令祗候之被仰下候也、畏存由申入者也、則時分可令參候処、於御次有一獻、飛黃門(飛鳥井雅俊)・右大丞(烏丸冬光)・伯其外御供衆、內ゝ祗候番也、蔭(坂)亮〔涼〕・上(東雲景岱)池院(龍護)朮祗候、此間斷酒之間、以外令沈醉者也、畏存由申、式部少輔(畠山順光)退出、直向大府卿(東坊城和長)□休息也、相伴行季卿參長橋、昨日之一行□(同カ)令　奏聞、不思儀〔議〕之進退出來処、種ゝ苦勞之由被仰下、祝着餘身者也、後聞、一色御樽進上云ゝ、」

悟庵十三回正忌
阿彌陀經一字三禮書寫

(29オ)廿四日、悟庵十三廻正忌也(町廣光室、園基有女)、不及齋莚、悲淚無他事、休心庵僧五人招請之、尊院(尊勝院光什)・禪明院・中坊・栂尾自去廿二日令來賜、如形出寸志㕝、阿弥陀經一字三礼書写之、五ケ日間、同宝号三百遍兩日間唱之、奉廻向之者也、晚頭夕立下、

宇佐八幡三社三十年一度造進催促

早朝有左京大夫(大內義興)使安富修理進也、以面可申之由是申間、則令退面(對カ)、申云、宇佐八幡三社此內一

靈夢
奉加帳
勸進帳
手猿樂
大和猿樂
大中臣伊忠書狀
內外宮御造進

社者大貳之修造、一社者小〔少〕貳之修造、一社左京大夫、三十年一度造進処、近年無沙汰令迷惑、爰示現蒙靈夢不慮可致勸進之由令申、仍不苦者　禁裏御奉加之事申入度由申間、可有何子細哉、但當時之儀、一向無御奉加之儀、只奉加帳被遊計之由、申含使者処、御奉加帳尤可然之由申者也、令　奏聞重而可進申由令申処、退出早、勸進可披露之間、御奉加帳請取事爲如何、

廿五日、早朝先向前內府（三條西實隆）、勸進帳事內々令談合処、不可有子細事歟、內々以龍﨑（道輔）申間、不可有殊儀之由令返答云々、卽令參內、以局申入処、必被出之由被仰下候、白御太刀計可被出之、淸書事可流布間、前內府・中御門禪門（宣胤、光乘）可間被仰付云々、尤可然由申入早、退出、

廿六日、向權蘭臺（日野內光）、有手猿樂、弟喝食□□坊弟子也、才有座、

廿七日、早朝向三条処參會也、公家奉公濟々有座、有猿〔樂脫〕大和岩松丸也、沈醉忘他事、爲如何之、入夜退出、

廿八日、餘餘醉無他事、終日終夜之酩酊、日所作不及沙汰、可恐々々、」

（コノ間空白アリ）

(29ウ)

廿九日、丙寅、齋〔祭〕主（大中臣伊忠）雜掌藤波、度々來申間、令　奏聞処、可然之由有勅答、兩宮御造進事、去年以來于今無一途候、雖然種々申下候、同篇候、神宮之大訴不可過

之候之間、伊忠(大中臣)令下向神宮和談之儀可申付心中候、然者爲叡慮室町殿(足利義尹)様被仰出候様、御　奏聞肝要存候、當時之事候間、下向之儀雖迷惑千万、御神慮与申、公武御爲候之間、可令下向候、巨細猶使者可申入候、恐惶謹言、

六月廿三日　　伊忠

廣橋殿」

室町殿茅輪

(30オ)

今夜室町殿御輪事、勸黄門(勧修寺尚顕)就歡樂度々被申間、可存知由、令返答者也、齋藤上野介(時基)去年令參懃間、申不審候歟、同去年者暫時在國之間令存知、惣別相定事者勸黄門申沙汰条、可有參懃事勿論、自然於故障者不及是非▨▨之由令返答者也、也、就無力如斯、無念候、于今時分乘塗板

塗板輿

輿令參懃者也、直垂・不重大口、已事具早、有宣卿(土御門)衣冠、齋藤將監狩衣、有地下御祝、奉行齋藤上野介、同衣、同參候、申次種村刑部大輔(視久)(少)同衣、事具由、齋藤上野介令申々次処、則御出座由有之、豫擧臘(蠟)燭、此間御對面所也、御座南面也、則余候南簀子伺御氣色、次將監▨、自莚於地上与余、々取之、敷御前、西上、次將監地上御脇路融(通)立八足、次將監如前自地上捧御贖、則取之置御前、敷□之事内々申入処、令敷之賜、次取之、則退出、此間寄懸御輪於八足、次有宣卿降地、於八足前讀秡詞、取添秡、令讀之、於小番　次讀早、以秡上簀子与余、次將監自地上与御輪、上野也、持御

夏越祓歌

秡於右取添御輪、同以左手持御輪、以左右手▨、聊指上持之、御前ノ座上西方尓置御輪、此間主人進立御莚之上、次進御秡令取之賜、次二倍之御輪延之、令越之三反、毎度六月なこし（夏越）秡哥唱之、二度後扱（置）初所、御輪如元調之、賜御秡退出、如元返遣之、次進撤御莚退出、毎事無事珎重〻〻、殊珎重之由被仰下忝者也、去年者初度之間進御太刀、則（有）御對面、當年者不存、其後申次齋上野介（齋藤時基）今日祗候、畏存由申入退出、當年參懃祝着無他、▨（仍）家中如形勸祝言、有一盞、珎重〻〻、」

旬看經
愛染堂代官
内外兩宮和與

後柏原天皇女房奉書

〔七　月〕

（30ウ）七月一日、月朔幸甚〻〻、旬看經無他事、愛染堂代官如例、別而令凝祈念者也、兩宮和与（皇太神宮・豐受大神宮）進事令案、申出文者也、仍如此、

兩宮わよの事、いまにらつきよ（落居）候□（ハカ）て、さうへつ（惣別）のため、しかるへからすおほしめし候所に、これたゝ（大中臣伊忠）の卿さかりくたり、かいふん（涯分）あひとゝけ□（候）へんと申候、これへけにもなるやうにおほしめし候へゝ、御下知をもあひそへられ、なを〳〵きとおほせつけ

られ候てかり殿せんくうをもいろいれ候ハゝ天下たいへいの御いのりにて候ハんする
よしうちく御心えてむろまち(足利義尹)とのへ申され候へく候よし申せとて候、かしく、
ひろハしの中納言(守光)とのへ」
ふゐのき、これたゝの卿申さたつかまつるやうに、かたくおほせつけられ候へきよし、

(31オ)

宇佐宮御奉加帳

二日、宇佐宮御奉加帳、同白御太刀奉書如斯、以使者持遣安富修理進宿処、相伴使向左京(大内義興)大夫許、則令對面、畏存必令(〆令)祇候可申入由言上云々、此由以文内々申入者也、

禁裏御奉加

後柏原天皇女房奉書

うさの宮の御ほうかにつきて、ことさらかたりいたされ候よし申せとて候、かしく、
ひろハし中納(守光)(言脱)とのへ」

後柏原天皇女房奉書

(31ウ)

仰　永正十七十　□□□〔此文事カ〕自岡殿(覺音)俄被申間、則遣齋藤上野(時基)許、今日歡樂間、明日可披露由申間、少々申改□〔文カ〕、十一日朝遣之者也、

おか殿の御寺りやうたんはの國北の庄(丹波國桑田郡)御ねんくの事、あす《けふ》の御一しうきのまへ、たひく御寺より御さいそく候へとも、あかさわ(赤澤朝經)御ねんくさしまいら□□〔せすカ〕候よし候、御わひ事申され候ほとにつきおほしめし候、きとむまのかみ(細川尹賢)におほせつけられ候ハゝ、よ

ろこひおほしめし候やうに、あまりに御めいわくのよし御申候ほとにふと申され候、
このよし御心えてむろまちとのへ申され候へく候、くれし□〔きカ〕御事□〔八カ〕御寺ふきやう申へ
く候申〔マヽ〕よし申とて候、」

三條御所跡御造進

(32オ)
三日、己巳、晴、有伊勢守(伊勢貞陸)使、明後日五、三条御所跡ニ可有御造進御所、未剋有御事始、卽剋諸家之御太刀可有御進上之由被仰下、如例可相觸之由申送者也、此間就狹少、諸大名各日也、今度可爲如何哉之由不審使者処、可爲一度由申間、卽遣使者於所々、馳走此事也、

四日、庚午、晴、御太刀一振之由相觸処、可爲二振之由重而以使者申送間、此子細午陰之時分相觸之、頃之明日御太刀事、節朔之衆計可有持參、攝家・凡家・諸門跡・公家方重而可被仰下由、以使者申送者也、毎事不屆儀邇者也、都鄙遼遠之間、無力次第僕之身難叶、爲如何之、則觸直者也、御太刀二振事、一振ハ午刻ニ御普〔請〕進始、未剋御事始也、及秉燭爲御使內々伯(白川雅業王)來云、明日御太刀之事者、就狹少如此間、惣並御礼者可爲他日、可存知由被仰下、申畏存由者也、勸一盞、豫尊院(尊勝院光什)(五辻)・諸仲ホ有座、明日御事始事、內々申入禁裏、御太刀可持參由被仰下者也、

節朔の衆

三條御所の御普請始御事始

三條御所造進公家衆太刀進上

五日、辛未、午陰之時分參長橋、賜御太刀、令〔□可□〕隨身御所、未見祗候人、申次伊勢左京亮(貞泰)・有□卿

(32ウ)

兩人計也、小時各參候、公家衆飛黃(飛鳥井雅俊)・右大(烏丸冬光)・余・頭羽(正親町三條公兄)・日蘭(日野内光)・中宰(中山康親)同・山内(山科言綱)・高兵(高倉永家)・飛少(飛鳥井頼孝)也、先余役者畠山修理大夫(義元)直垂・大口、・右京亮(伊勢貞遠)(マヽ)、奉行松田丹後(長秀)・飯尾上野介・齋藤(時基)齋ミ・齋藤美濃守(基雄)七人猶尋記之、此後持參　禁裏之御太刀、以申次内〻經伊兵者也、次大名兩京兆(細川高國・大内義興)被下如例、御對面終御拜領御太刀被申御祝着之由、御太刀御進上、則令持參処、喜思食由御返事也、勅答之趣令歸參申入者也、每事無事珎重也、

六日、壬申、晴、立阿來、明日草花御使事、内〻可參歟否事令申間、必可參由令返答者也、

七夕立花

七日、癸酉、晴、早朝參　室町殿(足利義尹)、三大夫(大内義興・細川高國・畠山義元)出仕、公家右大・藤兵・余□(ヰヵ)、御(〻退)對面以後如去年花二瓶▨進上、立阿弥渡之、先〻籾井者(〻物)相活之処、此間無族間、伊勢左京亮殿原爲相添之云〻、參長橋、此子細申入処、不相替可有御進上之由、可然樣可申入云〻、令歸參申入処、委細被聞食由也、

歌題代牛女述懷

今日題、代牛女述懷、如形綴之早、

九日、甲(乙)亥、霽、午陰時分攝州(攝津政親)來云、先度〇就兩宮和談事、令持參女房奉書申入処、此事雖成御下知被盡事不承伏仕、同只今〔雖〕被成御下知、先祭主卿(大中臣伊忠)罷下兩宮〇依領否注進、重可成御下知、此由可然樣可申入云〻、美濃(齋藤基雄)〔可〕令同道処、召左京大夫(大内義興)雜掌処未來哉、無自他遅〻間又無殊

生御魂

神宮和與

播磨國穂積事安堵奉書

後柏原天皇女房奉書

御公領

令返事間、一人參云〻、此由可奏聞由申入了、

十日、乙〔丙〕子、霽、今日佳例之生玉也、御局(廣橋守子)自早朝御出、令凝祝事、沈醉餘□入者也、珎重〻〻、

法輪院(猷靜)一荷、是も述祝儀云〻、御煩爲如何之、勸一盞者也、」

(33オ)

十一日、當番、就穂積(播磨國賀茂郡)之事、四条(隆繼)・局務(押小路師象)來入、

十二日、以卿内侍(姉小路濟子)奏聞之条〻、去九日攝州〔津カ〕守(攝津政親)爲御使來云、神宮和与事、以女房奉書之旨令披露处、此事以(マヽ)被御下知雖(被)盡事不承引仕、只今御下知可爲同前欤、伊忠(大中臣)卿罷(於)下可致承引可被成御下知旨、可然様可披露云〻、又齋司〔祭主〕(大中臣伊忠)言上於于今難成御下知間、申出女房奉書度由申間事、四条申穂積事、安堵奉書拜領仕、爲御料所可申合藤田事、条〻有子細事、三ケ条令　奏聞処、神宮事、武命趣驚思食者也、女房奉書之事者、可被出由被仰下可計云〻、隆繼(四條)朝臣申間事、被聞食早、可被出文云〻、

仰　(永正十七十二)

はりまの國ほつみ(賀茂郡)のよてんの事、ふち田のしんさゐもんと申物〔者〕かすめ申候によつて、一たん御くれうなされ候といへとも、四条りうんのむね申ひらき候あひた、きこしめ

(33ウ)

しわけられ候て、もとのことくに返しつけられ候うへ〳〵、なかくちきやう」いたし候へきよし、おほせいたされ候、このよしよく〳〵おほせられ候へく候よし申とて候、

かしく、

ひろハしの中納言とのへ

赤松政則後室印判状

ほつみのよてんほん所分の事、きんねんおさへをかるゝところに、かのさい所きんりん御れう所になされ、御代くわんしき、ふちたのしんゐもんのせうにおほせつけらるゝとをり、てんな御ふにんならひに三てうとの(転法輪三条実香)より御やかた(赤松義村)へ御しよをもつて御申候てう、しんゐもんのせうにおほせつけらるゝへし、このむねそんちあるへきよし、おほせいたされ候、かしく、

つほねいんはん(洞松院尼、赤松政則後室)

局印判

小寺かゝ(則職)のかみ殿まいる人々御中」

禁裏御燈籠

(34オ)十四日、晴、早朝有伊右京亮(伊勢貞遠)使、御進上　禁裏御燈呂(籠)事、何時可有進上哉、其時分之計可被仰傳　奏由、以伊勢守(伊勢貞陸)使内々仰之趣尋遣処、有問答子細、不記之、可爲秉燭之時之由申間、其時分可參云々、委細之由報処、七時分已長澤三郎左衞門持參之由有使、馳參処已(×入)日没之時分也、申次伊勢兵庫(貞辰)、佳例御燈呂(籠)御進上、可然樣可披露之由被仰下、畏存由

壽域
生御魂供水幷に稱名念佛
門外に於て美聲を凝す
御靈祭廣橋守光邸門前臨幸地に下りて祈念
後柏原天皇女房奉書內外兩宮和與

申入早、令随身持參長橋処、令渡里給間、以右京大夫(長橋局官女)內々令申処、三黃(三條西公條)・頭弁(甘露寺伊長)・高侍從(高倉範久)來車寄、下﨟二人舁之、以三黃門(三條西公條)內々令　奏聞処、御燈呂面白思食者也、万狀不相替、可(被)被御叡覽之由被仰下、則令歸參、以同兵庫(伊勢貞辰)申入処、御懇之仰畏思食由也、入夜歸壽域、月明々、如形生靈營々、只供水・稱名念(×佛)佛外無他事、

十五日、庚巳、霽、及晚局令來給、如例年凝祈事、及數盃、弥重々々、入夜局令歸參給、

十六日、入夜大府卿(東坊城和長)・右大(烏丸冬光)・頭蘭(甘露寺伊長)・藏中(皆)(堯淵)・開明寺等於門外令凝美聲、供小酒門前、勸一盞□、入其興早、

十七日、癸未、如每月雖令持齋、依餘醉不及看經・念誦処、山科(言綱)令來賜間則一盞、罷向処□落早、非(無)怖畏者也、當番之間秉燭時分可(令)參候処、於長橋有盃酌之事、御□(面)謁之後、於面庭內藏頭(山科言綱)携一壺一盃張行、伯・余・諸仲(五辻)・中御門(宣秀)・姉(姉小路濟繼)・世尊(世尊寺行季)・宗久等也、月下入其興、酩酊無他事、及曉天令歸參番衆所、令平臥者也、

十八日、甲申、晴、齋(祭)主文事申入処、則(可)被出之云々、御靈祭門前御臨幸、下地祈念無他事、局(廣橋守子)令來給、」

(34ウ)

兩宮わよの事、これたゝの卿いそきまかり下、ふゐのき申さたつかまつり候へきよし、

きと申遣され候へく候のよし、心え候て申せとて候、

　ひろハしの中納言とのへ

教□來間遣文処、□□〔奉書〕事申間乍斟酔〔酌カ〕如此与調者也、

傳奏奉書

就　兩宮和与事、女房奉書如斯候、已下向之上者、祢宜才以無爲之儀、不及異儀様申沙汰候者、可爲別書（マヽ）之由內ゝ被仰下也、恐ゝ謹言、

　七月十九日　　　　　　　　　　　　　　　　　　　　　　　（廣橋守光）

　祭主三位殿（大中臣伊忠）

十九日、乙酉、霽、早朝祭主卿（大中臣伊忠）今日令罷下間、暇乞來云、則面謁語云、只今參室町殿処、和与事目出思食、早ゝ罷下無爲儀可申行、可有御對面処、未御養姓〔生〕時分之間、可得其意被仰下、御懇之武命忝由申間、寔御懇之仰弥重、早□〔速カ〕和談之事令入眼、可有朝下（マヽ）由謝之者也、

後柏原天皇女房奉書
丹波國山國の道遮斷

七時分▨▨　內奉書到來、披見之処、山國（丹波國桑田郡）事如此畏奉由御返事申入早、

山くに（丹波國桑田郡）のみちをとめられ候事、ふ行としてハ、いまにふへんなる事ともにて候、さ候とて、ふけへ（足利義尹）この事ハかり申され候ハんするも、まつむやくにて候ほとに、をの・ほ（山城國葛野郡）そ河（丹波國桑田郡）へまつ山くにのみちをとめられ候事、おほせいたされ候て、しかるへくおほしめ

（35オ）

し候、とのもの（壬生于恆）たゆふおなしくや五郎（伊勢盛弘）ともにめし候て、山くにのものゝみちをとめらる事、」かたくおほせつけられ候へく候、むさ〳〵と申つけ候ハ、このほそ川の事めしあけられ候ハんするよしをかたくおほせきかせられ候へく候、この事ハいそきおほせつけられ候へく候よし申とて候、かしく、

ひろハし（守光）とのへ

召弥五郎（伊勢）盛弘此子細申付処、仰之趣畏存、但出御之間難事行、乍去召沙汰人等、涯分申付、但可相添人欤之由申間、先堅申付、有子細者重而可言上間令諷処、畏存由申者也、

主殿大夫（壬生于恆）者他行由申不來、

廿日、丙戌、霽、早朝盛弘（伊勢）申旨令　奏聞、委細被聞食由被仰下、四時分主殿大夫兩人來、一人者三門民部分申云〻、仰之趣申付処、當時号權家被官、山國輩致雅意同迷惑過之、雖然涯分可申付、出御狀令下知者□（彌カ）可無沙汰狀間、令所望折帋之間、与書之者也、

廣橋家雜掌奉書　丹波國山國供御人緩怠

山國供御人有緩怠之子細間、小野庄（山城國葛野郡）通路事、一向可相留之由被仰下候、此趣急度可有下知候、自然無沙汰候者、可被處同科之由候也、恐〻謹言、

七月十九日　景俊（藤堂）

正益(速水)」

主殿大夫殿

主殿大夫言上旨、以文申入処、御返事自御所被仰出候云々、

(35ウ)

丹波國山國通路

廿一日、丁亥、霽、盛弘來云、山國通路事涯分堅申付候、但強方罷成披露召具人數相通間、始終之儀難事行由、令言上、則可　奏聞返事㝵、

廿二日、戊子、晴、伯内々爲　室町殿御使來云、今度之御礼事、御休屈〔窮〕之間、可被略歟、但有御對面、可然歟、可申所存之由被仰下、不圖〇時宜迷惑也、聽會候、申事御上洛以後未無御對面、各令恐怖歟、聊雖御休屈〔窮〕御坐御對面、各可畏存歟、但御養姓〔生〕之時分可被略事有何事哉、如此申入歟之由令談合候処、尤可然由被申被立座㝵、

松殿忠顯正三位加級

北門役所

廿三日、己巳、霽、當番之間、自八時分令參候者也、今朝松殿(忠顯)來、正三位之加級之事被付折紙之間、以新内侍殿(勾當)(東坊城松子)經　奏聞、内藏頭(山科言綱)招長橋妻申云、山科輩(山城國宇治郡)北門御役所事、若輩物〔者〕共雖申所存、宿老不可然之由、種々申含条可參之由言上、於愁訴被屈下間可畏入由言上、則以新(水無瀬具子)内侍殿申入処、委細被聞食㝵、於自訴不可申武家(足利義尹)由被仰下、則此旨令申処、畏入由言上、

松殿忠顯正三位勅許

廿四日、庚寅、霽、忠顯(松殿)卿正三位事　勅計〔許〕也、宣下之事新内侍殿申遣藏人弁(萬里小路秀房)由被仰下、畏入由

嵯峨筏問丸

丹後知行

月次連歌張行

山城國嵯峨口相止む

山城國小野惣沙汰人請文

廣橋家雜掌奉書
丹波國山國本鄕供御人緩怠

（36オ）

申入退出之処、嵯峨筏問丸（山城國葛野郡）候、山國材木」相付之之間、相留通路之由、可成御折紙由被仰下、一人迷惑也、▨▨勸修寺兩人之折紙可然欤之由申入処、然者可申由被仰下、則申遣処於山國儀失每事面目之間、被斟酌由申間、可爲如何也、

廿五日、辛卯、晴、就丹後知行事向右大丞、一色兵部大輔（左馬頭）當一色五郎（マヽ）、令補（任カ）佐之間、□狀之事令所望者也、於中御門黄門（宣秀）月次連哥張行之間、可罷向者也、　主殿大夫先日之御請折紙如斯、

廿六日、壬辰、晴、嵯峨口（山城國葛野郡）相止事、如斯相調折紙令進上、同小野惣庄（山城國葛野郡）折紙添之処、被聞食由、有　勅答者也、

就山國通路儀御奉書幷御遵行之趣、則惣庄中披露計候、任御下知旨、堅御通路事相留、成敗仕候、此旨御心得候て、可預御披露候、恐惶敬白、

七月廿四日　　小野惣沙汰人　宗重 判

進上　兩使殿 御申」

（36ウ）

山國本鄕（丹波國桑田郡）供御人依有緩怠之儀、可止諸口由、被仰出訖、早令存知此旨、於嵯峨口□（無カ）往

還之様、堅可申付之由、廣橋中納言殿御奉行所候也、仍狀如件、

永正十
七月廿四日　　景俊

嵯峨
筏問丸中

隣單御會

廿七日、今夜東向令來、女中面謁、勸一盞、此十四・五年隣端〔單〕御會松殿也、俄之間不思議躰憚入者也、

歡喜天并に今荒神代官參詣
高辻章長東向越前下向

廿八日、霽、歡喜天・今荒神代官如去月、弁才天別所作如每月、諸事心中之所願祈念之外無他事、今日東隣（高辻章長）東向下向越前、大府卿（東坊城和長）相伴、川原口迄罷向者也、歸路各來臨、羞一盞者也、

巡の歌會

廿九日、未、當番也、被相博冷泉宰相（永宣）者也、是依巡之哥會也、先依召參　內、以局被仰下条々、納座・弥五事可相尋開闔（飯尾貞運）由被仰下事、則令參上可申入返之由申入早、有巨細之儀不及注、其後向山科、各參會衆增減有之、入夜有猿樂、及沈醉、散々之間每事快然、扶沈醉様々歸壽域者也、」

猿樂
壽域
對決

（37オ）卅日、早朝遣使者於近江守（飯尾貞運）許、對闕〔決〕之事委相尋処、直被仰下對闕〔決〕之事難致沙汰、肝要申被　武家、納座兩人被召下者、如法可致沙汰之由令返答、同此由以文申入処、委細被聞食由也、

八月

足利義尹御憑

一日、陰晴不定、先早朝如例年　室町殿(足利義尹)御憑、御太刀金・御馬等調目六、以正益(速水)令進処、申次伊右(伊勢貞遠)、御馬事留申、當年者雖禁制先可申入、至來年者目出可被進、御返可爲三日可成其意由申云々、

禁裏御憑

禁裏(後柏原天皇)御憑杉原十帖・金也、則金・杉原被(×賜)下御返畢、祝着千万々々、依不具不能出頭、非無恐怖、

二日、武家(足利義尹)御旣者□使者來趣、則令□心畢、□申哉、

御返
千秋萬歲

三日、御返進執処、則目六憑□到來、千秋万歳令祝着者也、遣使者于伯(白川雅業王)許、申云、御返之御礼必可祗候仕処、令歡樂間可然樣御披露憑入由申処、今朝之間可參之由申入云々、珎重々々、」

六月會
比叡登山
足利義尹改名

(37ウ)七日、有六月會、藏人右少弁(葉室賴繼)登山云々、同道中黄門(中御門宣秀)・山科(言綱)、大府卿(東坊城和長)來儀、室町殿御改名之事也、普光(廣)院殿(足利義教)始御名字宣勸進事、閑善院殿勘文被写取者也、

一盞張行

蜜音
外樣番衆所

九日、乙巳、陰晴不定、於長橋入夜一盞張行、是右大丞(烏丸冬光)發頭也、及曉天四宰相中將(四辻公音)・鷲尾中將(隆康)・高倉侍從(範久)等也、出蜜音及沈醉、相伴右大丞、宿外樣番衆所畢、今朝就松尾社務事、

時元(大宮)宿祢・師象(押小路)朝臣來有申旨、則今宵可申局(廣橋守子)由令返答旱、
十日、丙午、時々雨下、尊院(尊勝院光什)令來賜、
十一日、丁未、陰雲不定、向日權(日野內光)蘭、是昨日光儀之間、爲謝之也、不可有一盞、有當番懃厚不及斜陽旱、相番康(隆)(鷲尾)朝臣實父(四辻季經)相博、・雅業王(白川)・□□(頭　蘭カ)(五辻)諸仲相博・余(甘露寺伊長)也、於御庇各被下御酒者也、
十二日、戊申、霽、(早朝)於御學文所世(問)事條々被仰下、右京大夫(細川高國)今度鞍馬縁起令新写、繪者加野〔狩〕元信、詞裏繪靑蓮院(尊應)准后令書給云々、則奥書御歳迄八十三、被染之、未(無)外題、自然可申入由相存欤、內々自相國禪門(德大寺實淳、繼忍)被入見旱、源氏秘本京兆(細川高國)所持、自知恩院(訓公)外題被申有主、御音蜜〔隱　密〕再往被尋申処、自然申入者被有　御叡覽度由被仰下条迷惑也、比〔此カ〕本不出之、同如斯申入云々、如何許之物哉、御床敷思食由被仰下也、室町殿(有)御改名之沙汰、一昨日前々大府卿勘申云々、昨

鞍馬縁起新寫
源氏祕本
足利義尹改名勘申
尹字俗難あり君に口なし伊に人なし

(38オ)

日伯相語分」令言上旱、只今御名字於越中令撰進御名字云々、御座越中之時、內々被染震〔宸〕翰被進処、御進上御太刀云々、此尹字有俗難、君ニ口ナシ、伊ニ人ナシ、浮說有之、▨▨於九州了庵(桂悟)不可然御字之由被申云々、松尾社務之事、內々申子細有之、內々師象(押小路)朝臣依執申申入処、被聞食由也、松田丹後(長秀)・齋藤上野介(時基)召雜掌間、則遣景元(藤堂)処、上野介永正八年御服要脚御尋之間、万疋大概御進上之由注(雖)置之、猶相尋由申間、季經(四辻)遣者也、丹後申

御服要脚

御服要脚目録
御服の物

（38ウ）

云々、御上洛以來御服要脚幷去年御佛事西途〔要カ〕朩一▨▨〔注□也〕申間、則申長橋処、如斯仰下者也、
則遣令申、
ふけ〔足利義尹〕の御所より御ふくの物まいる事、

ゑい正六ねん
正月廿三日 五千疋　四月四日 はしめてまいる　四月四日 二千疋まいる　十二月廿一日 二千疋まいる

ゑい正七ねん
二月十日 千疋まいる　これまて万疋　六ねんのふん

ゑい正八ねん
十二月十九日 千疋まいる　廿日 三千疋まいる

ゑい正九ねん
正月十九日 二千八百疋まいる　同十ねん正月九日 三千二百疋まいる　これまて万疋八年のふん

ゑい正九ねん
十二月廿九日 万疋まいる　九ねんふん

かやうに三万疋まいりて候ほとに、ゑい正五ねん・七ねんへまいり候へす候、」

御佛事要脚

折帋別帋
御佛事ようきやく万疋、九月十八日まいる
五千疋、十二月廿七日まいる
このふん御心候へく候、

永正八年御服要脚事、
十二月十九日
千疋春日祭、御 正實坊丹後申沙汰、　同廿日　三千疋柳、
同九年正月十九日
二千八百疋柳、御神樂、　同十年正月九日　三千二百疋御質物云々、御参 内前日、」
已上万疋、永正八御服要脚此定也、

(39オ)

長橋局借用狀

十三日、己酉、霽、御倉立入(宗康)加賀引賛(替)申要脚、以鳥取(備前國赤坂郡)内三百疋被返遣、此折紙令持進長橋者也、
大(立入宗康)もんに御かりの物三百疋うけとりまいらせ候、くるま(伊勢國奄藝郡)の御ねんくにて、めてたくや
かてく返しつかはされ候へく候、
ゑい正九ねん六月十三日
押判うきやう(長橋局官女右京大夫)

廣橋守光袖書

長橋局(東坊城松子)御借状如斯、

永正九年六月十三日　判(廣橋守光)

相添正益(速水)於立入使進長橋処、被下行五百疋云々、如何、先三百疋可被返遣之由有局返答、可尋知者也、拙者申次分千四・五百疋之由申候、急度不覚悟間、内々令申局処、如此注給者也、

借銭目録
平鞘

九年七月十七日　使主計
二百疋　おかとのゝ御とふらひ　　同七月四日
七百疋　右京(田口久秀)　御平鞘御質物、

同六月十二日
三百疋　只今被返遣者也、

以上十二貫云々、

廣橋兼顕忌日

十四日、庚戌、霽、平松(資冬、常心)入道入來、勸時者也、先公(廣橋兼顕)忌辰不及斎莚、怖畏此事也、」

(コノ間空白アリ)

立入宗康神宮參籠

平鞘
利平

(39ウ)
十七日、癸丑、晴、月明候、持斎如毎月、祈念之外無他事、御倉入立入送申云、公私御祈禱旁神宮參籠之事、存立者也、就其去月(年カ)七月拙者(立入宗康)申次用途於粟眞(伊勢國奄藝郡)御料所可替下候、可然之様可申入由申間、則令申局処可被返遣云々、同御平鞘七百疋、以上利平五百疋▒ト以上二千疋也、是も可被返遣、御平鞘可返上之由自(×被)局被申間、此由申遣処畏存由申者也、

仍長橋与局之文可賜由申間、此由令申者也、

長橋局借用状

御くら大もんに御かりの物五百疋うけとりまいらせ候、くるまの御ねんくまいり候ハヽ、返しつかはされ候へく候、

ゑい正九ねん

七月十八日　押判うきやう

此折紙、十月七日返遣立入、其子細者於栗眞千二百疋請取、同御平鞘者御質物者令落居、御手注之五百疋、御元之折帋申長橋返早、使主計、

廣橋守光袖書

長橋局御折紙如斯候、

永正九年七月七日　判（廣橋守光）

十八日、長橋ふみ也、不見裏間不及写、局之折紙計写之、「

大典侍局雑掌奉書

(40オ)

くはうの御かり物の事つきて、なかハし殿（東坊城松子）よりかはしの事おほせられ候、御くら大もんに二千十疋のふん、いままいり候ハんするくるまの御ねんくのうちにて、たしかにわたされ候へく候よし申とて候、

かん（加）田二郎左衛門とのへ　ひろハし殿の御つほね（廣橋守子）きやう

五百疋本　三百二十疋八月迄ノ可端（爲替）、

七百疋本　四百九十疋八月迄可端（爲替）、

廣橋守子消息
平鞘

以上二千十疋

御ひらさやたしかに返まいり候、めてたく候、五
百疋の御てしるしも、なかハしへたしかにまいり
て、めてたくなを〳〵返しつかはされ候へく候、
ひろハしとのへ

自局注外分御平鞘ハ御質之間無折紙、

五百疋者、前に如注有折紙、袖書余加之、

御《平》鞘《平》・五百疋之折紙立入御倉持來、則相添折紙進局者也、則御請取之由、局有文者也、

月齡變異

廿二日、月令〔齡〕變異到來、依取亂不令廿三日當番之間令持參者也、御□〔倉〕立入、〔加〕神田二郎左衛門方江廿余貫可添由、遣青侍狀早、」

四十八願繪詞

(40ウ)廿三日、己未、霽、當番令參懃、相番伯〔高倉範久〕・高拾〔五辻〕・諸仲・余也、於御三間四十八願繪詞被遊之、

大麓再任
密奏

令聽聞者也、以局被仰下云、大麓近衛殿〔尚通〕御再任事、以前内府〔三條西實隆〕有密 奏儀、其御狀云、就

鷹司兼輔奏慶
辞退

勅約被仰付文可畏、猶右府〔鷹司兼輔〕被奏慶者聽可有辞退由也、穴賢、被留之、仍無日付、西殿〔三條西實隆〕御□〔判カ〕申行、陽明〔近衛尚通〕月日被加銘、此事勅約之□被申合由、先度被申処、如斯御狀如何申屆候哉由被仰下、委細□□陽明江 勅約之《可》事被申合由被申入処、右府未《雖》拜就窮困被仰付者、勅約事可被申請之由言上之処、未拜賀不可叶之由仰候間、此儀不及是非、先日申入《所》▨前之由申入早、此子細内々可申右府被申入早、

酒麹御下知

酒麹御下知之事、去年雖申出女房〔奉書脱カ〕、諏方左近〔長俊〕大

夫令歡樂、至當年無沙汰、去月披露処御裁許也、申付(次)種村刑部少輔(視久)也、仍御下知、直ニ
成御下知処、袖判丹後(松田長秀)也、直御下知不審之間不可仕之由申間、已去年加判之由加問答処、
去年之事失念之由申、爲之如何、仍先如斯申請奉書者也、

室町幕府奉行人連署奉書酒麴役朝要分

酒麴役朝要分事、度々御成敗之処、小舍人・雜色并号諸役免除、令難澁之条、爲嚴重
朝役上者、可致沙汰旨被成奉書訖、早如先々可被加催促之由被仰出候也、仍執達如件、

永正十
七月廿日　　(諏方)長俊
(松田)長秀

廣橋家雜掌

はやミ殿　申給へ　」

室町幕府奉行人連署奉書

(41オ)

廣橋家雜掌申酒麴役　朝要分事、爲嚴重朝役条、度々被成奉書訖、更於此役者、不可
混諸役免除之上者、如先々▨(可カ)致其沙汰之旨、可被加下知小舍人・雜色之由、被仰出
候也、仍執達如件、

永正十
七月廿八日　　長俊

長秀

飯尾近江守(貞運)殿

廿四日、庚申、晴、以退出之次、參鷹司殿(兼輔)右府、昨日仰之趣、內々告申処、御拜賀急度難事行間、御迷惑之由被仰、何以可有御談合桃花(一條冬良)由御返事也、又就酒麴之事、如斯申出文処、早速被出之、畏存者也、

酒麴

後柏原天皇女房奉書

しゆきくやくてうようほんしふんの事、ことねり・さうしきしよやくめんちよにこんし候て、ゆへなくいらん候ほとに、申され候所に、けんてうに□(ほカ)うしよをなされ候、よろこひおほしめし候、□□(こ のカ)よし□□(御 心カ)候て、むろまちとの(足利義尹)へ申され候へく候」よし申とて候、かしく、

ひろハしの中納言(守光)とのへ

(41ウ)

廿五日、辛卯、霽、早朝可令祗候 內之由有局文、則令(×可令)祗候處、山國(丹波國桑田郡)之事內々以源弥殿、右京(細川高國)大夫□(酉)藏尓被仰処、□(香)川・宇津有申子細、庄彈正・鳥井(居)事也、自四辻(季經)方被申処、相違之事ホ也、不能記、希有之事也、仍灰方(山城國乙訓郡)新田事事此間以勸修寺(尚顯)被申關白(九條尚經)処、一向格別之事共也、仍進折紙、此文言更非被仰出之旨、拙者以先此趣可申武家(足利義尹)云々、明日爲御使可參　室町殿

由被仰下間、畏存由申入了、仍文之趣申談合、則四羽林(四辻季經)被相調之者也、參　殿中処豫丹後(松田長秀)祗候、申次種村刑部少輔也、申〔入〕事由処、以丹後被聞食由也、余申云、灰方新田(山城國乙訓郡)事、關白無謂成敗之儀言語道斷思食者也、再往御問答之処、一向無謂子細共被申間、不及是非、如此被進折紙、此分可爲如何哉、委事見奉書、永正六年之御下知ヲ背、善峯に關白用成敗事▨令輕　公武段分別也、無御罪科者爲後鑒不可然由、内々▨勅定之由令申者也、仍三月十五日以兩人丹後・近江(飯尾貞運)被進折紙二通、善峯寺ノ書狀幷永正六(×十)年度被成地下奉書之案文ヰ〔大〕渡之処、則令披露、何も女房奉書以下預置由申者也、

地下奉書案文

後柏原天皇女房奉書

(42オ)

はいかたしん田(山城國乙訓郡)の事、くわんはく(九條尚經)よりゆへなきせいはい」おとろきおほしめし候、ない〱御もんたう候てもわさ〱と申され候て、かやうにおりかみまいり候、このうへにて御しよくをもあらためられ候へきか、いかゝ候へきやらん、かんようよしみね御下知をそむき、くわんはくの御せいはいをもちゐ候事、しつかいかすめ候さういにて候ほとに、きとめしおほせられ、一(×候)みちの御せいはいをくわへられ候はすは、こうかんのためしかるへからすおほしめし候、おなしく地下のともからをも、くわんたいにつきては、せいはいありたく《おほしめし》候へとも、ことしけきやう候ほとに、まつうちをかれ

候、いそき御ねんくさたいたし候やうに、御下知をまいらせられ候ハヽ、よろこひおほしめし候へきよし、御まいり候て、きと申され候へく候よし申せとて候、
ひろハしの中納言とのへ

九條尚經御教書

新田(山城國乙訓郡)之事爲 禁裏堅被仰出候間、家門被止御綺候、次去年被遣候和漢兩通之折紙、可返□(進カ)之由候也、仍執達如件、

八月廿日　在利(石井)
　　　　　定雄(竹原)

善峯寺雑掌

室町幕府奉行人連署奉書

(42ウ)

禁裏御料所□(城)州灰方内荒野新田事、稱去年御計、善峯寺雑掌當知行掠給奉書条、以外之次第也、於彼御下知者被召返畢、早年貢・諸公事、弥嚴密可致其沙汰之由被仰下候也、仍執達如件、

永正六
閏八月十五日　長秀

之秀(飯尾)

當所名主沙汰人中

▨▨▨御返(也)事之趣被畏申、但未御無(無　御カ)本復間、每事御失念共也、但堅可有御下知由、可然之様可申入云々、九條殿御職事者可爲　叡慮之由、可然様可申入之御返事也、御衣(受)事御荒猿之由、可申入由被仰下間、此仰有御受衣度思食者也、先皇(後土御門天皇)者乱中於花御所慈照院(足利義政)殿有御申沙汰、御着座御參之由可被申処、御養生之時分之間可爲如何哉、御受衣事者キ(宜)竹(景徐周麟)候、可(被)參分也、可然様可申入之由、同以丹後(松田長秀)令申処、仰被畏申、御受衣御荒猿弥重、尤可有着座処、未御養姓(生)之間、可然様可申入云々、此由令歸參申入処、御返事何も可然弥重思食也、灰方御年貢之事、去年分無運上まて先爲後鑒可成奉書、此新田事、先爲御修理、四・五ケ年之間可被付般舟院、此由可申丹後由被仰下間、則翌朝申遣処、委細畏存、以次(マヽ)酒麴奉書相付開闔(飯尾貞運)処、委細畏存堅可申付候、自然申　○以下、宮內廳書陵部本第二卷ニ續ク、」

御受衣

○以下、宮內廳書陵部本（四一五―三三五）第二卷ヲ以テ底本トス、

「（題簽）守光公記　永正十年八月(下)―十二月　二」

（1オ）

子細有之、重而可□〔申カ〕入云々、

山城國灰方新田年貢

廿六日、霽、新田（山城國乙訓郡）事、去年之年貢之事、四・五ケ年可被相付般舟院事申遣処、畏存由申入者也、

德日

廿八日、時元（大宮）宿祢陽明（近衛尚通）御書持來、今日御德日□□〔之間カ〕、早々可披露之由令申者也、

近衛尚通書狀
近衛尚通關白再任

當職再任事、連々申入候之処、勅約候了、執柄（九條尚經）若及謙退候者、微望無相違候様令得其意　奏聞可爲祝着候也、謹言、

八月廿七日　判（近衛尚通）

廣橋（守光）殿

近衛尚通書狀披露

廿九日、乙丑、早朝陽明御狀、以書狀令披露処、勅答重可被仰下之由也、入夜當番令懃厚者

也、

(コノ間空白アリ)」

(1ウ)

〔九　月〕

近衛尚通關白還補

九月丙寅、朔日、弥重〻〻、於長橋凝數盃、令滿足者也、

二日、丁卯、午陰時分陽明(近衛尚通)被召之由、內〻時元(大宮)宿祢令傳達之間、相伴令祗候之処、今度御還補之事、可然之樣可申沙汰之由、被仰下候間、畏存由申入者也、及種〻間丁寧令凝數盃、及斜陽令歸宅者也、」

(コノ間空白アリ)

室町幕府奉行人連署奉書

(2オ)

〔三〕□日、丹後(松田長秀)召雜掌間、遣景元(藤堂)処、灰方(山城國乙訓郡)奉書令書進上、則相副事令申、□□□□□(令進上者也カ)、

禁裏御料所山城國灰方(乙訓郡)新田事、去永正六年閏八月被成御下知、無相違之処、去年違背　公武御成敗、相語申關白家(九條尚經)、以彼御下知地下人ホ令同意、被押取御年□〔貢〕云〻、言語道斷之次第也、於關白家之成敗□〔者カ〕、曾　叡慮不被知食条、去年爲關白家被成遣之至

兩通者可有返□〔上カ〕之旨、既雜掌書狀在之、併被造意者歟、難遁其科、所詮押取御年貢ホ
返納云々、向後可被止其綺之由被仰出候也、仍執達如件、

永正拾
八月廿六日　(松田)長秀
(飯尾)貞運

善峯寺雜掌

室町幕府奉行人連署奉書

(2ウ)

禁裏御料所山城國灰方新田事、去永正六年閏八月被成進御下知、無相違之処、去年善峯寺雜掌捨置公武御成敗、相語申關白家、以彼御下知地下人ホ□令与同、押取年貢之条言語道斷之次第也、於關白家成敗者、曾　叡慮不被知食之間、去年爲關白家被成遣之至兩通□〔者カ〕可致返上之旨、對寺家書狀在之、併令造意歟、難遁其科、所詮押取御年貢返渡申之、向後可止其□〔綺〕之段令成奉書了、存知年貢・諸公事以下、如先々被致其沙汰之由所被仰遣狀如件、

八月廿六日　長秀
貞運

當所名主沙汰人中

後柏原天皇女房奉書

はいかた(山城國乙訓郡)の事、けんてうに御下ち□まいり候、よろこひおほしめし候、よしみねへのほうしよ□□はさつ□□さつしやうをめし候て、きとおほせつけ候やうに□□て一ことも候ましく候、このこの(衍)おりかミ心えて申さたつかまつり候へきよし、たんこ(松田長秀)にかさねておほせつけられ候へくよし申とて候、かしく、」

ひろハしの中納言(守光)とのへ

（3オ）

以左京(藤堂景元)此奉書幷武家(足利義尹)之御下知事、遣丹後許処、他行云々、奏者山村申置之云々、

御受衣

四日、依召參　内、是御受(衣脱カ)之事也、御卽位以前可爲如何哉、着座、後花園・先皇(後土御門天皇)慈照院殿(足利義政)御參、今度内々被申試処、未御養姓(生)最中之間、難有御參由御返事也、仍御參之事、不然者可爲誰人哉、自然就近所可爲前内府(三條西實隆)歟、又議定所・小御所之間、可爲何哉由、參一条(冬良)殿可申入由被仰下、可爲宜竹(景徐周麟)事、去文明度(マヽ)　侍者記置之、一帋被進宜竹、同可持參云々、則參仕申入処、構見參仰の趣内々申入処、委細畏被申、仍受衣事御卽位以前御例不可有之哉、此事大礼以前不庶幾歟、但可爲　叡慮、先被召勘例、就其重而可被申入由御返事也、

御庭小法師知行牛馬皮公事役長橋局消息

禁裏御庭者申状

皮の公事幷に牛馬の皮の關

（3ウ）

少々被取出御記、被許一覧者也、令歸參、御返事趣可被申入処、忩勘例事可申由被仰下、畏存由申、退出、又御庭小法師（小五郎）申牛馬皮公事役之事申入処、內々長橋（東坊城松子）折紙如斯、

この前の御庭のこほうし（小五郎）ちきやういたし候かはのくし、しか（滋賀）（近江國）・たか（高）嶋のこほりに候をさたいたし候、尚々□□にめいわくのよし候、なけき申候、かんよう御下知候ハヽ、さたいたし候ハんする申〔由カ〕申候とて候へハ、御けちの事かやうにそれより」一行にないくおほせられ候へく候、くハしき事ハこの申しやうにみえ候、御心え候ておほせられ候へく候、

ひろハし（守光）とのへ

禁裏様御庭之者

かしこまつて申上候、

江州志賀郡与高嶋郡牛馬皮公事役事、山わうこんけん（山王權現）いまたそいねのころにて、ひ（比）ゑ（叡）い山江御上の時、せんその者彦次郎之所に一夜御やとを申候御時、其御おん上（賞）に兩郡之かわの公事幷牛馬之かわの關を山王被來被下候処、坂本（近江國滋賀郡）之上き内無謂相支られ候、

言語道斷御□□(事候カ)、然間御座主(堯胤法親王)宮様よりも度々被仰付候へ共、于今有子細候、迷惑仕候、急度被爲御下知、如先々知行仕候ハヽ、弥可致奉公候、此間早々預候申者、忝可奉存知候、仍粗言上如件、

永正拾年九月日

五日、自□□□□令同道之、參詣泉涌寺幷三十三間(蓮華王院)、結縁本望也、

丹波國山國下司幷に公文

丹後(松田長秀)召景元(藤堂)申云、山國(丹波國桑田郡)下司・公文御下知之事、未被付之者、先内々召寄彼方可堅申付、其後又被可相付之、但速於付人者、彼方儀返事可申付之由、右京大夫(細川高國)被申之由申者也、」此子細翌朝遣申処、田口筑後申云、他行之間相談宰相中將(四辻公音)可申之由令返答者也、

(4オ)

傳奏奉書御受衣幷に國師號

六日、晴、遣兩局(大宮時元・押小路師象)折紙如斯、

御受衣、同國師号之事、度々先例忩可被勘申由、内々被仰下候也、

六日　　　　　(廣橋守光)—ヽ

四位史(大宮時元)殿　大外記(押小路師象)殿

大宮時元勘文

九日到來、

御授衣幷國師号方事、

夢窓疎石國師號佛統

宝徳二年八月廿二日　禁裏御授衣幷夢窓(疎石)國師御拜塔笠雲(笠雲等連)被持參　內云〻、同廿七日
夢窓國師重被贈國師号佛統國師云〻、　勅使右中弁敎秀(勸修寺)朝臣束帶、持向　勅書於三會院(臨川寺)、引物
才在之云〻、

(4ウ)

文明三年十月廿五日　天皇(後土御門天皇)御受衣鉢也、於　室町殿(足利義政)御寢所」寢所、有此儀、此間依　皇
居也、夢窓國師御拜塔取次瑞溪(周鳳)和尚、御影侍者幷衣鉢侍者才參　內云〻、
同十一月二日夢窓國師重國師号也、非陣儀、以　勅書被贈之、權右中辨兼(廣橋兼顯)｜藏人、持參、慶
雲院構中也、假号鹿苑院、院主瑞溪和尚被接客殿、有藥師如來・釋迦如來才佛事、　室町殿內〻
有御見物云〻、

此外巨細不記置者也、

九月八日　　左大史小槻(大宮)時元上

押小路師象勘文

十一日到來、
御受衣幷國師号先例事、
後花園院、
宝徳二年八月廿二日記云、

禁裏(後花園天皇)今日有御受衣事、三會院主笠雲、夢窓國師御影有持參、又爲拜塔、御尊号圓滿智云々、笠雲幷堅西堂御影侍者、・清岩重安西堂、等被參　內云々、」

同廿七日、

夢窓疎石國師 號佛統
夢窓 佛統 正覺 心宗 普濟 玄猷 圓滿常照 佛光 應供廣濟 佛國

(5オ)
是日嵯峨(天龍寺)開山夢窓國師重被贈國師号去廿二日天子有御受衣、号佛統國師云々、勅使右中弁敎秀(勧修寺)朝臣束帶、參向寺家、引物有之、國師号以前五ケ度令蒙給、今度及六度、既　六朝之國師也、古今肴〔希〕有欤、夢窓國師・正覺・心宗國師・普濟・玄猷國師、是　三代國師号也、此外國〔圓〕滿常照國師ト被送ヲハ祖師佛光(無學祖元)ニ被讓進之、其後應供廣濟号ヲハ佛國(高峰顯日)ニ被讓申之云々、

右一度例隨所見注進如件、

永正十年九月十日　　大外記中原(押小路)師象上」

齋籠

(5ウ)
八日、霽、伯(白川雅業王)自一日至十七日齋籠、冷然之由風聞之間、爲右大丞(烏丸冬光)張行、連航軒(中山宣親、祐什)・大府卿(東坊城和長)・右大丞・余携一桶罷向者也、以後明孝(半井)・時元宿祢其外有濟々座、殊種々奔走、却而令迷惑、凝大飲、初夜鐘□□□早、

重陽佳節
長野同名被官三四百人打死
御料所放火亂妨
代官競望
後柏原天皇女房奉書放火亂入

九日、重陽佳節、珎重〻〻、依不具不能出頭、非無恐怖者也、
十日、依召八時分參　長橋西妻者也、是栗眞(伊勢國奄藝郡)御料所勢州於北方、長野(尹藤)同名披(被)官三・四百人▨(計)打死、就其御料所放火亂妨、言語道斷之由長野注進、加田二郎左衛門罷上一昨日、(不及)御公用之沙汰、栗眞事於長橋大典(侍脱)殿被仰下云、被下使節于木造(俊茂)、先御料所之事可見計之由可被仰出歟、御代官之事者、(廣橋守子)未難仰付由被仰下、勸修寺(尚顕)祗候被申云、長野事未落居間、不可然、當年之事者以上使被所務、國司(北畠材親)方江被付御下知、可退諸勢之由堅被仰出者、可然之由被申者也、尤同心之由申入訖、然者御代官競望之者可出來之間、其時可被仰歟由申入処、然者先木造方江(可)堅被仰出、文案可調進由被仰下間、如斯令談合調進者也、兩人(廣橋守光・勸修寺尚顕)(可)相添書狀由被仰下、畏存之由申入退出、

御れう所くるまの庄(伊勢國奄藝郡)の事、一かう正たゐもなく、はうくわらん入のよし、二郎(加田)左衛門まかりのほり候て申候、おとろきおほしめし候、御れう所の事ハ、たにことなる事にて候に、かやうにらうせきをいたし候、いまにしよせいをいれをき候よしきこしめし候、よろつふけのともから、なりかはり候へき事にて候に、かやうに御れう所をないかしろに仕候事、返〻くせ」事におほしめし候、いそき〻しよせいをのけ候へく

（6オ）

候、御ちきむとして人をくたされ候へく候、このよし大納言(北畠材親)入道に、かたく申され候へく候、ことにたひ〳〵御けちもなされ候事にて候、そのしるしも候へて、くせ事におほしめし候よし、心え候て申され候へく候、

御衰日

十一日、時ゝ時雨、両局勘例令(大宮時元・押小路師象)　奏聞処、今日御衰日之間、明日一条殿(冬良)可進之由、被仰下候也、

一條冬良申詞
御受衣
祖師の頂相

就御受衣事、両局勘例加一見早、退廻愚案、践祚以後先着御受衣而万民拜　顔〻〔龍〕、次着御神服而被行宗廣〔廟〕祭祀者例也、就大礼大祀以前受御釋子之御衣、令拜祖師之頂相給之条、事理可為如何哉、暫被相待登壇之礼、遂被果行拜塔之儀者、可謂叶物《コトノ》宜哉、但至眞實之」御歸依者、延否偏可在叡心、非計申限者早〔可〕(乂也)、

(6ウ)

十二日、早朝両局勘例以折紙内ゝ進一条殿処、御返事重被申云ゝ、晩頭則御申詞如斯到來、於事治定、自余之事重可被申云ゝ、

十三日、向陰陽頭許(勘解由小路在重)、尤彼巡右大丞(正親町三條公兄)・頭羽林(日野内光)・日蘭臺・有(土御門)□(宣カ)卿・明孝朝臣(半井)・伊兵庫(伊勢貞辰)・上野兵部少輔才也、及深更退出、沈醉為迩事也、

伊勢國栗眞地下注進

十四日、依召参　内、勸黄(勧修寺尚顕)同被參長橋、以典侍(廣橋守子)・長橋(東坊城松子)両人被仰下云、自栗眞地下如此注進

柳原資定正五位下加級

之間、爲上使兩人(勧修寺尚顕・廣橋守光)青侍可相下之由被仰下、一向可下青□(侍カ)一人無之由各申入処、然者可被打置之由、重被仰下、□(御カ)迷惑之由言上仕□、急罷歸加思案可言上由申入旱、今日勸黄番、一昨日當番被相替之間、此回之令祇候者也、

十五日、以新内侍局(水無瀬具子)申入云、是長橋局依故障也、資定(柳原)正五位下加級之事、頼繼(葉室)超越之間、此由内〻可申入処、在國之輩雖御禁制、侍中之間、先此度可有御免由被仰下、可忝存之由申入旱、

補歴

(7オ)

則秀房(萬里小路)令」祇候昨日當番、間、宣下之事令申者也、此次御補歴可直進之由被仰下者也、御倉辻

散々田

弥二郎秀盛知行粟田郷(山城國愛宕郡)之由、正法寺上方之由散〻田事、岡崎門跡(實乘院)違亂事申入処、委細被聞食旱、□□(可 被カ)出文之由被仰下、此門跡□(領カ)爲御料所伊勢守(伊勢貞陸)致知行間、以勸修寺正法寺之事以棄破之御下知旨、岡崎知行無相違樣ニト大方被申旱、辻知行有此内事、無御存知云〻、仍奉書如此、

後柏原天皇女房奉書

(7ウ)

いせんとり申され候おかさき(實乘院)のもんせきりやうのうち、御くらのつし(辻秀盛)ひてもり申日よし十せん寺(師)御とうれう(燈料)、おなしく北たにひかん(彼岸)所りやう正ほう寺上かたさんさい(散在)りやう(料)てん(田)の事、おかさきのもんせきより御きしんいらい、とりさたいたし候所を下方の御下知を申され、上方こんらんせられ候事、あまりにめいわくのよし、」なけき申

候、むそくにてほうこういたし候事にて候へハ、しせう（支證）のむねにまかせ、御下地〔知〕なさ
れ候ハヽ、よろこひおほしめし候へく候よし御心え候て、よく〱むろまち（足利義尹）とのへ申
され候へく候よし申せとて候、かしく、
　ひろハし中納言（守光）とのへ

室町幕府奉行人連署奉書

岡崎門跡領城州東山正法寺下方事、先度被成奉書之処、有違乱之族云々、言語道斷次
第也、速退彼妨年貢以下、嚴密可沙汰渡雜掌、更不可○有緩怠之由候也、仍執達如件、
　永正八
　十月廿三日　　英致（布施）
　　　　　　　長俊（諏方）
　當所名主沙汰人中」

西塔院執行代書狀

（8オ）

永正八 十二 廿六
當院北谷被〔彼〕岸料所正法寺田事、代官辻弥太郎申狀如此候、子細披見候哉、可然樣御披
露肝要候、恐々謹言、
　十二月廿三日　　西塔院 執行代判

齋藤(基雄)美濃守殿

舜覺書狀

永正八 十二 廿六
日吉十禪師御燈料并藏塔院北谷彼岸料所、城州(山城國愛宕郡)西坂本粟田郷之内正法寺上方散在田畠之事、藥師堂倉辻弥太郎申狀如斯候、理運之儀候間、此旨可預御披露候、恐々謹言、

十二月十四日　舜覺判

山門使節

齋藤美濃守殿　山門使節　月行事 上林

」

(8ウ)

月次

十六日、有勸黃使(勸修寺尚顯)、栗眞上使事故障也、同心之由申入者也、向中一品禪門(中御門宣胤、乘光)、月次、八時分

下京火事

有下京火事、四条町云々、及數家化灰燼云々、甚驚入者也、

室町幕府奉行人連署奉書

皮役

禁裏御庭者小法師小五郎ホ申、江州高嶋郡中皮役事、爲御給恩于今無其煩之處、被官海津(近江國高嶋郡)・石橋河原(近江國高嶋郡)者号被相懸課錢難澁之間、有名無實云々、以外次第也、如先々嚴密可致沙汰之旨、堅可被加下知、若猶背御成敗者、可被處罪科之由、被仰出候、仍執達如件、

永正十
九月十二日　(齋藤)基雄
(布施)英致

佐々木能登弥二郎殿

山門使節

山門使節御中　四本内　二通有写者也、」

（9オ）
十七日、壬午、齋、持齋、則所作無他事、代官才若毎事心中所願皆令満足〻〻、

十八日、癸未、早朝依召参　内、勧黄同祇候、被仰下云、各栗眞上使之事故障不可然、但被如何哉、可計申之由被仰下、勧修寺申云、先被下人於長野、□□可被差下上使、可爲如何哉之由被尋下、就其可被下上使事可然、自然不事問被差下長野、及是非者不可然由被申、

天満宮法樂御樂

尤之由申入処、只今天満宮御法樂御樂已出張之間、重而可披露之由被申間勧（勧修寺尚顕）退出、余當番之間、此儘令祇候者也、

御受衣

御帰依は後嵯峨天皇初例

十九日、甲申、御受衣之事、去十四日一条（冬良）殿御申詞令持参処、御申無論儀被思食者也、何可相尋前内府（三條西實隆）之由被仰下之間、則持向令申処、此御申様尤也、但於御帰依者、猶〻後嵯峨初例歟、被相尋此時所見、及御沙汰者可然、先度被申武家之間、以此御申詞重御談合可然由被申者也、令帰参此由申入処、可持参　武家之由被仰下、畏存之由申入了、日次悪間、今日

（9ウ）
可持参之由申入処、被召御學問所、被下御申詞、可然様可申云〻、」此次御即位之事、内〻被申驚者可然之由申入処、毎事御無興之間、爲私可申入云〻、其次条〻被仰下了、勧修寺被参長橋、昨日之御返事也、然者先被差下二郎左衛門（加田）可相尋長野、召二郎左衛門可申付

御即位

役夫工米
神宮違亂

壽域

(10オ)

之由被仰下、畏存由申入畢、余申云、先召勸修寺態可被申由令申処、拙者も堅可申付由被申畢、
午陰時分参　室町殿、申次伊勢左京亮(貞泰)也、申云、御受衣之事、先度内々御荒猿之由被申、
雖然被尋申一条殿処、▨〔大カ〕礼大祀以前可然之由〔不脱カ〕如此被申入間、先可有御延引欤之由、被思
食者也、就其御即位之事、可爲如何哉、無御才閑之間、細々不申驚之由申入処、委細被
聞食畢、御即位之事者、役夫工米之内可被仰付思食之処、神宮違乱之間、被差下祭司〔主〕(大中臣伊忠)畢、
聊無所存▨叡慮如何哉之由可尋下、此事雖難心得、先にも申入之様、不事行者當時之儀
也、無御才閑之間、細々不被申之由申入之処、重而役夫工米」事者、委細不聞食欤之由、
被尋下間、此事以役夫工米之内、御即位之事、神慮如何之間、御即位以用脚之内千貫、可
被付儲御殿之由被仰定之処、則以御即位要脚之内、被付万疋之処、内宮依掠申、有申分、
同日可有　假殿遷宮之由被相定処、猶　内宮不致承引間、祭司罷下云々、此由□〔重カ〕而少々申
入処、御失念更無御承伏氣云々、令迷惑者也、委細被畏申、聊無御所在融〔通カ〕、可言上云々、於
御蔭可被下一盞之由申左京亮(伊勢貞泰)間、則三盃令凝畢、御受衣御返事可爲如何哉之由、重而相尋
之処、可申入云々、其次一盃被下畢、畏入由申入畢、御受衣之事委細被聞食、可然様可申
入云々、事儀不相届如何哉、此由歸壽域以文申入畢、委細被聞食由也、自國司雜掌令上

聖護院道興十三回忌
表袴
來月七日近衞尚通關白宣下
歡樂
犬產穢

(10ウ)
洛今夕□見、栗眞事致競望間、今明朝之間、」先可參云々、
竹屋(光繼)爲御使來云、來廿四日後靑龍院(聖護院道興)准后爲十三廻、表袴可借進之由被仰下、內々可申試之由申入了、來月七日關白　宣下、爲家司參候之間、時服之事可了蕑(簡)之由申間、可爲如何哉之由申了、
伊治(大宮)來云、自陽明(近衞尚通)被仰下、來月七日關白　宣下之事、如何樣にも奉行事御本意、雖然不事行者、小倉(季種)・中黃(×御門)・(中御門宣秀)□□可語進由云々、拙者參陣之事、中〳〵難事行之間、可申試由申入御返事了、
(コノ間空白アリ)」
(11オ)
(コノ間空白アリ)」
(11ウ)
廿六日、辛卯、齋藤上野介(時基)來云、先度善峯寺事、自然有申入事、可申入案內由被仰下、畏存雖然□□申入候樣、自善峯寺有申旨、依歡樂狀不及披露、右京大夫(細川高國)有まいり申子細之間、今日可披露之由申間、此間堅被成御下知之間、聊条々御沙汰、拙者依犬產穢不令參　內間、委細可申勸修寺由令返答了、此由自勸修寺被申間、如何之由被尋下之間、此子細申入之処、▨被出文了、

後柏原天皇女房奉書

廿七日、此文以景元(藤堂)申遣者也、

よしミねの事、ゑいりよをそむき、むろまちとの〻御けちをいはい、かた〱くせ事におほしめし候て、御さいくわも候へかしと申され候やうに候へとも、まつかたく御けちをなされ、こそのねんくさたいたし候へとまて、御けちにのせられ候事にて候に、さい藤(時基)かうつけ寺そを申さたつかまつり候はんするよしきこしめし候、おとろきおほしめし候、よしミねの申事にをきてハ、しよふ行ひろうつかまつり候ましきよし、」あひふれられ候やうに、きとおほせいたされ候はゝ、御れ〔う〕□所のかたもなき事にて候、このよしきとたんこに申さたつかまつり候へきよし、いそき〱申とて候、かしく、

寺訴

(12オ)

ひろハし中納言とのへ

一座宣旨

近衞家御還補嘉例

爲陽明御使竹屋(光繼)來申云、就關白　宣下諸下行注進、舊聞御訪事、無相違堅可申付之由被仰下、此事可被加御問答由申入早、及　宣旨四通間、於一座　宣旨者可被略哉否事、御還補御嘉例事可爲如何哉、岡屋殿(近衞兼經)可爲御(×一)例哉事、武者小路亜(縁光)相事、

三ケ度普賢寺基通(近衞)猪熊關白(近衞)家實、惣別御再任初例歟、岡屋殿(近衞)兼經、・淨妙寺(近衞)家基、三代也、後淨妙寺(近衞)經平、・後岡屋(近衞)基嗣、・後深心院(近衞)道嗣、・後六条(近衞)兼嗣、・後普賢寺(近衞)忠嗣、・後知足院(近衞)房嗣、・

後法興院（近衛）政家、

七代中絶候、」

中山宣親書状
逆鱗

(12ウ)

先年依有所勞危急之事、俄於片□令落髪之刻、逆鱗由自勾當局（東坊城松子）示預候、迷惑仕候、雖然於今者悔先非無其益、所詮以天憐聴万過候之様宜得御意、巨細之段者康親（中山）可言上候、恐々謹言、

九月廿六日　祐什（中山宣親、蓮航軒）

廣橋殿（守光）

今荒神以下代
官寫經等奉納

辨財天祈法

廿八日、癸巳、今荒神・同清水荒神・歡喜天ホ代官写經ホ奉納之、去自廿六日至今朝尊勝院弁財天祈法今朝結願也、万事如意、一牛（一牛齋紹鐵）・蓮泉院（光盛）・禪明院・東坊（東坊城和長）有朝飡、其時中山宰相中（康親）將及數盃、珎重々々、其後竹屋・時元（大宮）・長興ホ來、令凝數盃者也、滿足々々、多幸〳〵、

廿九日、晝丹後來、沈醉之間稱他行之由処、又入夜來、善峯寺事也、沈醉之間大概令返答処、明日可來由申云々、

意見

卅日、乙未、霽、昨宵丹後來、沈醉之間早朝遣人処、今日意見之間、就其落居可來由申間、終

武者小路縁光昇進幷に中山宣親勅免

日相待処、及昏未休間、不可來由申間、則令參　內者也、仍武者小路(縁光)昇進事・連航(中山宣親)勅免事、以新內侍局申入処、武者小路昇進事者大概　勅許也、但子孫事被仰下有子細、連航之事□再往雖言上堅固也、連航状在写之也、」

〔十　月〕

寺訴

(13オ)十月丙申、一日、月朔幸甚〻〻、丹後(松田長秀)來云、此度就灰方(山城國乙訓郡)善峯寺事、寺訴事不可申由被相觸事、先規如此哉、此間御成敗事者一方向ニ被成御下知間、可爲如何哉、縱雖爲御拜所何ニも

武命

可被糺理処、如此之儀御不審也、先私迄被尋下候由申間、武命尤存候、但今度儀善峯寺條〻致緩怠、其故者閣(已)寺訴御代官令懇望、亦背上意之御下知、相語關白(九條尚經)御年貢令押妨間、

逆鱗

逆鱗之餘、如此被仰出歟之由、凡推量分可爲此子細之由御返事申入早、丹後同心如何樣此子細念比可申入候、

二日、早朝丹後來、昨日之拙者申入趣令披露候処、委細被聞食早、自寺家申子細有之之間、先被(可)聞食由、內〻可申入由令申間、此儀　奏聞迷惑、寺訴諸奉行不可及披露之由被出文

処、如此御返事如何哉、何以今日者被參元應寺、圓頓戒内〻有其沙汰之間、如何樣今夜向長橋可談合之由令申、丹後申云、拙者(松田長秀)・所(〆申)申無緣儀、可然樣可有御談合之由申退出、

圓頓戒

逆鱗

直務

三日、早朝令祗候、此子細申入処、以外逆鱗也、雖然先被仰下之旨有之、又自木造(俊茂)、栗眞(伊勢國奄藝郡)事當年者可爲御直務、可被下上使之由注進、可爲如何哉由御談合也、朔日中山(康親)方來念比被申子細有之、於于今者上使可然欤之由申入早、遣使者於丹後許、善峯寺只今被仰出子細有之、急可來之由申送処、有御用間隨隙可來由申者也、

九條尚經關白左大臣辭退
御衰日

六日、當番令懃厚者也、關白御辭退事、昨日勸修寺(雖)被付之、依御衰日不及披露、又今日他行失錯之由申、入夜　奏聞也、明日宣下必定遲〻無覺悟之間、先是進使者陽明(近衛尚通)者也、

九條尚經書狀

關白被申(九條尚經)當職▨令謙退候、左府同上表之由、可預奏聞候也、謹言、

十月五日　判(九條尚經)

勸修寺中納言殿(尚顯)

(13ウ)

銘　關白被申、此被申如何哉、只可爲關白哉、自然關白被執申事ニハ被申可然欤、

近衛尚通關白再任
餘醉

七日、早朝關白御再任事、　勅許由被仰下、則申遣官務許(大宮時元)、令餘醉之間、以伊治(大宮)申云〻、直可有御返事由、來局(廣橋守子)申者也、仍以進藤筑後(長泰)如此被申者也、

近衛尚通書狀

當職再任事、無相違 勅許祝着至候、可然之樣可令 奏達給候也、謹言、

十月七日　御判(近衛尚通)

廣橋(守光)中納言殿

內覽兵仗宣下

關白宣下

則以局申入云、關白 勅許〇如此畏被申、仍內覽兵仗之事、如嘉例可被申請候、今夜則 宣下事可▨〔被〕申行由被申、重申入処、子細聞食也、勅答之旨申御返事者也、仍今夜 關白宣下也、上卿小倉(季種)大納言、職事頭左中弁甘露寺(甘露寺)伊長朝臣、大外記押小路(押小路)師象朝臣、右(左カ)少史康友(中原)、少內記康貞(中原)也、〔上卿〕輕服以後未着陣也、先着陣官藏人方申文吉書、其後 宣下也、宣下早、各參近衛殿(尚通)、本家儀宣下ホ事、別帋注之者也、」

九條尚經擧狀
八坂法觀寺塔婆建立奉加

(14オ)

就八坂法觀寺塔婆建立儀奉加事、御門徒中可致敬心之旨、被加御下知御者、可爲祝着也、恐々謹言、

九月十日　御判(九條尚經)

一乘(良譽)院殿

九條尚經擧狀
八坂法觀寺塔婆修造奉加

就八坂法觀寺塔婆修造奉加儀、可抽敬心之由、被下知領中候者可然候、委曲秀鍐可申

候哉、謹言、

八月廿八日　　御判(九條尚經)

大乘院(政覺)(殿脫カ)

擧狀

河堂(革)(行願寺)十秀鍰令來、九条兩殿下(政基・尚經)申請御擧狀、但無案內之間、內々書狀之事可遣東院(兼繼)之由令懇望之間、今月二日遣之者也、玄秀取次也、

亥子

四日、戊(己)亥、終日雨下、入夜晴、今夜御嚴重御使令存知如去年、勸(勸修寺尚顯)・烏(烏丸冬光)・日(日野內光)・□□・藤兵(高倉永家)・阿野(季綱)・兩京兆(細川高國・大內義興)御供衆才也、

(14ウ)

八日、癸卯、晴、此狀□□院被申執筆事、內々以狀申竹屋(光繼)処、多武峯御返事早速被進之、御祝着也、執筆分之事、可來申之由、有返事、

多武峯英存書狀

去九月晦日御書、今月二日到來、抑就御家門御職御再任之儀、爲寺家任先規、御礼可申事、早可令存知之旨、可預御披露候、恐惶謹言、

十月五日　　權律師英存

進上竹屋殿御中　　多武峯執行所

松田丹後守(長秀)來、去二日善峯寺事、自室町殿(足利義尹)被申其返事、則三日□□、被仰下申遣処、亦御

歡樂
善峯寺訴

自御用亦依歡樂□歡樂旁以被□故障□于今不來、仍令面謁仰含者也、善峯寺之訴之事有申子細間、可聞食之由、御申驚思食者也、此事条〻有子細間、如何樣ニも先不聞食樣可申入由、被仰下子細之段者、重被仰出之由、可畏存由申退出、山國(丹波國桑田郡)以下
可然之樣可申入由令申者也、
栗眞以下御再興之由、內〻令申者也、

九日、

關白宣下到來

昏
昨日自頭蘭(甘露寺伊長)一昨日　宣下關白、到來、可進　室町(殿脱カ)云〻、沈醉之間不及披露、今朝以使者令進上処、申次種村刑部少輔(視久)(×大)云〻、入夜連航(中山宣親、祐什)携一壺來談、栗眞　勅免ホ之事也、同西松同道也、勸一盞、令凝一興者也、及半更令歸者也、

關白
上卿　小倉大納言
弁　伊長

(コノ間空白アリ)

(15オ)
十日、一牛齋(紹鐵)來、是三名事也、房州椿堂理運之由被申云〻、驚動無他、仍又調書狀遣者也、

十一日、丙午、霽、旬別所作如例、令凝祈念、同相誘東坊令(東坊城和長)參詣○清水寺、別而仰非願(悲カ)、心中令悉願成就無疑者也、

(コノ間空白アリ)

(15ウ)
(コノ間空白アリ)

(16オ)
(コノ間空白アリ)

大中臣伊忠書狀
兩宮造進和談

內宮の儀三問三答に及ばず

大中臣廣長書狀
兩宮假殿造進

(16ウ)
十七日、藤波來、
就　兩宮御造進和談事、自下向則至于今、盡事依申付何以致同心候、然間注進令延引候、其故者外宮申事、依順番式年　綸旨・御下知被成下之上者、自內宮以後遷御事不可叶之由强申之、又內宮儀、去年訴陣〔陳〕時、不及三問三答、以一問外宮被仰付之間、愁訴不斜候、其謂者於御假殿者、以朽損時之表事被行催也、式年更以無之間、正遷宮被閣外宮、打續先例神書無詮候之間、同日之儀無覺悟之申、堅申間半雖致退屈、且存神慮且請　公武之御沙汰、一度罷下上者、爭無躰可上洛哉、數十日致逗留、種々方便仕申付候処、然者雖爲同日、於遷御者內宮儀可爲最前之由、外記領掌仕候、仍宮司（大中臣廣長）書狀
(17オ)
如此候、此上者雖爲」同、於內宮遷御可爲最前之旨、御下知可被成下候、落居併天下泰平御祈禱專一候、恐々謹言、

十月十一日　　祭主三位（大中臣伊忠）判

進上　廣橋殿

兩宮御假殿御造進儀、雖可爲同日之由候、依內宮申子細于今延引候、雖然依數十日之

御逗留、種〻被仰付候、同内宮遷御之事、従外宮可爲最前之由、外宮領掌申候、然者
此趣可被成御下知事肝要候、就中御假殿御要脚折中事、以今度計不可成以後例之由、
御奉書之御(衍カ)御文言可被相別候、誠惶謹言、

十月十日　廣(大中臣)長判

進上祭主三位殿　政所

」

(17ウ)
十九日、奏聞、

(コノ間空白アリ)

」

廿一日、□事、

(コノ間空白アリ)

」

(18オ)
(コノ間空白アリ)

美物拜領

廿九日、美物拜領、鯛五・熨蚫五、〔斗脱〕御使喜阿弥、則令面謁、畏申者也、給盃者也、

山城國灰方供御

卅日、當番、有灰方供御、四辻亞相(季經)・余・三黄(三條西公條)・冷宰(冷泉永宣)・四相羽(四辻公音)・鷲尾(隆康)・山内(山科言綱)・伯(白川雅業王)、以外沈醉、無正躰者也、

」

五條天神神主

歡樂

合壁に於て月次會

足利義尹義稙と改名

將軍改名勘文

〔十一月〕

(18ウ)十一月一、〔日脱〕丙寅、朔朝吉兆、毎事大幸、看經如毎朝、幸甚々々、昨日當番、相番四辻宰相中(公音)將・雅業王(白川)宿相博、被仰下云、一青事、(能登國鹿嶋郡)甘露寺(元長)故障事、定藏院儀事、井上惣□分事、内々新大典侍(勸修寺藤子カ)被仰五条天神々主事、於局勸盃、珎重々々、

二日、丁丑〔卯〕、精進屋中兵衞申綸旨事、別注置之、吉田(氏春)來、服部關代官不被改者、供御々料所難有進納由大膳大夫(武田元信)申云々、条々之子細有之、依無〔人脱カ〕奏者以乳聞之、但申歡樂之由、不能返答者也、

三日、戊辰、陰晴不定、於合壁月次會張行、入夜分散、

四日、己巳、晴、精進屋申　綸旨御返事申驚処、雖自鹿苑院(宗山等貴)被執申未成　綸旨、如何、可被尋鹿苑院由被仰旱、子細見于奉書、則續置之者也、晩頭自勸修寺(尙顯)有使、來九日　室町殿(足利義尹)御改名、則惣參賀也、早朝面々輩祗候、四時公家・法中、依狹少也、御礼事以便宜尊院(尊勝院光什)・青門(青蓮院入道尊鎭親王)中參賀輩可申傳由被命間、則可申(〆申)遣之由申送者也、伯(白川雅業王)來談、御名字之事也、勘者御礼事也、今度不申出震(宸)筆事、早朝勘者大藏卿(東坊城和長)勘文可持參云々、慈照院(足利義政)・常德院(足利義尙)之例歟、

勸一盞、少時言談、

五日、庚午、晴、四亞相(四辻季經)使田口來、昨日召遣者也、彼闕事也、委細不會者也、吉田向四辻云々、尊院江參賀事申遣者也、」

(19オ)

(コノ間空白アリ)

六日、

後柏原天皇女房奉書

文のやうひろうして候、大あん寺の事御心え候、しせんいつかたよりも申候ハヽ、いつれに御たつね候〔や脱カ〕らん、□□よし申候て、御きやうふくの事も、御心え候事にて候へく候、かしく、

(コノ間空白アリ)」

(19ウ)

轉法輪三條實香書狀

左幕下其闕▨出來候候〔マヽ〕歟、轉任之事、可然樣令申沙汰給候者、尤可存、可爲□〔喜カ〕給候也、謹言、

十一月五日　判(轉法輪三條實香)

廣橋中納言(守光)殿

(コノ間空白アリ)」

傳奏奉書
轉法輪三條實香轉任左近衛權大將

(20オ)
十日、

右近大將（轉法輪三條實香）藤原朝臣宜轉任左、可令宣下給之由被仰下候也、恐々謹言、

十一月十日　守光

頭中將殿（正親町三條公兄）

「（コノ間空白アリ）」

(20ウ)
「（コノ間空白アリ）」

後柏原天皇女房奉書
直務

(21オ)
御れう所わかさ（若狹國遠敷郡）の上よし田の事、ひさしく御ちきむの所にて候に、御代くわんく□□《てうく》んよりく《さはいの事》田をこきやくしくわんたいのしさゐとも候て、《つきてもへきの事□申候へく候、ことにく田か事の事に》めしあけられ候、へち人におほせつけられ候、大せん（武田元信）の大夫よく心えわけ、かたく申つけ候て、にうふいたし候へは、さきの御代くわんかたのもの、地下人をあひかたらひ候□（間カ）、らうせきをいたし候につきてせう人《そのしるい一人》をめしのほせ候よし申候、よくくきうめい《いそきかうもん》申せられ候て、申しさいにまかせ、かたくせいはひをくわへ候へきよし、大せんの大夫かたへ下ちをなされ候へゝ、よろこひおほしめし候へく候よし、御心え候てよくく申され候へく候よし候、

□□、

後柏原天皇女房奉書

(21ウ)

ひろハしの中納言(守光)とのへ

十八日、

御れう所わかさ上よした、ひさしく御ちきむにて候、さ候へとも、このほとの御代く
わんをハ、かへられ候事にて候、大せんの大夫も□〔よカ〕く心え候て、申つけ候事にて候へ
とも、なをけんてうに下ちをくわへ候やうに、大せんの大夫かたへほうしよをなされ
候ハヽ、よろこひおほしめし候はんよし、御心えて申され候へく候よし申とて候、

ひろハしの中納言とのへ　」

藤原維子申文

十九日、

申従三位
藤原維子(徳大寺實淳女、近衛尚通室)　」

傳奏奉書
藤原維子叙従三位

(22オ)

藤原維子、宜叙従三位、可令宣下給之由、被仰下候也、恐々謹言、

十一月廿日　守光

頭弁殿(甘露寺伊長)

近衛尚通書狀

彼紋品事、内〻申入候之処、無相違　勅許、祝着且千候、得其意可令　奏達給候也、
謹言、

十一月廿日　判(近衛尚通)

廣橋中納言殿

(24ウ～22ウ)

(コノ間空白アリ)

(25オ)

十二月大

一日、霽、參　室町殿(足利義稙)、勸黄(勧修寺尚顕)・右大丞(烏丸冬光)・權弁(日野内光)・藤兵衛佐(高倉永家)・阿野卞(季綱)參會、今日西〻無出仕、
去九日御改名御礼、今日御對面以後、申次以右京亮(伊勢貞遠)進上□(堅カ)可申者也、仍輕服及遲〻、内〻以伯(白川雅業王)伺時宜処、以朔日出仕次可申入由被仰下云〻、尤御優恕儀畏存儀、朔日出仕方〻令罷出之者也、

高辻章長月次

三日、東隣(高辻章長)月次也、入夜爲伯使神田二(加)郎左衛門尉來、栗眞庄(伊勢國奄藝郡)事、此儀雖沈醉不申入□(者カ)如何

之間、内々相尋中山(康親)処、伺時宜不可然之由申間、先可有　奏聞由申間、言上云々、長野与二郎(尹藤)書状ニハ、御代官ハ私躰ニ被仰敵方間、於是▨可致合戦由、相載書状者也、自(マヽ)地下注進者、今日爲大口上使(雅善)下向、雖然無實、所詮被仰付國司(北畠材親)者不可承引、又長野も致緩怠候間、可爲同前、肝要爲上使人數五・六十召具可有〔有〕下向哉、涯分爲地下可致調法由注進也、然者方々可被成承知事ホ注載者也、如何様可披露令返答者也、

御即位

四日、自徳大寺(實淳)爲御使外記來云、明日午陰之時分可來由有招請、必可參由令申者也、御即位事也、

京中棟別

大嘗會

(25ウ)
五日、午陰時分向相國禪門(徳大寺實淳、繼忍)、御即位事内々右京大夫(細川高國)申子細者、京中棟別之事申付者、大概可有五千貫之間、以千貫被行御即位、□□以四千貫被行大□(嘗)會者、涯分爲披(被)官之始可申付、然者雖權門可被仰付由、内々申入武家(足利義植)処、御領納也、然上者爲　武家可被申之間、其時成其意可申沙汰之由被申、条々被申事在之、尤可然事也、任要途令所納可申沙汰由令申旱、何此子細密儀也、内々□□□可申□入被□□可被申之間、不可及御沙汰由被申者也、被勸一盞及數盃旱、其後參　陽明(近衞尚通)、無殊事、肝要御當職之内、可被沙汰欤由無之、内々依被申如此云々、

六日、早朝參長橋、粟眞事申入処、被差大口間其注進之間者不可叶、然者可被尋遣中山、依彼御返事可有御談合由御返事也、長野狀一通、地下注進二通、神〔加〕田次郎左衞門方へ

一書之狀

一書之狀一通、以上□（四カ）通被爲□御前、申次卿の內侍（姉小路濟子）殿也、罷向伯此子細申入旱、此儀尤也、然者先注進候、猶可相下欤之由被申、有一盞也、其後被尋遣中山処、去比可有御返事申（マヽ）間、自然尚及遲者可下人由被申云々、申由申遣伯許返事、

七日、丑、

八日、壬寅、昨日之番相博三条（三條西公條）中納言、仍今日令祗候者也、御卽位事內々於御學問所申入旱、不及□□所□□申旨尤思食由也、此由內々可申間被仰下、御職事定而今日鷹司殿（兼輔）可被申欤、雖然」（26オ）此御沙汰以兩者不許、可存之由申入処、委細被聞食由也、今朝自德大寺（公胤）就御職事以外記被申、急度此事被執申事如何之間、拙者存寄雖可申入由令返答旱、

九日、晴、

烏丸冬光書狀

大辨轉任事預申御沙汰候者、可畏存候也、恐惶謹言、

十二月九日　冬光（烏丸）

廣橋殿（守光）

傳奏奉書
烏丸冬光轉左大辨

晔向
足利義政二十五年追善

歡樂

源氏長者
淳和奬學院別當

（26ウ）

右大弁藤原（烏丸冬光）朝臣宜令轉任左、可令宣下給之由、被仰下候也、恐惶謹言、

十二月九日　守光（廣橋）

藏人（萬里小路秀房）辨殿

今日烏丸（冬光）奏慶也、爲轉任事內〻以長橋（東坊城松子）令　奏聞処、勅許無相違、　宣下事申遣万里小路（秀房）者也、

若州（若狹國遠敷郡）上吉田事、晔向事、去七日前□慈照院殿（足利義政）廿五年追善之御佛事也、不可然由令申追行、昨日早〻可申屆由被出」文被仰下間、卽可申遣処、昨朝爲蓮院使長興入道來申間堅申遣処、已書狀之由申間、無其儀、仍今日・昨日も遣奉書処、昨日木屋之事諸公人召仰堅申付間、終日不得寸暇、□入間無所置儀、然而令歡樂間、今日隨躰可令披露由令返答者也、

時（大宮）元宿祢爲伯使來云、來十二日御極位幷源氏長者、淳和・奬學院別當事可被申、可爲如何哉由內〻可尋申由、以古阿私被仰下、斎□之間、以官務（大宮時元）尋申一條殿（冬良）処、同日儀可爲如何哉之由被仰下、同日不可然者、御極位事者正月六日可然之由武命之由也、此儀如何、先有御極位儀、長者・兩院別當宣下可被歎事之由、內〻時元宿祢申云〻、於事治定者可被仰出由、

內々可得其意由、仍被(〻可)申其委細、□祝着內々致□知之儀、高恩之由令返答者也、
早朝退出之次向局務(押小路師象)、御卽位之御返事幷御職之事、御卽位有無間、被聞食由可傳達之由
令(〻申)申旱、
於路次長興入道申云、哱向事、今日果□旱、此由令披露重而可申由、丹後(松田長秀)申由言上旱、」(27オ)
戌剋計左大丞(烏丸冬光)出門、装束事前冷泉宰相(永宣)粧之、小雜色六本・如木一人、但當時依装束小帷狩衣用之、余雜色也、布衣侍一人、同中
間二人・白仕丁也、豫有三獻、大府卿(東坊城和長)・前冷泉相公(永宣)・余・在重朝臣(勘解由小路)・時元宿祢・明孝朝(半井)
臣、奉公輩少々連座也、申次披〔薄〕以緒也、御對面常御所云々、
十日、甲辰、時元宿祢來、室町殿(足利義稙)極敍事、先十二日延引、其子細者被尋遣伊勢守(伊勢貞陸)処、國役事
無餘日之間御延引、何以當年事可退行云々、御卽位事、以內々雖申於西向者以丹後申入
旱、可然樣可申沙汰之由、內々可被仰事、可然樣右京兆(細川高國)申之間、可申丹後由今朝被仰下
旱、畏存由申入旱、相國女中文被進新大典侍殿(勧修寺藤子)、被添下文旱、披露後則令返納旱、
十一日、
　白狀
　禁裏御料所若州上吉田村定使孫二郎男白狀永正十・十二・九、「
孫二郎男白狀

代官入部
(27ウ)

百姓逃散

下地賣

後柏原天皇女房奉書
(28オ)

一、今度御代官入部之時、指出不仕事ハ、いんのちやうのひくわん吉田和泉守むこ藤山藤兵衞尉申事ニ、今明年より又代官を可存間、指出をは又仕、其年貢をハ如前はかり可申由、藤山被申候、三人□□(申入)なひく又先政所吉田藤三郎之指出を七日そと申人數にて候、

一、百姓逃散之事ハ、藤山指出を不可仕由申、玉蓮寺(日雅)者急度指出を可仕由被仰之間、御百姓も迷惑仕、各逃散仕候、

一、御下地賣事、私(孫二郎)も此五・六年吉田ニ居住仕間、先事ハ不存候、二・三年之内にもあかの庄(若狭國遠敷郡)ニ孫大夫ト申者、田三段買申候、賣時ハ吉田和泉ニ案内申、ふにんを被出候、左樣之時ハ礼を被執、

以上、

(コノ間空白アリ)

仰 永正十 十二 十四

はくしやう御らんせられ候、なほ〳〵せひもなくおほしめし候、よしたいつみか事ハにわた(庭田重親)におほせいたされて、せいはゐさせられ候ハんする、なかひら(永平)か事ハぬまた(沼田光延)ひかんの事にて候ほとに、ぬまたにおほせつけられ候て、せいはいさせられ候へく候、

罪科

ふちやま・たう三郎両人事ハ、大せん(武田元信)の大夫に、さいくわの事しかるへきやうに御下
(28ウ)地〔知〕をなされ候ハゝ、」よろこひおほしめし候ハんする、なを〳〵先に御れう所のひんか
けになり候へきほとに、かたく御せいはいありたく候よし、御心え候て申され候へく
候よし申とて候、
ひろハし(守光)中納言とのへ

後柏原天皇女房奉書

はく状御らんせられ候、なほ〳〵せひもなくおほしめし候、よしたいつミか事ハ、に
わたにおほせいたされて、ちうくわに一人にせいはゐさせられ候へく候、なかひらか
事ハ、ぬまたにひくわんの事にて候ほとに、かれにせいはゐさせられ候へく候、藤山・
(29オ)とう三郎両人か事ハ、大せんの大夫に、ちうくわへ□□千ひ□□に」よし、かたく御
下ちをなされ候へく候、又このたひの御代くわんくてん以下の事、はからいとして御
直務
ちきむのむねをそへいつる、まつくにかたの状いろいをなし候ハぬやうに、大せんの
大夫にかたく御下ちをなされ候へきよし、御心え候て申され候へく候、返〳〵先に御
れう所のひんかけになり候ハぬやうに、きと御せいはい候ハゝ、よろこひおほしめし

若狹國上吉田代官
足利義稙より美物拜領
巡會
天滿天神
安樂光院横北綸旨
後柏原天皇綸旨

候へく候よし申とて候、かしく、

十六日、玉蓮院日雅若州上吉田御代官也、就御下知事、二荷兩種持來、勸一盞者也、自
室町殿美物拜領、セハタ十、御使葉阿弥也、差一盞、祝着畏存由申入者也、參御礼迄不可有□
被仰下云々、明日伊兵(伊勢貞辰)巡會也、御近所迄」參事如何之由令申間、必可參由被申旱、

(29ウ)

十七日、早朝左大丞(烏丸冬光)・頭羽林(正親町三條公兄)・明孝朝臣(半井)令同道向伊兵、先於本滿寺着直垂令祗候　殿中、
申次兵伊右京(伊勢貞遠)也、其後向伊兵、濟々有座敷、及大飲、半更之程罷歸者也、不及持齋、畏恠〔怖カ〕
此事也、

十八日、壬子、晴、上吉田御料所奉書立文一通・奉書一通、長興入道持來、相判下上野守(飯尾之秀)也、相
添青侍遣者也、則以新典侍局(庭田源子)令　奏聞云々、尊院(尊勝院光什)令來賜、祭大滿〔天カ〕天神旱、所願成就滿足也、

十九日、癸丑、安樂光院横北(加賀國江沼郡)綸旨事、一昨日被仰出処、被成去年綸旨案、月日無名字不審之
由被申間、遣人于正親町(實胤)令申処符案致〔到カ〕來、則遣之処、得其意由令申、
安樂光院加賀國横北鄉領家職事、林光院代官有名無實之間、任去永正元年度　勅裁之
旨、可令全直務可被▨▨下知門徒中者、
天氣所候也、仍狀如件、

七月九日(永正九年)　　　右中將判(正親町實胤)

本願寺法印御房(實如)　山田寺法眼御房(光教寺蓮誓)

天氣如此、悉之以狀、礼節如此、

(30オ)

廿日、甲寅、今日煤拂如例、珍重〻〻、

後柏原天皇女房奉書酒麴役朝要本司

しゆきくやくてうようほんしの事、右京大夫(細川高國)ちうけん・こもの、なんしうのやうこそ申され候つるに、けんてうの御せいはいにて、そのむねにまかせ、右京大夫も下ちをくわへ候か、又たちかへりてさたいたし候ましきよし申候」とて候、いかゝさういしたる事候やらん、このやくハ、よのしよやくめんちよにこんし候ハぬしさゐ、せんきふんミやうに候へハ、うきやうの大夫もよく心候わけ候て、かたくさたいたし候へきむね申つけ候やうに、かさねておほせつけられ候ハヽ、よろこひおほしめし候ハんする、さた(うカ)しき・ことねりのうちハ、かつ〱さたいたし候よし申候、神へうにおほしめし候、このおもむき、御心えわけられ候やうに、むろまち(足利義植)とのへよく申され候へく候よし申とて候、かしく、

　ひろハしの中納言とのへ

師象(押小路)朝臣來、酒麴事如此申間、則可(×令)申入処、被出奉書間、祝着也、則遣者也、今朝諏方

廣橋守光書狀
酒麴役朝要分

本司申狀

後柏原天皇綸旨

(30ウ)

左近(長俊)方如此書狀調遣也、
酒麴役朝要分事、右京大夫中間・小者ホ令無沙汰候之間、申請御下知、連〻加催促候之
処、猶難澁迷惑候、所詮重被成御下知候者可畏存、於此諸役者不謂權門勢家之被官、
諸役免除」致沙汰之子細分明候、巨細猶見本司申狀候歟、審重申沙汰不□候也、謹言、
十二月廿日　　守光
諏方左近大夫殿
今日、安樂光院心等泉涌寺出官、三荷三色令進上禁裏云〻、長橋一荷二色、局に一緡、余
二緡、靑蓮院(入道尊鎭親王)江申請女房奉書、內〻以大□(竹カ)備後守令申、雖然可被仰本願寺事也、
安樂光院領、加賀國橫北鄕領家職事、去年被成　綸旨処、違亂未(末)付云〻、背勅裁条以外次
第也、異于他　勅願所既及退轉之間、爲本寺泉涌寺依煩申重被成　綸旨早、所詮門徒
中堅加下知、直務知行於無相違者、可爲佛法之興隆者、
天氣如此、仍執達如件、
十二月七日　　右中弁秀房(萬里小路)
本▨(泉)寺住持(蓮悟)上人御房　本願寺法印御房

松岡寺住持上人(蓮綱)御房　山田寺法眼御房」

三嶋暦
後柏原天皇女房奉書

(31オ)廿一日、早朝遣丹後(松田長秀)許、則可披露之由申、今度御下知みしま御暦相調由申とて候、

御れう所上よし田(若狭國遠敷郡)の事につきて、このたひけんてうに御下地〔知〕もなされ候、なほ〳〵よろこひおほしめし候つる、しよ御れう所のひきかけまてもと、一しほ御うれしくおほしめし候よし、よく〳〵御心候て、申され候へく候よし申とて候、

ひろハし中納言との へ

酒麹

就酒麹事被成去年右京大夫被官小者・中間に成遣下知二通、御下知自局務方小者來執、則遣早、」

(31ウ)廿二日、就十七ケ所(河内國茨田郡)事、爲南御所之御使惠聖院(聖慶)殿御入、有御談合之子細、明日爲　禁裏御使可參之由也、

右衞門尉國秀奉書
庭者小法師小五郎皮役

廿三日、丁辰〔巳〕、晴、被召　禁裏、早朝令祗候処、十七ケ所之事、仍南御所文女房奉書に被添下、綷之子細者遊佐執沙汰之時、千石之内五百石者進上武家、五百石者進納南御所、自當年尾張守(畠山尚慶)爲御代官間、御催促之処、悉千石分可進武家云々、然間被申事也、仍參　室町殿、申次伊兵、爲御使參、南御所之御料所事奉行、

内裏御庭者小法師小五郎知行江州志賀・高嶋兩郡皮役事申披由緒、武家被成御下知上

者不可有相違之由、依仰下知如件、
永正十年十二月十四日　　右衛門尉國秀
松田(英致)▨▨《對馬》守召具令祇候者也、以奉行可被聞食歟之由申入処、以奉行可被聞食由、御返事

(32オ)

也、渡文兩通對馬(松田英致)委細披露之処、堅被《可》成御下知尾張(畠山尚慶、卜山)入道之由御返事也、」此由令歸參申入
者也、此由以惠聖院(又令)可申南御所之由被仰下㝡、卽傳㝡、文二通不及写入置函者也、
(コノ間空白アリ)

細川高國消息
御卽位

廿五日、爲德大寺使局務來、御卽位事聊右京大夫(細川高國)無所在(如)由、如此申云々、以密儀可入見參
之由令申㝡、

御しよくゐの事、そのゝち申候ハぬかのよし候、御たつねにあつかり候、さんぬる十
四日に松たたんこ(松田長秀)かたへ申つかハし候、御ひろう申候や、なにとも返事にて、さいそ
くつかまつりたく候つれとも、さのミとりもち候へく候やうに候て、かへりてあしき

(32ウ)

事にかとそんし候て申候ハす候、あハれく返事□」候へかしと、あさ夕ねんくわん
にて候、いせりやうく□□御も□□□候へく候、さ程の物とも申候も、これハよ
くとゝのへり候へく候ハんする事にて候よし申候、めてたき事尚々申入候つるよし申

へく候、かしく、

あ□□〔こうカ〕殿まいる　右（細川高國）

申給へ

又中（宣秀）の御かと殿御事た□にたへなき申□□□御□の事候もめし候へく候委細（マヽ）

今日當八時分令參　內、相國禪門被申御即位事・中山（宣親）勅免事・濟繼（姉小路）朝臣申正四下事、內〻以局申入旱、御卽位事者右京大夫狀密儀之間、於御學問所、直可申入欤由申入処、被召御學問所被聞召旱、此子細申入処、委細被聞」食処也、年始御參　內間、急度惣被申者、可然欤之由被申間、同其旨令　奏聞処可被申（〆必）云〻、中山　勅免事者條〻被仰下子細才有之、雖然依拙者申可有御免云〻、近比畏存由申入旱、伊治（大宮）招御末間罷向処、一采女養料事、左京大夫（大内義興）國役近年無沙汰間、以美濃守（齋藤基雄）催促旱、不事行、內〻仰趣可然所望由申、

（コノ間空白アリ）

從四位上藤原隆繼（四條）朝臣宜敍正四位下、可令　宣下給之由被仰下候也、恐〻謹言、

十二月廿六日　守光

藏人辨殿（萬里小路秀房）」

御卽位
中山宣親勅免
姉小路濟繼正四位下

一采女養料

傳奏奉書
四條隆繼敍正四位下

（33オ）

傳奏奉書
一采女養料

（33ウ）

一采女養料事、左京大夫進濟分近年難澁驚思食候、以此國役如形致奉公事候、所詮嚴
密之御沙汰之樣可被申調之旨、內々被仰下候也、謹言、

十二月廿六日　守光

齋藤美濃守殿

後柏原天皇女
房奉書

（34オ）

十七日か《マヽ》所の事、一日ふけ《足利義植》よりおほせいたされ候よし申され候、いまたくにへ申く《×い》た
し候ハぬとて候、さやうに候へハ、日候ハぬ事にて候、御寺に御めいわくのよし申さ
れ候、ふ行《松田英致》やかて〳〵御たつね候へく候、いそき申くたし申候やうに御心候て、か
たくつしまにおほせ事候へく候よし申とて候、

ひろハしとのへ

（コノ間空白アリ）

大學寮家司職

（34ウ）

廿八日、入夜大府卿《東坊城和長》之使府生來、大學寮家《司》職事小嶋新左衛門申間事、

廿九日、大府卿奉書并持來、殊《被》携一壺、及一盞、漸閑談、

後柏原天皇女房奉書
大學寮領

大くら卿(東坊城和長)申候、大かくれうりやうか事、時のふ行をそんちし候につきて、公人やく人
に人なとのせいはいをいたし候事にて候、せん代のした代小しまのこと候つ、このほ
とふきにつきて、した代をめしはなち候へハ、そせうをいたし、きうめいに申なし候

公領

(35オ)
おりふし、くりやうをろん所の地とかうして、□〔く脱カ〕ひわん人に下ちをなし申候、」ちか
ころくせ事候、おほしめし候、この折帋とくくむろまちとのへ申され候、御せいい
かやう申され候へく候よし申へく候、かしく、

ひろハしの中納言〔とのへ脱カ〕

此文則加銘、以兩使(藤堂景元)左京・(松田長秀)府生、遣丹後許処、已令出仕之旨、令返答間、進使者於殿中、仰之趣
□□□□披露過間、明日可披露之由有返答、急事遲引無申計、(中山宣親、祐什)連航軒一桶令隨身令來給、

勅免

今度　勅免事令申沙汰故歟、祝着令一盞張行者也、此砌松田對馬內〻申御使之由來、今
度十七ケ所事也、(畠山尚慶)卜山狀ホ□□□〔歟カ〕、沈醉之間、大概令返答者也、
卅日、早朝令出仕者也、構見參祝着〻〻、迎松田對馬間、昨夕來題目事、招置所令申無殊
事、千石之內事者無返事、寺納之分事者直可被仰之由、御返事之処、直被仰事無承引之

(35ウ)
間、爲室町殿」被仰付之樣、重而申入之由、▨被遠慮令申沙汰可被仰付、此由可然樣可披

露之由被仰下、此趣令　奏聞畢、無殊儀由、令謁処私も此定也、▨▨▨▨如何申付哉之由、御不審之処、此由申畢、存知同前之間、令祝着由令返答者也、肝要尾張守御公用千石之由、相約申由語畢、其後参　禁裏、方ゝ如形賀歳末之祝事畢、弥重云ゝ、入夜府生來云、大學寮事令披露処、以兩使堅被仰付左京大夫（大内義興）処、他行之由申云ゝ、以地下人奉書如此

（36オ）

由申間、弥重之由令申畢、今夜可相付之由申候、此由　禁裏御▨」□（出カ）被申、尤此奉書可写置処、□□（取カ）間重而可写□（歟カ）由、令返答畢、

（コノ間空白アリ）

（39ウ〜36ウ）

（コノ間空白アリ）

守光公記《もりみつこうき》 第1　　史料纂集 古記録編〔第198回配本〕

2018年8月1日　初版第一刷発行　　定価（本体14,000円+税）

校訂　中世公家日記研究会

発行所　株式会社　八木書店 古書出版部
代表　八木乾二
〒101-0052 東京都千代田区神田小川町3-8
電話 03-3291-2969(編集) -6300(FAX)

発売元　株式会社　八木書店
〒101-0052 東京都千代田区神田小川町3-8
電話 03-3291-2961(営業) -6300(FAX)
https://catalogue.books-yagi.co.jp/
E-mail pub@books-yagi.co.jp

組版　笠間デジタル組版
印刷　平文社
製本　牧製本印刷
用紙　中性紙使用

ISBN978-4-8406-5198-1